人力资源管理实操手册

阿东 著

RENLI ZIYUAN GUANLI SHICAO SHOUCE

企业管理出版社
ENTERPRISE MANAGEMENT PUBLISHING HOUSE

图书在版编目（CIP）数据

人力资源管理实操手册/阿东著．—北京：企业管理出版社，2019.6

ISBN 978-7-5164-1962-5

Ⅰ．①人…　Ⅱ．①阿…　Ⅲ．①人力资源管理-手册　Ⅳ．①F243-62

中国版本图书馆 CIP 数据核字（2019）第 097706 号

书　　名：人力资源管理实操手册
作　　者：阿　东
责任编辑：陈　静
书　　号：ISBN 978-7-5164-1962-5
出版发行：企业管理出版社
地　　址：北京市海淀区紫竹院南路 17 号　　邮编：100048
网　　址：http://www.emph.cn
电　　话：编辑部（010）68701661　发行部（010）68701816
电子信箱：78982468@qq.com
印　　刷：三河市荣展印务有限公司
经　　销：新华书店
规　　格：170 毫米×240 毫米　16 开本　17.5 印张　239 千字
版　　次：2019 年 6 月第 1 版　2019 年 6 月第 1 次印刷
定　　价：68.00 元

前　言

Preface

人力资源管理工作看似简单，想要精通则极难。本书正是作者从中小企业 16 年人力资源管理实践中总结经验，结合现代人力资源管理理论而编著的实操型人力资源管理宝典。

如何能够让一名非人力资源专业的人员快速地转型成为合格的人力资源管理者，从容地上手操作，成为人力资源管理达人，正是本书要解决的问题。

多年的知识积累和实务的工作经验，浓缩成这本书并奉献于您的面前。本书采用了大量的图表与案例分析，行文深入浅出、图文并茂，将枯燥生硬的理论知识用浅显直白的语言娓娓道来。

本书没有深奥的理论条文，除了必备的基础知识，特别强调实务操作、快速上手，从招、培、用、留、离的人力资源处理全过程到风险防范、管理升华，让非科班 HR“小白”走上高阶 HR，从 HR 走向 HRD。

随着本书的学习进程，你会发现，人力资源管理真的不简单，但也并没有那么难。你的人力资源学习之旅一定会是一次难忘的幸福体验。

受作者水平和成书时间所限，本书难免存有疏漏和不当之处，敬请指正。

本书特色

1. 内容实用实在、详略得当，讲授符合初学者的认知规律

本书内容涵盖了人力资源六大模块，按照学习专业、理论实践、专业提升的过程，以浅显的话语讲述清楚明白。循序渐进的讲授遵循和尊重了初学者及非科班 HR 对人力资源管理的认知规律。

2. 以问例循导的方式引导全程，特别适合初学者阅读

本书介绍的行政管理、招聘与配置、培训与开发、薪酬与福利、劳动关系、绩效管理、人力资源规划、企业文化建设、沟通管理、风险管理知识，全部基于笔者公司及专用车事业部所发生的问题及解决经验而来，各模块知识非常连贯统一。以贴近时代的语言对这些知识进行生动、通俗的讲解，犹如一位老友，帮助您缩短成为高阶人力资源管理者的时间。

3. 独有的总结知识及引导式学习，激发初学者的兴趣和工作智慧

为避免专业知识的枯燥难解，本书的大部分章节都采用了一目了然的思维导图、流程图等进行知识的归纳与引导，以更好地帮助读者厘清知识点及操作技能。

理论由实践总结而来，知识学习由图示引导。知识激发读者的思维，导图点燃读者的兴趣，本书是教练式引导学习的典范。

本书的主要内容及体系结构

第 1 章　学习、实践、专业化显现

本章讲述一个初入职场的“小白”，如何找到学习的方向，如何拥有学习的时间，如何将自己的专业展现出来并获得领导的肯定，从而真正地确定自己的职业发展方向。

第 2 章　行政是管理的基础

本章讲述行政管理与人力资源管理的相辅相成。做好行政后勤管理，非常有助于正式切入人力资源管理，而行政管理的相关知识对人力资源规划、员工入职、人事管理及招、培、用、留、离等工作有很大的帮助。

第 3 章　人力资源的基础构建

本章讲述成为人力资源基础构建的主导者，必须在企业的组织架构、人资五定、岗位评估等方面有深入的了解和学习，如此才能掌控和推进企业人资管理的建设。

第 4 章　招聘准备

本章主要讲述招聘要从企业条件、招聘规划、实施流程等做准备，同时展示从需求到计划，从招聘到面试，再到试用期管理全流程演练。

第 5 章　招聘实施

本章主要讲述在人才的招聘上，市场如战场，要提升招聘成功率，需要从简历、对象、人才确定、渠道等下功夫，如此才能找到需要的人才，并将之招聘到企业中来。

第 6 章　招聘面试

本章从面试的基本概念到辅助面试的工具、面试的角度与方法等方面讲述如何快速成长为合格的面试官。

第 7 章　招聘内管

本章讲述对招聘候选人在企业内部的管理的实施，介绍如何才能让我们的候选人发挥真实的才能，将真正的人才留下一起工作。

第 8 章　避峰招聘

本章讲述中小企业要想招聘到合适的人才，须在内部招聘流程上下功夫，同时要避免与大型知名企业同台竞技，要避其锋锐。要在区段时间内确立自己的品牌地位，以此吸引人才加盟。

第 9 章　培训体系建设

本章主要讲述如何打造企业的培训体系，如何让企业培训落地，如何培训才会有效果。

第 10 章　分群体培训

本章主要依据不同层级及不同专业的人员的培训需求进行讲述，以新员工入职培训、中层培训、管理层培训及营销人员培训为主要内容。

第 11 章　薪酬

本章主要讲述如何做好薪酬管理。从薪酬工作本身、薪酬战略、薪酬设计、如何调薪、如何进行薪酬分析等方面着手，讲解如何让薪酬匹配员工需求，起到激励及留人的作用。

第 12 章　福利

本章主要讲述如何从食堂、住宿、车辆等福利政策上做到客观。公平才能使福利激励员工提升业绩。

第 13 章　员工关系管理

本章主要从劳动、三期、兼职、返聘、高层等不同类别人员的关系建设为 HR 开启员工关系管理的大门。

第 14 章　绩效管理基础认识

本章从绩效管理的认识、作用、基础打造到如何申诉等方面讲述如何构建企业的绩效管理群众基础和绩效管理体系。

第 15 章　绩效考核工具

本章对绩效工具需求理论，常用的绩效考核工具 KPI、360 度、BSC

等进行详细的介绍，这些是HR落实绩效管理的实施基础。

第16章　绩效管理考核实施

本章讲述企业的发展阶段与绩效的关系，分析如何提升参与的积极性，如何将奖励、文化等融入考核中，为读者铺就一条条实施绩效管理之路。

本书读者对象

- 中小企业管理者
- 人力资源从业者
- 人事部门负责人
- 人力资源管理专业学生

编　者

目 录
Contents

引　言

“当兵后悔两年，不当兵后悔一辈子。”这或许是一句当兵人带有自我安慰意味的话。2002 年底，离开部队复员回到故乡的阿东提着迷彩背包，黝黑的脸上散发出健康的气息。

时间已是下午，站在总站门口，他看着眼前陌生而又熟悉的故乡——生养他的资阳，终于坚定了信心。不再迷茫的阿东，相信自己从资阳出发，终会把自己的脚步印在成功的路上！

第1章
Chapter 1

学习、实践、专业化显现

凭借着良好的文笔，加上能够熟练操作计算机，阿东找到了转业后的第一份正式工作——一家车辆制造企业的办公室后勤人员兼文员，真正开启了一个人力资源新人向人力资源主管（Human Resource Director, HRD）的进阶之路。

1.1 边做边学边成长

阿东明白，要想真正地将办公室、人事等工作做到位，凭自己现有的知识和技能远远不够。只有不断学习和行政、人力资源相关的内容，才能让自己快速适应现在的工作。

1.1.1 学习时间从哪里来

有人说一边工作一边学习不可能实现。阿东认为要去参加专业培训班或脱产学习，会让人分身乏术。上班要忙工作，没有时间；下班要照顾家庭，还是没有什么时间。时间到底在哪里？

- 休息日。无论是双休还是单休，或者随机调休，一个月的休息日不会少于4天。休息的时候，只要你不是将全部时间都花费在娱乐上，时间还是富余的。
- 下班后。如果将玩手机的时间都换成学习时间，时间也是足够的。
- 上班时。你的周围都是与工作相关的人员，从他们身上，你会学到许多知识；在工作间隙进行学习，你的学习会有极大的针对性。

1.1.2　学习的方向在哪里

职场中常听说的一句名言是：选择比努力重要。需要努力的方向除了工作，还有自我的学习提升，而学习最怕的是方向不对。学习方向的确定如下图所示。

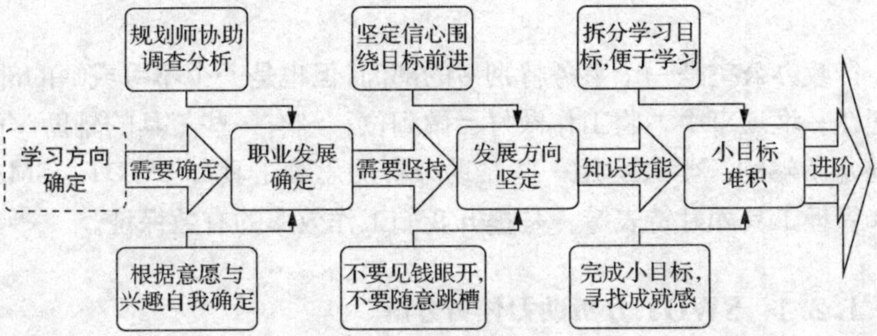

学习方向的确定

只要选定了有关自己阶段目标的学习内容，就不要轻易变换。看一本书时，找到它的看点，好好地把它看完，并理解它，将书中的知识转化为自己的东西。

1.1.3　五步做好个人发展

如何将自己发展起来？个人发展五步骤如下图所示。

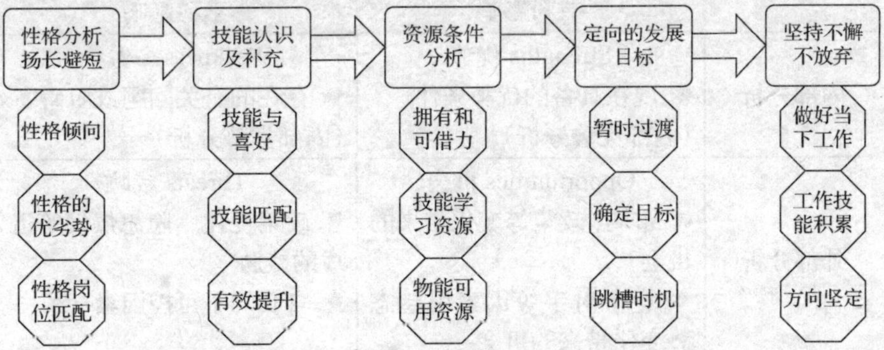

个人发展五步骤

企业的发展要由大众推动，个人更要靠自己的努力，只有自己才能救自己，发展自己！无论是平台，还是资源，如果没有将其用到自己身上，都是没用的。

1.2 工作效率是学习的保证

行政办公室是一个事务特别多的部门,但也是一个不可或缺的部门。要想在一堆琐事中，将工作做好、做到位，没有一些工具的辅助，仅凭人脑是不够的。学会运用一些帮助分析的思维工具如 SWOT、SMART 等和管理工具如甘特表等，是提升我们工作效率的有效保证。

1.2.1 SWOT 分析助力任务分解

如果在企业目标下有部门的工作目标，作为部门成员，围绕部门目标来分解并制订个人目标是完成部门目标的保证。但作为一般职员，其工作任务往往依赖于领导的布置及本岗位的工作职责。那么我们如何设立明确的目标呢？

做好任务的目标分解，我们有必要借助目标管理的 SWOT 分析法，如下表所示。

SWOT 分析法

	有利影响	不利影响
内部分析	Strengths 优势 ● 现在具备的优势条件（内部优势分析）	Weaknesses 劣势 ● 存在的有关问题或阻碍（内部劣势分析）
外部分析	Opportunities 机会 ● 市场、政策等变化带来的机会 ● 竞争对手等因素引起态势变化带来的机会	Threats 威胁 ● 政策变化、隐患爆发等造成的威胁 ● 自我的不可控因素

S（Strengths）是在工作上自己的优势部分；W（Weaknesses）是对

应岗位要求自己的不足地方；O（Opportunities）是在后续的工作中由于条件的变动，可能创造的机会；T（Threats）是可预见的隐患与不可控的负向变化。

通过 SWOT 分析，我们可以明确自己主要的内部优势、劣势，外部的机会和威胁等。将所有的条件按照矩阵排列，系统地把各种因素进行匹配分析，我们将得到一个具有较强执行力的决定。

除对工作目标的内外条件、机会威胁等进行分析外，还需要整体思考所负目标任务的达成环节，按环节与时间要求来进行目标任务的分解。我们必须在年度的环节目标中找出 4～10 个核心的、关键的环节目标，并按其重要性依次排列，然后依照目标制订完成计划，如下图所示。

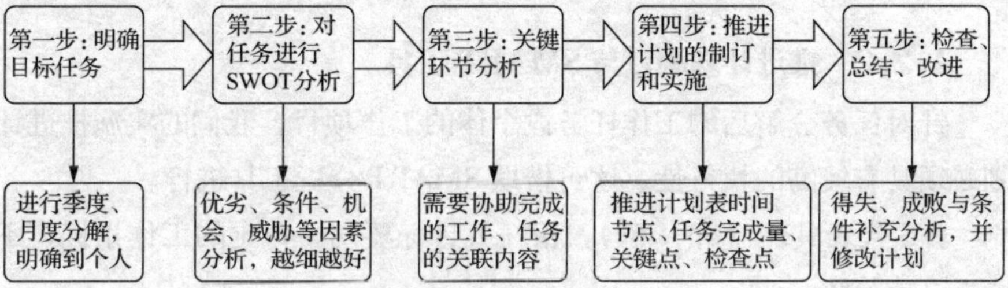

目标任务的分解

要将任务分解成一项项可以落实的工作，再把一项项工作分配到每个人的日常活动中，直到分解不下去为止。即“项目→任务→工作→日常活动工作”这样一个过程。这样的分解必须以可交付成果为导向，并对项目的完成要素进行分组。

工作任务的分解归纳定义了项目的整个工作范围，每推进一步代表对项目工作的定义更详细。

- 将年度目标切割成季度目标。要根据企业的任务目标，以时间推进为主线进行任务的识别。同时对任务的满足条件进行规划。
- 将季度目标切割成月度目标。月度目标的制订，以完成季度目标关键项为指导。按照上月度发生的实际情况进行月度计划的补充。在实施中如遇突发事件，要依据公司的安排进行工作调整。结合部门实际进行目标的推进更改。要做到与公司目标、其他部门任务的推进同步。

- 将月度目标切割成周工作计划。周工作计划是我们完成关键环节任务的保证。我们要时刻把周工作计划摆放在我们的眼前，将其作为可视化任务的提醒工具(甘特表为载体)。对工作事项的安排，在部门之中进行资源的协调与人员的协助。
- 将周工作计划切割成日清日结。日清日结是进度的保证。每天的工作都是围绕目标来安排的，当日事必须做到当日结。拖延是对第二天任务的加重。我们要做到过一天，离目标更近一步。

1.2.2 推进计划制订与 SMART 工具

针对任务分解后的工作任务或个体的工作项目，我们的实施推进计划必须具有较高的执行性。这可借助 SMART 分析工具进行。

- S 代表具体（Specific），指任务目标要切中特定的工作指标，不能笼统。
- M 代表可度量(Measurable)，指任务指标是数量化或者行为化的，验证这些工作指标的数据或者信息是可以获得的。
- A 代表可实现（Attainable），指任务指标在付出努力的情况下可以完成，避免设立过高或过低的目标。
- R 代表相关性（Relevant），指任务指标与工作的其他目标是相关联的，是与本职工作相关联的。
- T 代表有时限（Time-bound），指完成任务的期限。

我们要实现工作目标推进计划的可视化，可以运用甘特表，如下页表所示。

甘特表的运用

序号	工作项目	预期目标或具体工作	负责人	协助部门或人员	2019 年											
					第一季度			第二季度			第三季度			第四季度		
					1	2	3	4	5	6	7	8	9	10	11	12
1	人员招聘配置工作	制订招聘计划并实施：30 名焊工、10 名本科二批理工科大学生	×××	×××		●	—	—	—	—	—	—	→●			
2	员工培训与开发计划	制订培训计划；培训计划的组织实施	×××	×××			●	—	—	—	—	—	—	→		
3	完善组织架构	使公司及部门组织架构清晰明了	×××	×××				●								
4	完善岗位分析	在岗位职责基础上完善岗位分析	×××	×××								—	—	—	—	→
5	薪资福利管理	机械加工行业薪酬调查；提交公司薪酬分析草案	×××	×××						●						

- 运用好 20/80 定律，它能让我们抓住最重要的部分。在日常工作中，第一件要做的事一定是紧急又重要的事。
- 时间管理，把时间都用来做最有效率的事情。工作之前要对任务进行衡量，到底哪些事情是节省时间的，哪些是耽误时间的。要分配好时间，同时要思考需要让哪些人来协助，并能得到他们的协助。
- 工作管理，把同类的事情放在一起做。
- 学习舍得花钱，要明白时间就是金钱的道理，用金钱去换取别人的成功经验，如参加学习班、交流茶话会等。

1.3 工作安排与汇报

阿东觉得自己对工作的专业化，应该从两个方面得以体现。一是工作安排有度、工作开展有序、工作结果有效；二是汇报要专业、总结有数据，需要在会议、总结会中向领导和同事们展现自己的工作成绩。

1.3.1 如何安排自己的工作

工作任务的来源一是既定的年度工作计划，二是平时会议及工作中的临时安排。前面我们已对工作任务的分解与推进进行了简述，无论是部门的工作安排还是个人的工作安排，都必须按照年度工作计划进行月度及周度计划的推进。

而日常的工作中会有很多临时的工作任务，出现工作插单的情况。插单任务其实也属于我们工作安排中的其他项，也就需要灵活地安排时间。作为人力资源经理（Human Resource Manager，HDM）必然要对部门整体进行整周的工作规划，并将所属人员的工作安排到位。虽然每个人有自己的工作计划，但统筹安排也必不可少。月度工作安排和周工作安排如下页表所示。

月度工作安排

2019 年 1 月行政人事部未完成工作

序号	上月未完成工作	负责人	未完成情况及下步安排	检查人	推进安排													
					1	2	3	4	5	6	7	8	9	10	11	12	13	14
1	集团部分单位的岗位说明书拟写	×××		×××	→	→	→	→	→	→	→	→	→					
2																		

2019 年 2 月行政人事部工作安排

序号	本月工作内容	负责人	协助人	协助部门及所需支持	检查人	推进安排													
						1	2	3	4	5	6	7	8	9	10	11	12	13	14
一	行政管理	×××	×××		×××			→	→	→	→	→	→	→	→	→	→		
1	清理节前后收集到的文件	×××	×××		×××	●	●												
2	节能整改申报	×××	×××		×××	→	→	→	→	→									
二	人力资源工作	×××	×××		×××														
1	清理劳务费用情况并交到财务	×××	×××		×××				●	●									
2	统计考勤、核算各单位 2019 年 1 月工资	×××	×××		×××	●	→	→	→	→	→	→	→	→	→	→	→		

续表

2018年12月第1周工作总结											
	岗别	序号	主要工作内容 2018年11月第4周工作安排	责任人	协助人	完成情况 12月1日～12月7日 1-1	1-2	1-3	1-4	1-5	1-6	1-7
上周工作总结	人事专员	1	社保及财务申报个人信息录入的相关工作	×××	×××	已完成						
		2	工资的相关核算及计提工资的核算	×××	×××	制造及工艺/质量等提供工时与质量考核较晚						
	行政专员	1	消防及工商联的报表填报、物业费用的清理	×××	×××	未完成						
		2	食堂油卡统计的核算	×××	×××	已完成						
	岗别	序号	主要工作内容 2018年12月第2周工作安排	责任人	协助人	完成情况 12月8日～12月14日 1-1	1-2	1-3	1-4	1-5	1-6	1-7
本周工作计划	人事专员	1	薪酬体系初稿的调整	×××	×××							
		2	协助总部人员合同的办理	×××	×××		●	●				
	行政专员	1	办公室固定资产的清理与台账的建立	×××	×××					●		
		2	董事备案资料的重新制订	×××	×××			●				

作为一名HRM，除对部门的管理外，应指导所属人员，包括自身，将个人在工作中能预见的、关键性的工作按时间推进要求细化到甘特表中，形成个人的周工作计划。在没有紧急任务时，按日清日结工作安排进行落实，如下表所示。

个人的周工作计划表，其实是指导意义最强的工具。

（1）对本周工作的关键项进行标注提示，并预先安排相应的时间。

（2）对时间安排要具体到30分钟。一般从早上上班一直到下班后一小时。

（3）有效地将可灵活安排的时间体现出来，在其间可完成插单工作任务。

日清日结周工作计划表

序号	本周主要工作	重点项	时间安排	周一	周二	周三	周四	周五	周末	
				2019年5月6日	2019年5月7日	2019年5月8日	2019年5月9日	2019年5月10日	2019年5月11~12日	
1	××文件请总经理审批	◆	08:00~08:30						全天休息	
2			08:30~09:00	向总经理申报××文件						
3			09:00~09:30							
4			09:30~10:00							
5			10:00~10:30							到公司巡视
6			10:30~11:00		拜访领导					

续表

序号	本周主要工作	重点项	时间安排	周一 2019年5月6日	周二 2019年5月7日	周三 2019年5月8日	周四 2019年5月9日	周五 2019年5月10日	周末 2019年5月11～12日
7			11:00～11:30						
8			11:30～12:00						
	午休		12:00～13:00		邀请午餐				
9	主管部门拜访	★	13:00～13:30						
10			13:30～14:00						
11			14:00～14:30						
12			14:30～15:00						
13			15:00～15:30						
14			15:30～16:00						
15			16:00～16:30						
16			16:30～17:00						
17			17:00～17:30						
18			17:30～18:00						

续表

序号	本周主要工作	重点项	时间安排	周一	周二	周三	周四	周五	周末	
				2019 年 5 月 6 日	2019 年 5 月 7 日	2019 年 5 月 8 日	2019 年 5 月 9 日	2019 年 5 月 10 日	2019 年 5 月 11～12 日	
19	下班加班									

在个人的日工作安排上应注意以下内容。

- 将个人一周的工作安排列提纲。将由部门分解给个人的工作内容都列在表格中。将众多工作事项按紧急性、重要性进行标注，时刻提醒自己。
- 推进工作的安排。所有的工作安排将预先标注在具体的工作日与时间段，常规工作的必要时间要尽量避开，以保证关键事项的落实。
- 可视化提醒要醒目。用异色笔提示自己需要注意的问题，特别是需要立即解决，或需要向领导汇报、呈送的内容。要以领导为重，领导只有在你尊重、重视他时，才会注意到你。
- 坚持做到日清日结。就算有其他任务插单，今天的工作也必须完成。而一般我们要做的是，提前将明天的事情解决或准备好。
- 任务的安排必须合理。不要让自己一直忙，也不要让自己一直闲。张弛有度才会做事有条理，体现出你在工作上的成熟。

1.3.2　汇报的表现形式——PPT

运用好 PPT 是使你的汇报让更多人易于接受的好方法。PPT 将高度概括的文字与图示相结合，有助于人们理解问题。

做好 PPT，我们需要关注以下几点，如下页图所示。

首先要理清思路、搭好框架，然后才能说如何补充“血肉”的问题。就像写文章一样，先列好提纲，然后写，再做插图。其次是选择合适的表现形式，用总框架或可编辑箭头等来体现你想表达的内容。最后尽量用图表的形式来表达你的意图。但现在很多人将文字剪裁进 PPT

中就以为是 PPT 了，殊不知当你的 PPT 中尽是文字时，还不如 Word 清晰。

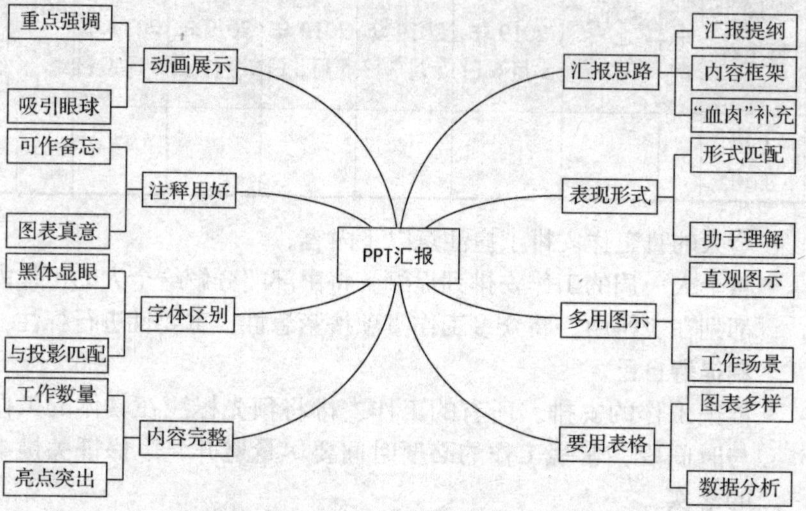

汇报 PPT 的制作思路

- 多用图。图是最直观的表现形式，最为引人注意。多用图会让你的 PPT 更生动直观，有更强的可读性。在一个好的 PPT 中，图应该占到多数。(当然，PPT 中的图片不仅是图例，还可以是工作中的产品照片、工作场景等)。
- 多用表。制表时可在 Excel 里做好再粘贴到 PPT 里。无论是用柱状图、折线图、饼图还是用其他图，最重要的是清晰和准确，所以要去掉一些不必要的边框，并且突出重点，有必要的话可以用一些数字或文字辅助。做表的原则是简洁，少用框线，可用底色来区分行。如果表中数字很多，可以对重要的数字做红圈一类的标记。
- 用好动画。需要突出数据或文字时，可以将其放大。
- 做好注释（讲解底文）。在汇报时，你有可能会忘记需要补充的详细内容，所以要利用 PPT“下文添加备注”这个功能，你能在笔记本上看到补充的内容，而放映的图像上并不会显现。

- 选用合适的字体、颜色、字号。字体建议使用黑体（可以加粗），因为这种字体最为简洁，在 PPT 上不会显得乱，英文也尽量使用简洁的字体。文字颜色建议使用蓝色、灰色或棕色，标题可以使用浅蓝色，正文最好使用深蓝色或灰色，偶尔使用红色来强调。字号建议使用 22、24、28 比较合适，以容纳足够的内容。标题和图表的文字格式视具体情况而定。
- 汇报内容要完整，也要有重点与衬托。对自己工作的完成情况要心中有数。在客观估计自己工作的完成情况的基础上来体现汇报内容。
- 以量来充。如果你的工作处于执行岗位，而且没有什么突出的贡献与成绩，那么用数量来体现你的工作成绩，也是一个选择。
- 以质来晒。如果你的工作任务完成得很好，那么你完全可以将你的完成情况体现在 PPT 中。工作成绩的优劣性对比总结如下图所示。

工作成绩的优劣性对比总结

- 汇报内容要清晰。在总结中一定要讲清楚全年的工作思路、所做的主要工作、取得的主要成绩、主要的工作体会，以及存在的主要问题和今后的打算等。

第2章
Chapter 2

行政是管理的基础

在人力资源的管理实践中，很多的基础管理都是借鉴行政管理相关内容的。而对绝大多数中小微企业来说，行政与人力资源本就相互关联，更别说很多中小微企业的人力和行政根本就没有分家，而是直接将人力资源管理与行政管理的相关职责交由行政人力部或综合管理部。

公司让阿东负责人力资源和行政两方面的工作，这恰恰是他最好的锻炼机会。在工作中他发现做好行政后勤管理，非常有助于人力资源人员在人力规划、员工入职、人事管理及招、培、用、留、离等方面的工作。

2.1　搭建管理体系

企业的行政管理一般指管理层级中的行政命令的上传下达、文件制度的落地执行等工作。而在一般的中小微企业中，则将行政后勤管理、人力资源管理同时纳入行政管理的范畴。企业为通过管理促效益，则会对企业各职能部门进行合纵连横，以制度、流程、文化等手段达到行政管理的目的。

对于企业的行政管理，我们一般可以从以下方面进行理解，如下页图所示。

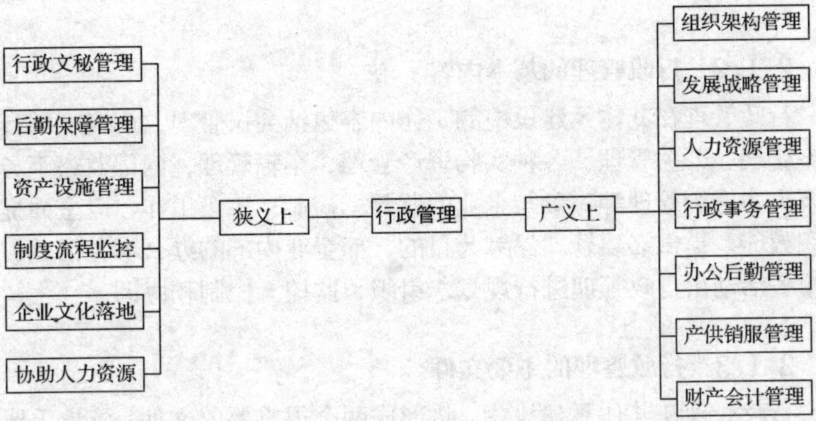

对行政管理的理解

本章所指的行政管理皆指狭义上的行政管理。而狭义上的行政管理作为后台支持管理的负责部门，在统筹公司行政工作上必须具有一定的全局眼光，行政管理体系的搭建，会让企业行政管理的工作更具有目的性，如下图所示。

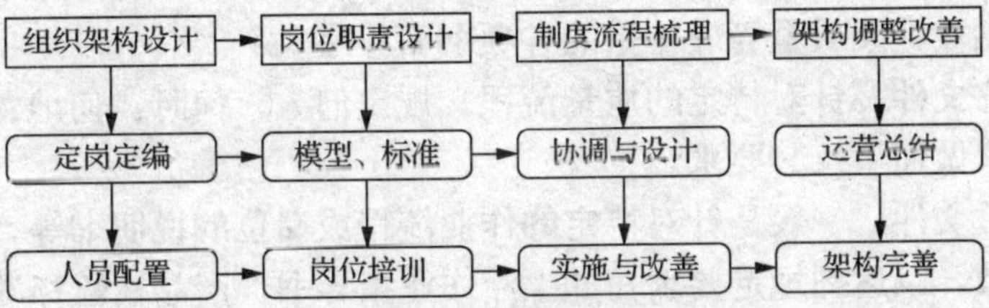

行政管理体系的搭建流程

2.1.1　行政管理的组织架构

从其体系建设上来看，行政管理往往都由企业的一把手挂帅，由行政副总经理负责，由专门的如综合部、办公室或后勤部等行政部门来组织实施、操作，其工作范围往往涉及企业的各个部门和分支机构。

通过组织架构等我们可以看到，其实建构的行政管理体系将会是一个包含企业从上到下、横揽全部的完整的系统和网络。而这个体系的框架图和我们人力资源设计的组织架构图会有所重合，但也可按权责单设。

2.1.2 行政管理的基本内容

行政管理在其体系建设中的工作内容包括会议管理、办公物品管理、档案管理、公关管理、各种实物资产管理、车辆管理、内部监察事务，以及人力资源管理等，参与企业的监督、控制、决策工作，以全面提高组织效能，提供必要管理保障为目的，而企业内部的办公事务活动、后勤事务活动由行政管理进行规划、组织、监控、控制和协调。

2.1.3 行政管理的主要文件

行政管理在其体系建设中，将形成两个很重要的文件：质量手册和程序文件。前者是行政管理的目标与依据，也是总纲，是一级文件，后者是要求我们如何做才能达到管理标准，是控制文件，属二级文件。这两个文件是企业在质量体系认证中必不可少的文件。当然，在管理中还会出现三级文件及四级文件，这些都是满足质量管理目标的控制手段。

质量手册，其摘要指出如何满足 ISO9001:2000 质量管理体系要求，同时包括或提及质量管理体系的各项书面程序。

程序文件，针对特定的质量流程，规定何人、何时、何地、利用什么方式来做何事及其要求。

三级文件，一般是针对特定的作业流程或岗位的说明书等，指导我们如何做，以达到规定要求，如生产作业指导书、产品检验标准等。

四级文件，是一些控制性表单，用以收集、传递资讯，控制作业流程或作为日后证明系统或产品符合规定要求的证据，如技术修改通知书、质量检验卡等。

2.2 行政管理的六大模块

要想将行政管理做顺、做好、做出成绩，必须加强自己对行政管理的认知。要从内心重视行政管理，如果自己都觉得不重要，可有可无，又怎能将行政管理做好？

行政管理专家在长期的实践中，提出了类似于人力资源六大模块的行政管理六大模块，如下图所示。

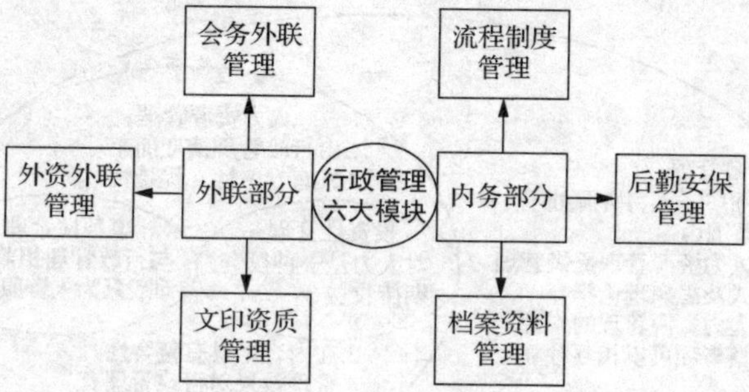

行政管理六大模块

- 流程制度管理：流程建设、制度管理、经营计划、目标责任签订等。
- 会务外联管理：秘书服务、会议管理、活动管理、文书文稿、公共关系、党团工会妇联工作等。
- 文印资质管理：发文公告、印鉴管理、资质办理、信息管理等。
- 档案资料管理：档案管理、资料管理、图书管理、企业证书管理等。
- 外资外联管理：资产采购、废旧出售、低耗采购、政府项目等。
- 后勤安保管理：资产管理、车辆管理、办公设备、低耗用品管理、安全保卫、食堂管理、宿舍管理、名片印制、日常接待服务、报刊信函收发、后勤服务（吃住行及医疗服务）等。

六大模块在工作内容细分上，往往会超过30项。不少企业如果没有成立安全环保部，还会将如环境保护建设、安全生产、职业健康等都划归行政部门负责，而这些往往都是比较专业且工作量巨大的工作，所以对行政管理人员的工作能力提出了更高的要求。

2.3　行政管理和人力资源管理的区别与联系

一般的中小微企业往往都没有将人力资源管理与行政管理分开，特别是在小微企业，不少管理人员觉得行政与人力没有区别，都是管后勤的。但作为想发展、有梦想的企业，则必须将行政与人力进行区别，如下图所示。

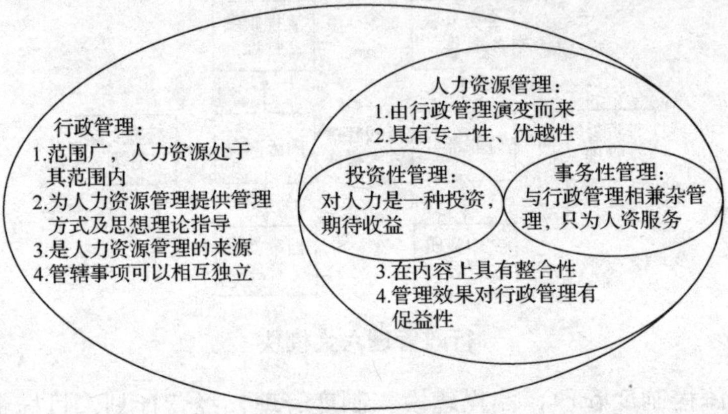

行政与人力共生管理

首先，人力资源管理是将人作为一种资源来进行开发与管理，是一种投资性行为的管理模式。它包含两个部分——投资性管理与事务性管理。投资性管理就是在人力资源上进行投入而期待投入后的管理提升从而促进效益的提升；而事务性管理是将由于人的动作而产生的各项事务进行管理，主要针对的管理目标是事务，是一个被动管理的行为。

其次，人力资源管理中的事务性部分与行政管理相兼杂。但小微企业由于事务性的集中处理，往往存在事务性管理的谅解性，行政与人力资源在一起打包管理时与时代脱节，其因处于传统式管理的束缚而不能超脱到现代化企业人力资源管理的状态。

再次，行政管理和人力资源管理两者的管理范围及理论先驱是有所区别的。一方面，人力资源管理是行政管理的一项管理内容，其管理范围相对较小，管理工作更具有针对性，需要一定的人力资源专业知识进行支撑。另一方面，行政管理为人力资源管理工作提供管理方式及思想理论的指导，是人力资源管理工作开展的重要依据。

最后，人力资源管理与行政管理在演变过程与工作效率上具有一定的共生关系。一方面，人力资源管理是由传统的行政管理逐渐演变而成的，相比传统管理模式具有一定的专一性、优越性，并且其工作内容具有一定的整合性。而行政管理工作单项具有独立性。另一方面，行政管理的工作效率在很大程度上取决于人力资源管理水平。人力资源管理水平越高，员工对管理的接受与流程使用效果就会越好，从而行政管理工作的效率也会越高。

第3章
Chapter 3

人力资源的基础构建

随着时代的发展，公司也对人力管理提出了新的要求，要求对企业人力资源进行整体规划和现有人才盘点。这让没有人力资源管理基础的人力资源工作人员，往往觉得无法着手。而对阿东来说，却恰恰是他一个最好的锻炼机会。

借助行政管理的一些手段，结合自己所学的人力资源管理知识，阿东顺利地参与到公司人力资源管理正规化建设中来，并由一个配角逐步成为人力资源基础构建的主导者。

3.1 构建企业组织架构

很多小微企业经营者在企业发展到一定程度的时候，往往会很苦恼，觉得企业这里需要人，那里似乎人又多了；觉得这件事情应该让某人管，过几天又顺手让另一个人负责。很多工作呈现出随意性和盲目性。

为此，企业确立清晰的管理层级，明确何事谁管谁负责的组织架构就显得很有必要。

3.1.1 组织架构的概念

组织架构简单地说就是一个组织整体的结构，通过一个图形框架进行展示，体现组织的业务分布与管理层级；也是企业在逐步壮大自己的管理组织时，在企业管理建设中所构建的组织框架；并且是在管理逐步深入细化的过程中，将业务、管理、职责、人员进行分块、分类的一个植入的基础。

组织架构基本都是根据公司章程要求，结合企业经营管理实际进行构建的。组织架构一般包含董事、监事、经理层和公司内部各层级机构设置、职责权限、人员编制、工作流程和相关工作标准等内容。组织管理的层级分布如下图所示。

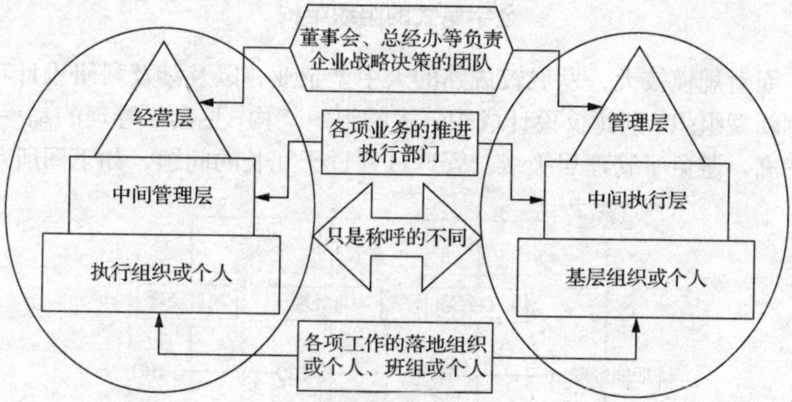

组织管理的层级分布

组织架构中的成员：

- 包括董事长、总经理等的决策管理层。
- 主要业务组织执行的经营管理层。
- 落地执行的基层组织者。
- 基层组织下当然还有相应的成员，但一般不在架构中体现。

3.1.2　组织架构形态——直线职能与矩阵式

组织架构的设置一般要与企业的发展及规模相适应。在企业设立发展的初期，为适应求生存的管理状态，建议使用直线职能制的金字塔式的组织架构，如下页图所示。

- 优点：结构严谨、等级森严、分工明确、便于监控。
- 缺点：管理层次多，易出现机构臃肿、人员膨胀；信息传递不畅，易扯皮；领导与群众有距离感，对形成核心凝聚力有迟滞作用。

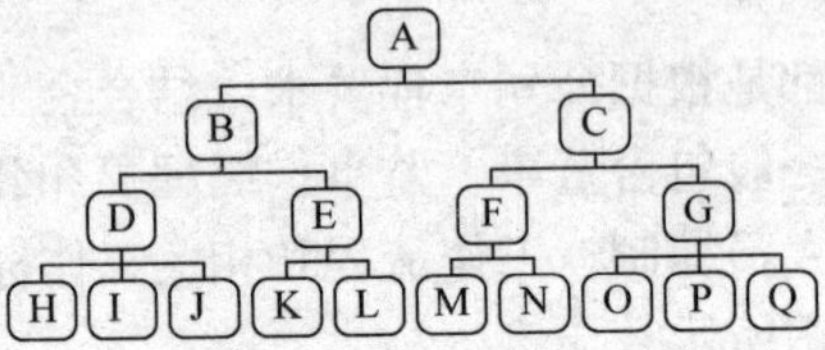

金字塔式的组织架构

而对规模较大、发展较成熟的大中型企业，以及涉及科研设计项目等创新型组织，则建议设计成矩阵式的组织架构，更利于管理的扁平化，效率高，避免了管理层级多、管理过程过于冗长的问题，如下图所示。

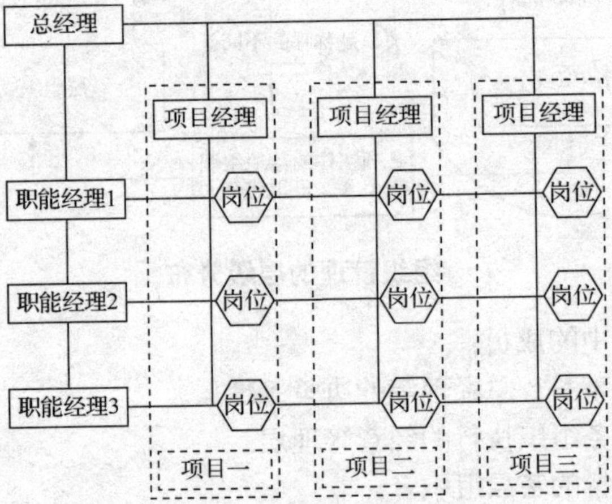

矩阵式的组织架构

- 优点：有利于集中优势解决问题，实现资源共享，兼具集中统一指挥和专业化分工管理的长处。
- 缺点：组织复杂，管理有交叉，容易产生多头管理，导致权责不分，易推诿。

当企业发展到一定规模，层层指挥，管理延长，会弱化员工之间的协调和资源整合，而不同业务板块的各自发展，又会削弱企业的反应速度，矩阵式的组织架构能够有效改善企业的快速反应机制和实现资源共享。组织可将原来分散于各个业务单位的财务、人力资源、行政管理等职能收归总部，总部成立相应的职能部门，为各个业务单元服务，实现资源共享，集权与分权融洽并立，保持各业务部门与公司整体战略一致和文化统一。

3.1.3　构建组织架构准备

现状调查：因为组织架构中无论是部门还是职责都必须具体到人，所以往往在架构的设置中必须考虑到相应的影响因素。为此进行工作现状调查是一个必要的过程（也可说是各部门对现有工作的汇报）。在进行现状调查时应注意组织架构的影响因素，如下图所示。

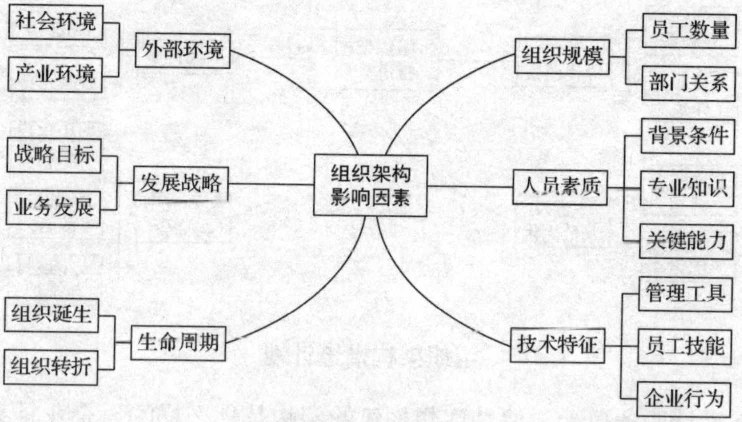

组织架构的影响因素

- 外部环境包括社会环境与产业环境，是组织发展决策的外界压力来源。
- 发展战略主要体现为业务发展战略，是影响组织架构与权责分配的核心因素。
- 生命周期指企业组织从诞生到转折的一个自然连续的时间过程。
- 组织规模指组织内所拥有的人员数量，部门及个人之间的相互作用关系。
- 人员素质主要是组织内的人员匹配岗位的胜任度，主要指背景、专业及关键技能。

- 技术特征指在生产经营中让投入转变为产出的管理工具，员工的专业技能及代表企业的部门及个人行为特征。

结合上述影响因素，开展工作现状状况调查是构建组织架构的前提。调查内容一般包括现有工作内容、人员工作负荷度、根据公司发展规划所存在的人员需求等内容。

推进计划：要让组织架构设计能有条不紊地开展，并快速体现成效，制订构建推进计划则必不可少。组织架构推进计划如下图所示。

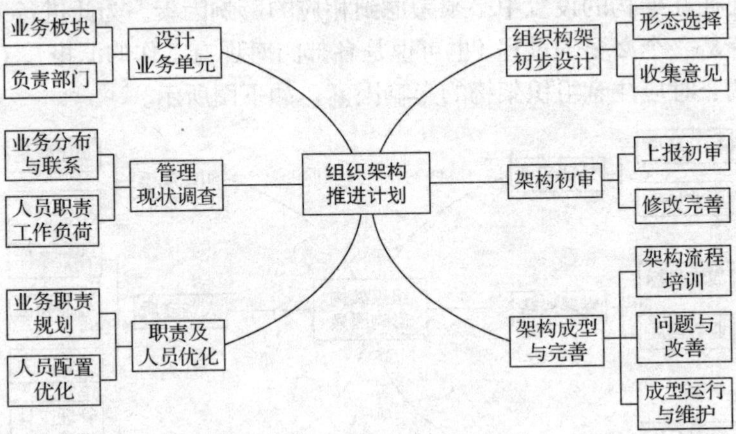

组织架构推进计划

- 设计业务单元。清楚你想构建的架构是什么样的，企业具有哪些业务板块，应该设置哪些部门等。(0.5 天)
- 管理现状调查。在上一步开展的同时，进行企业业务分布、人员工作等现状调查。(0.5～1 天)
- 职责及人员优化。根据收集到的各部门工作内容及现状，拟出一个较优化的部门人员及工作职责划分，同时针对公司发展战略进行初步的人员需求规划。(0.5 天)
- 组织架构初步设计。按经营者意图初步构建 1～2 种组织构建图，一小时应该可以完成。针对初步构建图，召集各部门负责人进行初步沟通修改，约两小时。(0.5 天)
- 架构初审。将构建的组织架构图交上级及总经理按级审批修改。

估计领导审批时长，如果要求及时，1～2 天应该可能完成。(1～2 天)

- 架构成型与完善。下发试运行组织架构，并进行管理架构及流程的培训。运行中改善显现的问题，逐步形成管理通畅、覆盖全面的组织工作框架。

3.1.4 构建组织架构图

制作组织架构图可以选用专业软件如亿图、vision、金山的写得等。不喜欢用软件的，可以使用 Office 中的绘图工具（Smarter），无论是在 Word 文档，还是在 Excel 文档中都能较方便地制图。

在 Office 2016 或其他版本中的插入项中选择 Smarter 图形按钮，在其中选择层次结构就可以进行有关组织架构图的构建，会形成如本节开篇所提的组织架构中金字塔式的组织架构及矩阵式的组织架构。

在进行架构设计时，我们也可以将其设置成将主要职责标注在架构图一旁的形式，或在架构图单元格中注明编制情况，如下图所示。

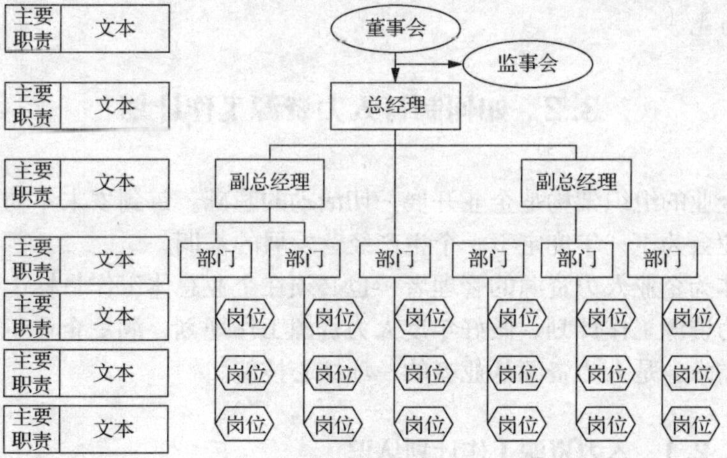

组织架构的设计

构建组织架构时还应做好以下工作。

(1) 进行架构管理层级梳理，制作架构图时，必须同时进行工作流程、审批流程的梳理。在具有通畅的相关流程基础上，组织架构的管理才会更加通畅。而日常工作业务流程一般包括销售、设计、采购、生产、质检、服务、人力、行政等方面的工作。当然，各个方面又有许多分项工作流程，可在架构运行稳定后进行逐一梳理制订。

(2) 在构建过程中要及时征求领导意见，让你的架构图附上领导的意见。闭门造车的文件，即使效果不错也会让人抵触。而有众人参与的文件，自然会让人容易接受。所以，一定要带着架构图及工作流程召集其他部门征求相关意见，并进行完善，再交由领导审阅，最后附上领导的意见，就可以上报总经理审批。

(3) 随时完善组织架构，保持与企业同步的发展速度。随着企业进入不同的发展阶段，一劳永逸的事将永不存在。必须不断更新并完善组织架构，才能让我们的管理跟上企业的发展。在架构下将工作具体到部门及个人，合理运用直线职能制与矩阵式组织架构，让组织架构始终与企业当期管理要求相匹配，才能有效提高管理效率。

注意：组织架构应该是企业的“三定”工作中的基础部分，但必须与企业的发展战略及相应的项目运作相匹配，以管理层级畅通、完善、效率为先。

3.2 如何制订人力资源工作计划

企业的组织架构是企业开展一切活动的基础。每到岁末年初，所有的企业会为下一年度定下一个生产经营发展的基调。

作为企业人力资源的管理者，也必须在企业总体工作目标上制订年度人力资源工作计划。做好年度人力资源工作规划，满足企业下年度的发展需求，是人力资源从业者的一项核心技能。

3.2.1 人力资源工作计划认识

在我们大部分人的认知里，很多时候分不清规划与计划，其实这两者是有一定区别的。

工作规划，指对企业发展所做出的更加宏远的工作指引，时间跨度长，如三年规划、五年规划等。工作规划是为完成预定目标而要开展的工作环节、人财物等资源的归纳总结和科学分析。在分步实施时，依据规划再制订实施计划。

工作计划，一般指针对某件事情、任务，而预先拟定的实施内容和行动步骤。实施对象具有专一性；制订的行动措施、解决办法具有针对性和结果的有效性。一般包括行动内容、工作标准、成果预期及使用等内容。

工作规划和工作计划的区别如下图所示。

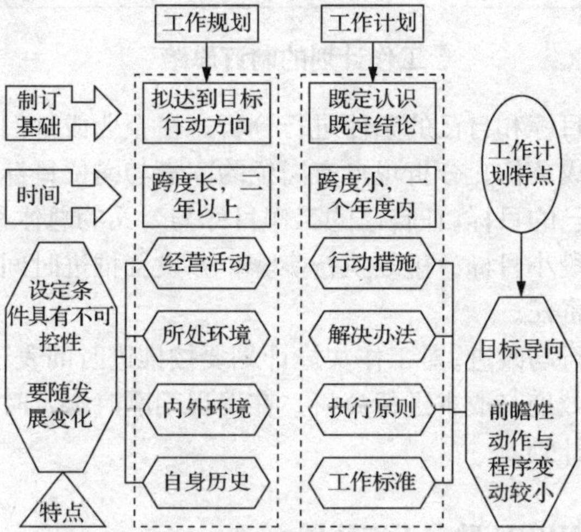

工作规划与计划的区别

人力资源工作计划具有显著的特点。

- 前瞻性：工作计划考虑到了未来的某一时段的目标与做法，具有前瞻性。
- 目标性：工作计划规划了各阶段目标及期望达成的状况。
- 稳固性：工作计划决定了达到目标的策略、方法和步骤，较为稳固，变动较小。

由此我们了解到，制订计划其实就是制订我们要达到今年工作目标所将遵循的路线图。我们按照此计划去落实，就一定能完成预期目标，这是制订计划的首要目的。

工作计划的制订思路如下页图所示。

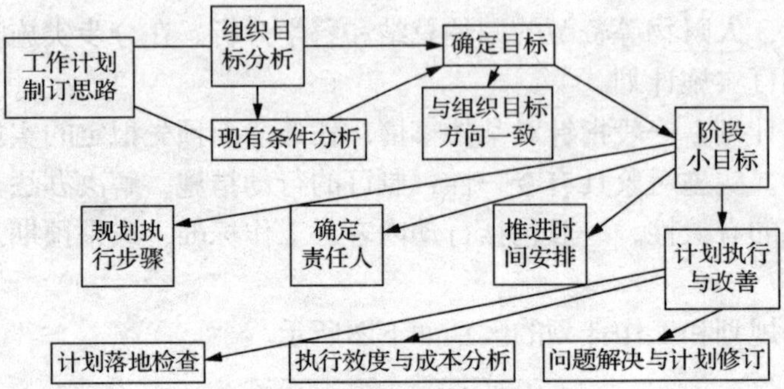

工作计划的制订思路

- 对工作目标和自己的条件进行分析。在企业或部门目标下，分析目标达成条件，分析现自有岗位的职责与岗位目标实现条件。
- 确立自己的目标。让自己的工作目标与公司的总体目标保持一致。
- 确立阶段小目标。规划执行步骤，并设置推进时间表，对所属人员分派责任。
- 计划执行与改进。对工作实施计划要按推进时间表进行分析检查，同时对效度与成本进行分析，在发现问题时要及时解决并整改修订工作计划。

3.2.2 6W2H 助力工作计划

企业会进行年度工作总结，而人力资源要进行人才工作盘点。结合公司的业务目标与人力资源的总结及人才现状，才能确定人力资源下一年度的工作目标。围绕目标实现所需的条件与工作步骤就是我们的计划了。

在总体目标确定之下，会以诸多小目标或分段目标的实现促成总体目标的实现。在此过程中我们结合 6W2H 的分析方法来实现阶段目标的制订，如下页图所示。

在制订工作计划时要从实现目标的环节中去弄明白：从哪里入手、为何要做、在哪里做、什么时候做、谁负责、怎么做、需要哪些支持、是什么标准。如此就会一步步厘清我们的目的、需求，直到形成一个完整的可执行计划。

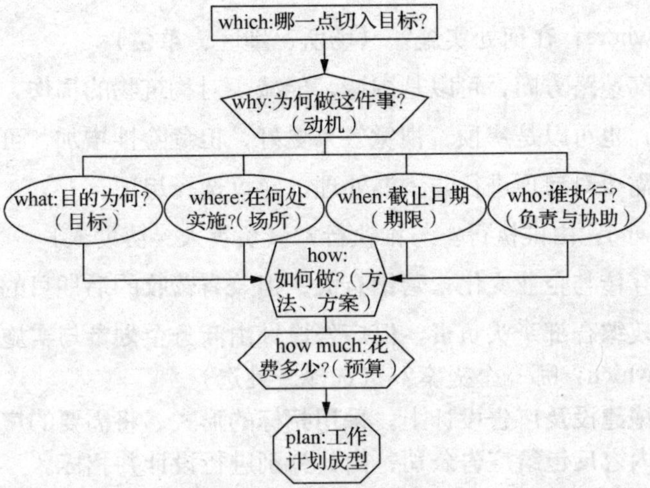

6W2H **分析法**

当然在实际的工作计划制订或实施分析中，我们可以对其相关步骤予以调整，特别是对目的、场所、期限、负责人、协助人等可随时根据实际情况进行秩序及内容的调整。

- why：为何做这件事？（动机）
- what：目的为何？（目标）
- where：在何处实施？（场所、地区、单位）
- when：截止日期是何时？（期限、完成日期）
- who：由谁执行？与谁执行？（负责人、协助人）
- which：哪一个提案？（选择、挑选）
- how：如何执行？（方法、执行方案）
- how much：标准如何？预算多少？（程度或数量）

我们要在计划制订中不停地思考：有无缺点？有无问题点？有无注意事项？及时思考对策，并想象所有的可能性并加以检测。

案例：公司欲在靠高速路边的厂房顶上做几个广告位，要以此树立企业形象，并起到产品宣传作用，就算企业不用也可进行广告位出租。要求商务部制订出计划。

（1）where：在何处实施？（场所、地区、单位）

靠近高速路方向，可以是围墙，能减少对构筑物的损伤，但视觉效果差一点；也可以是房顶，视觉效果更好，但危险性增加，可能造成房顶漏雨，需要对房顶进行防渗漏处理。建议选择房顶。

（2）who：由谁执行？与谁执行？（负责人、协助人）

广告宣传与企业文化、营销有关，但兼有营收的后期目的。构建物可以由行政综合部牵头负责，但广告设计由商务企划参与实施。

（3）which：哪一个提案？（选择、挑选）

在实施建设及广告设计上，采用招标的形式。将需要的广告架构施工及广告内容反包给广告公司，由其分别进行设计并招标。

（4）when：截止日期是何时？（期限、完成日期）

根据市场推广的时间进度表确定建设、使用时间。

（5）how：如何执行？（方法、执行方案）

由于施工要在厂区内进行，必须考虑安全、通道、噪声等因素。广告公司必须在实施方案上进行考虑，如施工时间以晚上为主，要加围栏等。

（6）how much：标准如何？预算多少？（程度或数量）

对广告架的标准、使用寿命、工程进度等要有所要求，并按计划对其进行验收。同时评估市场上高速广告位价格情况，进行费用的投入与产出预算。

通过这样的分析，就可以制订出较为完整的广告建设项目计划。

3.2.3 目标计划的条件分析

我们在制订计划的时候一定要把握整体思路，并对会影响目标实现的因素进行分析。根据这些目标影响因素去收集解决方案。同时必须与能提供解决方案的协助方或供应方进行沟通确认，消除偏见和先入为主的观念，要客观，避免出现变故。

- 做好自我分析，涉及任务、意图和能力等方面。
- 对现有方案进行整理、区分和评价，并把因果关系及其关联性联系起来，深入地分析问题。

- 把事实与方案联系起来分析表面现象，并考虑其与计划实施及完成之间的关系。
- 对计划中的手段进行分析，看其是否合理、是否具有实效性。

通过做好以上几个方面，我们就可以制订出有效的人力资源工作计划。工作计划要形成报告式的 Word 文档或汇报式的 PPT 文档，建议附一张计划推进日程安排表。

注意：制订年度计划需依据公司总体目标，在公司总体目标的基础上分析确立自己部门所必须达成的目标，并分析自有条件或可能借助的或必须创造的条件，从而分期、分步骤地制订实施计划，形成年度工作指导纲领。

3.3 如何做好企业“五定”

随着公司的发展，公司的各项业务也越来越多，各部门人员变动比较大，导致有的人不明确自己的工作内容。由于存在某些工作上的交叉，还会出现无人为工作负责的现象。

为此，公司经营者指出要对公司的部门人员进行岗责确定，要求阿东做好定岗、定责、定编、定人、定薪方面的工作，于是阿东开始了“五定”之路。

3.3.1 “五定”过程的梳理

企业“五定”是企业发展到一定程度后所必须开展的一项人力资源管理基础工作，是厘清职责，不交叉指挥，不交叉工作，让所有工作开展得有条理，提升工作效率的前提。

“五定”工作必须基于企业的发展战略总目标，在确定组织结构层级管理之下，梳理各部门的工作职责范围，并进行岗位设置，确定岗位职责及满负荷下的岗位需求人员数量。在已经“三定”（定责、定编、定人）的情况下，针对现有人员安排人员的定岗工作，通过对各岗位进行价值评估，再确定薪酬，如下页图所示。

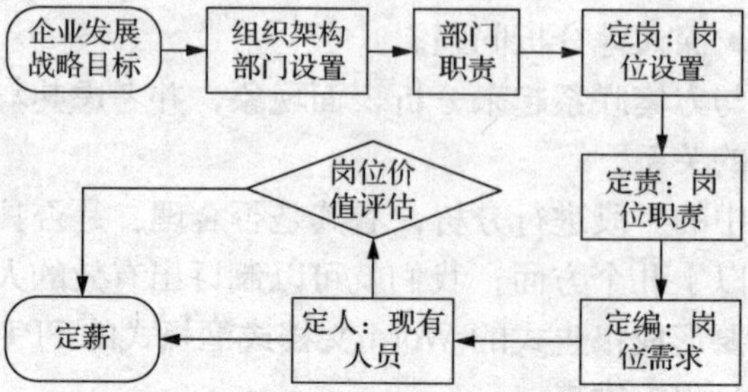

企业“五定”的编制流程

在企业的发展战略及愿景目标下，做好“五定”工作，最终达成企业发展的既定目标。

所有的目标都需要依据企业员工的能力来实现，在“五定”中，我们往往根据人员的现有工作状况及能力，来塑造我们所需要的岗位及岗位胜任能力模型，并以此来满足后续人员的需求。所以对现有人员的工作现状调查就显得很有必要。

3.3.2 对现有人员的工作状况的调查分析

对现有人员的工作状况进行调查，可以采用问卷调查法、访谈法等。问卷应包含如下内容。

- 基本情况：姓名、性别、年龄、入司工龄、岗位及主要工作内容等。
- 知晓内容：公司本年度的工作目标、发展规划；公司上一年现有人员的工作目标达成情况；各部门的工作状态（是否满负荷）、各部门职责（主要负责什么工作）、所设岗位及职责（如果没有设置，就按人数统计）。

一些刚组建的企业可能没有设立部门和岗位，主要依靠经营者的个人能力及人员的主动性来解决工作中的问题。

- 个人能力：能否独立解决问题、有无强烈获取成果的愿望、能否解决意外问题、能否获得有效的帮助等。
- 个人工作：希望承担什么工作、能否匹配自己的能力、工作负荷是否足够、能否按自己的意愿完成工作任务、工作是否让自己获得成就感、与同事的协作情况如何、工作环境如何等。

- 组织希望：是否热爱企业、能否主动担责、企业是否提供资源、企业是否能助员工成长等。

如果采用访谈法，则必须在进行访谈之前拟订调查访谈提纲。访谈中把握谈话方向，随时按调查提纲进入调查主题中。

无论采用何种方法，都需要通过受访人的字迹、表情等分辨调查内容的真实性。通过多份对比，一般能得到较为真实的调查内容。

3.3.3　按照调查所得框定现有管理层级图

从经营者到每个工作人员都要体现在企业工作现状调查框架图里，如下图所示。

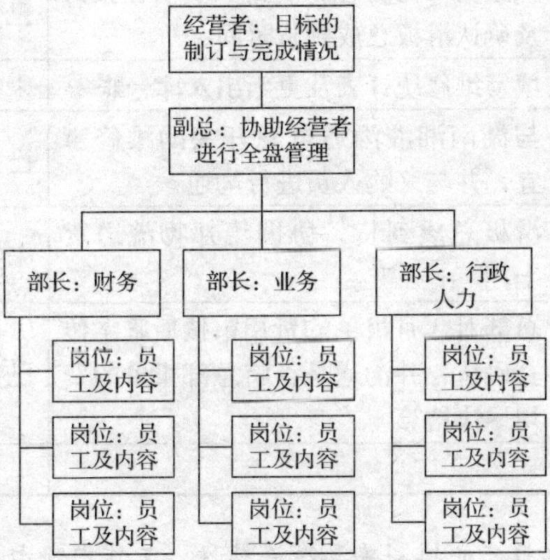

企业工作现状调查框架图

通过企业工作现状调查框架图，我们能够了解公司的组织结构、各部门职责、岗位设置、业务分配等情况。

3.3.4　对现有人员的工作负荷度的调查

可通过调查现有人员的工作负荷度，进行岗位调整，即考虑是否需要减少或增加岗位，是否需要减少或增加人员。同时我们应该根据行业情况设置工作项目完成的标准时间，通过工作负荷度调查来进行比对，得出每个工作人员的负荷情况。

工作负荷度调查是一个辅助性的负荷分析工具。原则上需要进行15～30天的工作日志强制填报及即日抽检，以确定工作日志。如下表所示，检查员工所记内容是否属实，并对正常状态下的工作项目进行耗时评估。

工作日志示例

当日工作安排时间	工作内容描述	工作成果	实际耗时（分钟）
8:00～9:00	跟进何师傅行程，安排人员前往接人及确认滑板总成到货时间	已完成	40
9:05～9:10	填写维修统计表及更新出入库台账	未完成	5
9:10～9:55	与湖南湘液沟通电源开关的维修事宜，并与采购人员进行沟通	已完成	
10:00～10:10	滑板总成到货，协调德邦物流送货上门	未完成	
10:15～11:00	总部对3月报单的费用审核后签字传真确认，并沟通是否将总部报单的费用尽快结算	已完成	
机动时间			

备注：工作日志的填写要具有连续性，工作内容由员工自行安排，部门领导检查。安排时间需与正常状态下的工作时间进行对比评价确定。实际耗时由员工自行填写。

结合工作日志进行负荷度阶段时间登记，如下页表所示，工作负荷度一般以8小时标准工时制进行核算。

工作负荷度统计表

工作项目	8 月 19 日		8 月 20 日		8 月 21 日	
	应需时间（分钟）	实际耗时（分钟）	应需时间（分钟）	实际耗时（分钟）	应需时间（分钟）	实际耗时（分钟）
1	60	60	110	110	60	72
2	20	20	10	13	30	38
3	20	35	60	60	130	130
4	160	160	55	55	0	0
5	0	0	0	0	0	0
⋮	⋮	⋮	⋮	⋮	⋮	⋮
计分钟	430	515	415	452	430	480
折小时	7.167	8.583	6.917	7.533	7.167	8
8 小时工作负荷比（%）	89.58	107.29	86.46	94.17	89.58	100.00

备注：要按应需时间、实际耗时等评估最接近时间并抽取事件进行验证，同时结合员工工作成果进行时间的正确估算。

最后形成员工工作负荷度分析报告，如下表所示。

员工工作负荷度分析报告

姓名	工作负荷度	工作完成情况	工作效率	结论
×××	从 8 月 19 日到 9 月 13 日（缺 8 月 26 日）的工作日志来看，目前工作应有负荷比为 92.16%，实际工作负荷比达 110.49%。可见工作时间的效率尚不够，处理事务的能力尚需提高	从工作整体情况看，工作方式较多，工作质量尚可，完成结果尚可 但人力资源工作尚未做全面，如果全做，其力有不逮	工作效率=92.16/110.49×100%=83%，效率尚不足，导致人力资源工作累而不全面，尚有提升空间	负荷基本充足，不再补充
×××				

备注：员工工作负荷度分析报告中应体现工作应有负荷比与实际工作负荷比，并折算工作效率，以此评判工作负荷状态，确定该岗位编制人数。

3.3.5 根据公司战略规划的用人需求调查

企业在进行“五定”时，还必须考虑企业项目的增量与减量，即公司的战略规划项目，即是短期发展规划项目还是长期发展规划项目。

根据公司的规划目标，各职能部门负责人需要进行工作岗位及人员的预算，为此需要进行用人部门的用人需求调查，如下表所示。

用人部门的用人需求调查表

<table>
<tr><td colspan="2">岗位名称</td><td colspan="2"></td><td>现有人数</td><td></td><td>需求人数</td><td></td><td>到岗时间</td><td></td></tr>
<tr><td colspan="2">需求原因</td><td colspan="8">□原岗位因离职/调岗而空□业务量增加□新增部门职责需要□其他</td></tr>
<tr><td colspan="2">岗位主要职责</td><td colspan="8"></td></tr>
<tr><td rowspan="5">资格要求</td><td>性别</td><td></td><td>年龄</td><td></td><td>工作经验</td><td></td><td>驾驶证</td><td colspan="2"></td></tr>
<tr><td>学历</td><td></td><td>专业</td><td colspan="2"></td><td colspan="2">外语</td><td colspan="2"></td></tr>
<tr><td>资格及技能要求</td><td colspan="8"></td></tr>
<tr><td>工作经历</td><td colspan="8"></td></tr>
<tr><td>其他要求</td><td colspan="8"></td></tr>
<tr><td colspan="2">薪酬</td><td colspan="8"></td></tr>
<tr><td colspan="2">工作地点</td><td colspan="8"></td></tr>
<tr><td colspan="2">招聘范围（内部或外部）</td><td colspan="8"></td></tr>
</table>

3.3.6 进行现在需要的定岗定编

通过对公司现状的调查，我们了解了公司工作目标、现有部门设置、现有人员职责、工作负荷情况及匹配公司发展战略规划的人员需求等情况。对上述的调查数据，我们必须进行综合评估。在评估过程中，要注意以下几点。

- 评估时各系统领导、部门负责人必须一起参与，这能保证工作状况评估的客观准确性。
- 对部门、岗位的重设要考虑工作现状及开展情况和现有人员的发展潜力。基本确定是否需要新设部门、调整或新设岗位、岗位上增加或减少多少人员，同时对人员的发展潜力进行评估。
- 调整组织架构。从法人治理到业务管理，要侧重考虑现状，结合未来发展进行组织架构的调整。
- 确定部门及岗位职责、岗位任职资格。只有在会议上进行当面沟通才能有效地分解组织任务，并对各岗位的关联性进行大致的框架确定。
- 对各岗位的价值评估要依据行业实际与企业实际。这需要有着实的薪酬调查、分析报告予以支撑。
- 制订企业“五定”编制表。有了统一意见，就要形成完整的“五定”分析报告，并形成企业“五定”编制表，如下表所示。

企业“五定”编制表

<table>
<tr><th>序号</th><th>部门序号</th><th>部门名称</th><th>编号</th><th>部门代码</th><th>科室名称</th><th>岗位代码</th><th>岗位名称</th><th>岗位类别</th><th>岗位层级</th><th>职数</th><th>岗位职责</th><th>任职资格</th><th>薪酬档级</th></tr>
<tr><td>1</td><td rowspan="3">1</td><td rowspan="3">总经办</td><td rowspan="3"></td><td rowspan="3"></td><td>总经理</td><td></td><td>总经理</td><td>间接</td><td>总级</td><td>1</td><td></td><td></td><td></td></tr>
<tr><td>2</td><td>副总经理</td><td></td><td>常务副总经理</td><td>间接</td><td>副总级</td><td>1</td><td></td><td></td><td></td></tr>
<tr><td>3</td><td>副总经理</td><td></td><td>销售副总</td><td>间接</td><td>副总级</td><td>1</td><td></td><td></td><td></td></tr>
</table>

注意：对于岗位职责、任职资格、薪酬档级等内容，必须形成另外的文件，但要与企业“五定”编制表内建立链接，可直接转达目标，其内容要与胜任力模型、岗级评定、薪级评定、人岗匹配等工作进行匹配。

3.4 岗位评估及应用

企业对薪酬进行管理，除了可以借鉴其他企业的薪酬管理方法，还应根据自己的实际情况进行岗位评估。为了使薪酬起到应有的激励作用，一要保持薪酬在人力资源市场上的吸引力，二要体现企业内部各部门、各岗位的贡献与薪酬匹配的公平性。

岗位价值评估要在组织架构、岗位、人员等分析的基础上进行。

3.4.1 岗位评估申报与组织

岗位评估是一个大课题，需要向公司领导做出评估的重要性和必要性的申报。同时要成立评估工作小组，由公司总经理领导，其他分管领导、部门负责人参与。岗位评估要作为一项制度进行设计，同时要在劳动合同里注明，合理调整薪酬。

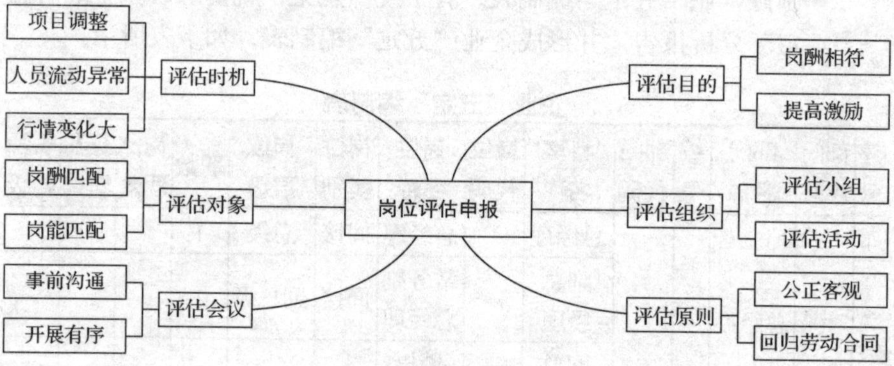

岗位评估申报

- 评估目的：提升员工岗酬的匹配度，充分发挥薪酬对员工的激励作用。
- 评估时机：企业进行大的项目调整时，工作人员流动异常时，社会状况或行业状况有较大的变动时。
- 评估对象：对企业调整后职责、标准、人员等变动较大的岗位进行评估。要注意两点：一是岗酬匹配度，二是岗能匹配度。

- 评估组织：成立由总经理领导的评估小组。评估要由人力资源部组织，涉及申报、参与人员确定、岗位调整、评估报告等方面。
- 评估原则：要公开、公正、客观，要让员工清楚岗位薪酬调整的原因，并通过劳动合同的协商进行实际的操作。
- 评估会议：由于岗位评估涉及薪酬，利益攸关，因此评估会议必须组织有序、沟通到位。评估会议开展前，必须确定评估的方向和必要性，以保证评估小组成员围绕岗位进行沟通，使评估有序进行，避免冲突。

岗位评估的前提是，在组织架构下明确公司部门与岗位。做好岗位评估需要有固定的管理程序，即制订岗位评估管理办法。

制订岗位评估管理办法时必须明确为什么要进行岗位评估，岗位评估的方法是什么等问题（可使用要素计点法，即在岗位评估结束后以点数进行排序。）

3.4.2 岗位评估要素的分类与计点

岗位评估要素，一般源于岗位的任职资格或胜任力模型，指该岗位对岗位任职人员素质的要求（岗位评估也是对要素的等级进行的评估确定）。可以对每个任职要素进行细分，还可以对细分要素进行等级划分，对每个等级要进行定义，并约定每个要素的等级分（即确定点数），如下图所示。

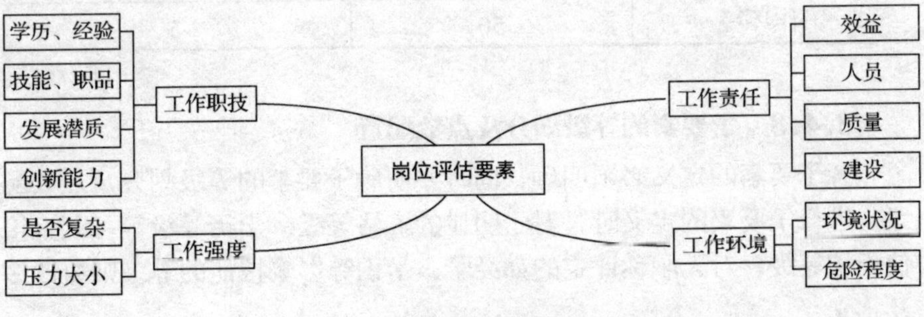

岗位评估要素

我们一般以岗位任职要求作为岗位评估要素，涉及工作职技、工作责任、工作强度、工作环境四个方面。

- 工作职技：包括学历、经验、技能、职品、发展潜质、创新能力等。可以评估个人通过学习、工作所能达到的职业技能，也可以评估个人素质、发展潜力等。
- 工作责任：包括效益、人员、质量、建设等。这是岗位在完成企业目标任务中所要负责的指标，也是对企业的贡献度要求必须达到的责任或指标承担。
- 工作强度：包括是否复杂、压力大小等。一般含体力、脑力的消耗与完成的时间要求等。
- 工作环境：包括环境状况、危险程度等。这是岗位在安全与舒适方面拟订的要素。不舒适的环境会对人的身心造成负面影响。

进行岗位评估时必须向评估小组成员就每个要素包括子要素进行解释，并对大的要素设定总点数和在整个岗位上的权重。总点数需要评估小组共同确定，由于子要素的数量多，因此一般将配点总数拟订为1000点，如下表所示。

要素点数设置

要素	配点（点）	权重（%）
工作职技	300	30
工作责任	400	40
工作强度	250	25
工作环境	50	5

3.4.3 子要素的等级划分及点数配置

各子要素的定义必须明确，同时要明确子要素的等级划分及点数配置。进行子要素的定义时，对于明显的资格等级、学历等级等可以直接使用该等级，对无职称评定的如经验、学识等影响技能的等级则要评估及定义。

例如，学历可按小学、初中、高中、大专、本科、硕士等进行等级定义定点数；专业技能可以如下表所示进行等级定义。当然，其他子要素也需要进行分类定义和点数配置。

子要素专业技能等级定义及点数配置

分级	分级定义	点数
一	了解本专业工作内容，照章办事，具有完成一般性工作的能力	15
二	了解和初步掌握本专业工作内容及本专业有关的政策规定，具有简单的分析判断能力，能完成一般性技术管理工作	30
三	熟悉本专业工作内容和政策规定，有一定的分析判断能力，能够独立解决本专业范围内的问题，受过培训，能独立承担本专业中一般项目的设计、技术、经营管理工作，能完成一般性工作总结报告	45
四	熟悉本专业工作内容和政策规定，具有一定的综合分析、独立判断及解决本专业较为复杂问题的能力，受过一定的培训，有一定的工作经验和开拓能力，能独立承担本部门或本专业较复杂的研究、设计及经营项目，能撰写一定水平的总结、报告	60
五	有较高的政策（技术）业务水平和综合、独立判断以及解决本专业复杂问题的能力，受过系统的培训，有较丰富的工作经验，具有较强的开拓能力，能够独立主持或组织本部门、本专业内的重大项目的研究和设计，能撰写较高水平的总结、报告	75
六	精通本专业，具有解决重大、疑难问题和全面主持工作的组织能力，受过全面系统的培训，有丰富的工作经验，具有很强的开拓能力，能独立承担集团公司的重点研究课题和特大工程技术项目设计，有较强的综合分析和独创能力	90

3.4.4 岗位要素等级配点

对各子要素进行配点与定义后，我们还要根据所有岗位要素综合归纳出影响岗位价值的关键因素，形成岗位要素等级配点表，将其作为评估小组成员的可选菜单，如下表所示。

××岗位要素等级配点表

要素	配点（点）	权重（%）	因素	等级					
				一	二	三	四	五	六
工作职技	300	30	学历	10	20	30	40	50	80
			经验						
			技能						
			职品						
			发展潜质						
			创新能力						
工作责任	400	40							
工作强度	250	25							
工作环境	50	5							
备注									

3.5　岗位评估的实施

进行岗位评估时，为保证评估标准的客观性，我们要采用多人共同评价的方法，同时对岗位任职资格中的要素等级进行确定，形成比较准确的资格要求说明。

3.5.1　组织进行岗位评价

进行岗位评价时，我们需要统一评价模式，为此需制订岗位评价表，如下表所示。评估小组每人一份，并在统一培训后进行评价填写。

岗位评价表就如学生的试卷，对于已经给定的岗位要素进行质与级的定义和分数的评定。即参照××岗位要素等级配点表对某岗位进行等级评定及点数确定。

岗位评价表

岗位名称：　　　　　　　　评价人：　　　　　　　　评价点数：

主要职责								
任职要求								
工作要素	配点（点）	权重（%）	子要素	要素等级定义	等级	点数	评价等级	配置点数
工作职技	300	30	学历	小学/初中	一	10	四	40
				高中/职专	二	20		
				中专/大专	三	30		
				本科	四	40		
				硕士	五	50		
				博士	六	80		
			经验					

续表

工作要素	配点（点）	权重（%）	子要素	要素等级定义	等级	点数	评价等级	配置点数
工作职技	300	30	技能					
			职品					
			发展潜质					
			创新能力					
工作责任	400	40						
工作强度	250	25						
工作环境	50	5						

3.5.2 综合平衡形成岗位配点标准

每个小组进行评价后，要进行统计与均衡分析。通过讨论确定岗位的最终评估点数。统计点数可以采用加权平均的方法，也可以直接商讨确定，最终形成岗位的配点标准，作为该岗位在部门或企业中的价值贡献的依据之一。所有的评估表格、依据必须有评估参与人员的确认签字，如下页表所示。

××岗位配点标准

要素	配点（点）	权重（%）	因素	等级	点数
工作职技	300	30	学历	四	40
			经验		
			技能		
			职品		
			发展潜质		
			创新能力		
工作责任	400	40			
工作强度	250	25			
工作环境	50	5			

批准：　　　　　　　　　　审核：　　　　　　　　　　制表：

3.5.3　岗位重要性排序和贡献价值比

在企业中，由于岗位的性质、对岗位人员的技能需求和素质需求的不同，于是形成的职能与价值也不同。因而，在所有岗位确定点数标准后，就可以对岗位进行标准价值贡献的排序，以确定岗位序列与各岗位的重要性。

我们也可以通过点数来核算确定各岗位在公司的重要性，在岗位集合中确定其标准贡献价值比。

一是可根据贡献价值比确定薪酬等级、奖金分配。这为应用工资打包、奖金总包分配等薪酬福利提供了较好的评估依据。

二是体现酬劳的匹配性。公正、客观的重要性与贡献价值比，也能较为公正地体现劳动贡献与薪酬获得的匹配性，以鼓励多劳多得、高能多得。

注意：岗位价值评估是对岗位序列的评定，往往具有较强的说服力。它是公司评定奖惩、晋升等的重要佐证之一。当然，岗位的价值贡献并不是地位重要贡献就多，还要考核工作人员是否按需要做出应有的价值。

3.6 公司架构调整与部门重设

公司架构及部门调整意味着岗位的变化、职责的调整，而劳动合同规定着员工的岗位及工作，调整总会涉及部分人员工作职责的变动，也会对一些人的工作技能有新的要求。有些员工可能会因为岗位的调整而离开公司。

那么，人力资源部门在部门重设中应该注意哪些方面呢？

3.6.1 认清岗位调整规则

公司在进行架构及部门调整时，为避免因员工不满而提出仲裁或诉讼，要尽力站在合理合法的角度进行调整，必须在调整前对相关条规有清晰的认识。岗位调整涉及的法律法规问题如下页图所示。

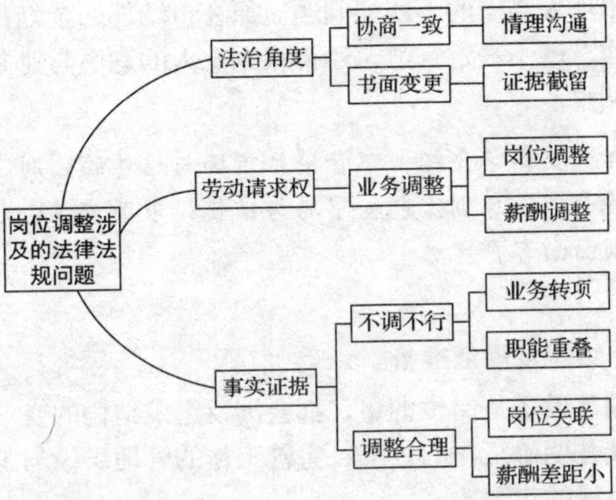

岗位调整涉及的法律法规问题

法律法规角度。《中华人民共和国劳动合同法》（以下简称《劳动合同法》）第三十五条规定："用人单位与劳动者协商一致，可以变更劳动合同约定的内容。变更劳动合同，应当采用书面形式。"故在一般情况下，用人单位调整劳动者的工作岗位须与劳动者协商一致，并采取书面的形式。

劳动请求权。公司需考虑是否具有岗位调整的权利。《劳动合同法》第三条规定："订立劳动合同，应当遵循合法、公平、平等自愿、协商一致、诚实信用的原则。"如果我们与员工签订的劳动合同中具有因生产经营业务调整或组织结构调整可以对乙方进行岗位调整并根据岗位工作情况进行薪酬调整的内容，那么我们就有劳动请求权。

事实证据。岗位调整前要做好相关证明文件的准备。有时劳动合同中约定可以根据生产经营需要随时调整劳动者的工作内容或岗位，但有些员工不同意，根据有关法规，用人单位必须举证证明其岗位或职责的调整具有充分的合理性。

- 部门和岗位确实需要调整的证据，如公司转项、部门职能重叠等。
- 对员工的调整是基本合理的。调整的岗位要具有一定的关联相似性，在薪酬上调整幅度不大。

例如，市场开发与营销业务两者具有一定的关联性，但具体到某个职位时可能出现人与岗的不匹配问题。原在市场部的企划员如果去营销部做销售工作，就不一定合适，还得根据个人的意愿与业务技能考虑是否进行岗位调整。

注意：在这里简单介绍一下营销、市场与销售的区别。营销是一个规划性的系统部门，原则上包括市场与销售；市场重在企划，与媒体接触多；销售则面向客户终端。

3.6.2 组织及规章准备

无论部门重设还是岗位调整，都会涉及组织结构的变动问题。组织结构的功能就是明确工作的分工，完善工作的管理层级与工作流程，保证公司战略目标的实现。

在进行部门重设与岗位调整前，我们有必要做好组织及内部管理规章准备，如下图所示。

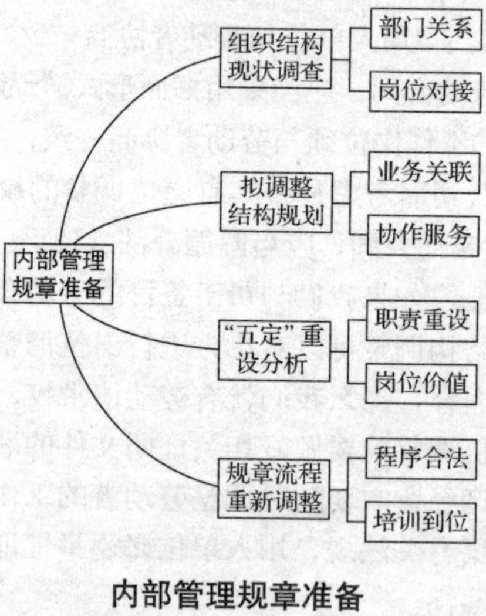

内部管理规章准备

（1）进行组织结构现状调查。在调查中，我们要分析部门与部门之间、部门与岗位之间、岗位与岗位之间有哪些定向服务、交叉管理、业务联系等。在了解清楚这些问题后，我们就可以在现有架构上重新规划部门、岗位，构建新的组织架构（过程与“五定”相似）。

（2）对调整后的组织结构进行分析。在重设部门和岗位调整后，要了解清楚以下问题：部门或岗位之间有什么联系？双方之间需要何种配合和服务？它又能为别的部门提供什么协作和服务？考察调整后的效果和存在的问题，将相关信息反馈给领导，修正调整方案为以后的工作铺好路。

（3）对企业的“五定”工作进行重新分析设定（定岗、定编、定责、定薪、定员），还需要对某些岗位重新进行岗位的价值评估。

（4）对匹配的规章制度、流程标准等进行清理和重新设置。要保证调整后就有相应的制度、工作流程及标准。

3.6.3　处理好员工关系

企业结构调整、部门重设，总会对一些员工的利益造成影响。如何让员工主动配合企业调整与部门重设就显得很重要。如果强制员工调岗，那么会激起员工的抵触情绪，不利于工作的开展。这时分析可能的影响及制订解决预案就显得颇为重要，如下图所示。

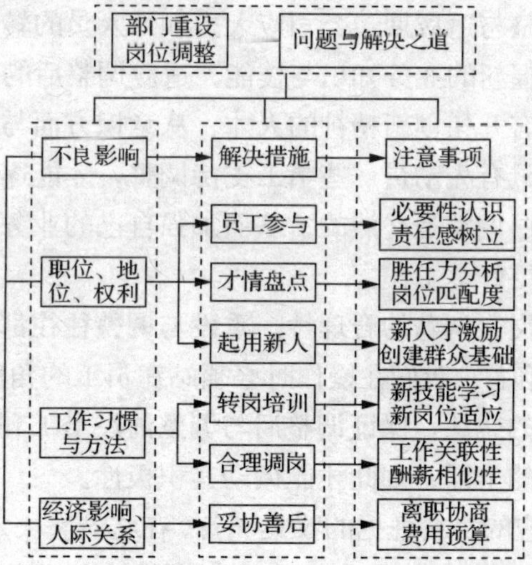

部门重设的影响与解决

1. 部门重设对员工可能造成的影响

(1) 部门重设会影响少数人的职务、地位和权力。

(2) 部门重设会冲击人们已经掌握与习惯的工作方法。

(3) 员工会担心调整后对自己造成经济损失，甚至影响自己在工作中形成的人际关系。

2. 让员工配合调整的解决措施

(1) 让员工参与公司部门重设、架构调整根由的调查、诊断和推进计划，使他们充分认识调整的必要性和增强促进公司发展、参与调整的责任感。

(2) 做好员工的情况盘点。架构调整前我们要对员工的基本情况（学历、专业、资历、工作经历）进行综合评估：一方面要考虑该员工是否能胜任新岗位，以达到调整的目的；另一方面要考虑新的岗位是否适合员工的职业生涯发展，是否对员工未来发展有帮助，是否能够充分发挥员工的才能，这些都关系到重设与调整后的效果。

(3) 做好变动人员的转岗培训。由于岗位及职责可能变动，必须给予员工一定的调整与适应期。公司应大力加强人员的转岗培训工作，使员工能快速地掌握新的业务知识与技能，适应调整后的工作岗位。

(4) 起用具有开拓创新精神的人才，从意识方面与人员带动方面减少调整的阻力。只有先动员一些员工支持调整，才能逐步影响更多人去顺应新形势，明白调整是必然的，从而加强自己的业务技能，顺应开发新的工作关系以更好地工作。

(5) 注意调岗、调薪的合理性。重设与调整往往都直接牵涉岗位与薪酬，切关员工利益。我们在操作时必须站在员工的角度，为员工考虑，更好地了解员工的想法，保证调整后与调整前在员工利益上能基本持平或者有一定程度的上浮，如此才能调动其积极性。

(6) 做好相应的材料证据的收集准备。在将调整决定告知员工之前，一些资料的准备必不可少，如整理和分析调整的充分理由、抉择的依据，草拟员工岗位调动协议、调配通知、以前的工资单和调整后的工资等级、员工以往的表现以及能够充分说明调动对员工有利的材料等。

(7) 做好不接受调整人员的善后工作。一是做好岗位人员缺失的招聘准备，二是做好协商离开的补偿准备，提前做好费用预算。

做好上述准备后，我们就可以进行岗位重设与人员调整工作了。在调岗前应与员工签订劳动合同的变更协议。签订书面变更协议，对确保双方的合法权益、防止争议都很有必要。

小结：结构调整、部门重设要合理依法，在取得员工支持时才能更好地推动，并为后续工作的顺利开展做好铺垫。

第 4 章
Chapter 4

招 聘 准 备

公司在进行汽车生产资质申请的时候，必须将各类管理按照类似于 ISO 质量管理体系的要求进行各系统的体系建设。作为 HRM 的阿东在咨询公司的指导下，对企业的人力资源规划进行了较为全面的设计。

为推行环卫系列专用产品项目，公司组建了专用车事业部。在人员组成上，将通用车事业部专业精深的各类人员调到专用车事业部各部室担任负责人，负责各部室的组建工作。部门组建所需要的人员，除公司内部调剂使用，还需将对外招聘人员补充到各部室。

为此，人力资源部接到了招聘 40 人的任务，要求招人的人员要跟进专用车项目并与设计、生产工艺、采购、试产、正式生产、销售的进程相匹配。

4.1 如何制订年度招聘工作规划

对此次招聘工作，阿东进行了详细的规划，他一直认为，招聘工作规划与招聘计划是有区别的，前者指招聘的整体工作，而后者专指人员的招聘计划。

4.1.1 招聘岗位一般职责

事实上，很多中小微公司对负责招聘人员的岗位没有细分，对其职责也没有进行正式的确定。部分负责招聘的人员只知道自己负责招人，并不清楚其他职责。

一般招聘人员应该具有以下职责，如下图所示。

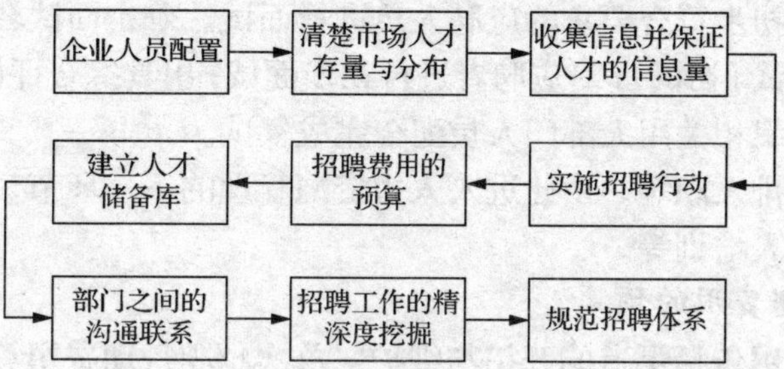

招聘人员的职责

1. 企业人员配置

企业人员配置这项职责要求招聘人员了解公司编制情况，汇总公司岗位及人员的整体需求。这就需要做好定编、定岗、定责、定人的工作，在这“四定”的基础上对各部门人员配置与需求情况做到心中有数。

2. 清楚市场人才存量与分布

清楚市场人才存量与分布需要招聘人员对人才市场的各招聘渠道有所了解，并对各渠道一段时间内能搜寻到的合格简历心中有数。包括对当地各专业学校、专项培训机构、其他单位可挖人才的调研和分析。这样在公司有需求时，就能快速锁定渠道，并开展有效招聘。

3. 收集信息并保证人才的信息量

对招聘渠道实施规划、开发、维护、拓展，要保证人才的信息量大、层次丰富、质量高，确保随时满足公司的用人需求。

(1) 负责招聘的人员要在平时对常用的招聘渠道进行开拓和维护，以确保在有招聘计划时可顺利选择渠道。

(2) 搜集各地区人才市场信息，并熟悉各地区的人事法规。

(3) 与各地区人力资源和社会保障部门、学校取得沟通与联系，与相关院校对应届毕业生的就业问题有沟通联系。

(4) 能熟练应用各网络、平台、媒体等。

4. 实施招聘行动

(1) 根据招聘需求制订招聘实施计划。

(2) 选定适合的招聘渠道，发布职位需求信息，做好公司形象宣传。

（3）收集简历，并对简历进行分类、筛选。

（4）对初步符合要求的应聘人员进行面试。确定面试名单，通知应聘者前来面试（初试），对应聘者进行初步面试，出具综合评价意见报告。

（5）组织相关用人部门人员配合完成复试。

（6）安排入职等。由此进入人力资源管理的下一环节，包括人事档案管理、新人培训等。

5. 招聘费用的预算

招聘费用包括渠道的开拓与维护、单次招聘行动费用等。这项职责要求招聘人员对招聘工作的各环节要清楚，要对各项费用进行申请、控制和报销。

6. 建立人才储备库

（1）从投递简历的收集、其他渠道的推荐等方面做好人才储备库的建设。

（2）做好备选人员入库的工作，以期在需要人员时能有效地直接与其取得联系。

（3）跟踪和收集同行业人才动态，吸引优秀人才加盟公司。

7. 部门之间的沟通联系

（1）根据公司规划与各部门沟通，协助制订人员需求计划。

（2）协调各部门负责人熟悉公司人力资源制度，掌握一定的面试技巧，以应对复试中应聘人员提出的相关问题，并通过技巧与工具准确判断应聘人员的业务及技能实力。

8. 招聘工作的精深度挖掘

（1）总结招聘工作存在的问题，提出优化招聘制度和流程的合理化建议，完成招聘分析报告。

（2）与其他招聘人员进行招聘流程、招聘方法与技巧的沟通和交流，提高招聘效率。

（3）能独立完成人才简历甄别、意向沟通、面试、背景调查等招聘各环节工作。

9. 规范招聘体系

招聘工作是一个体系，需要注意归纳总结，形成我们自己的招聘体系。

- 规范招聘流程、明晰岗位要求、建立面试题库、设计标准化试题。
- 建立内部竞聘体系、推荐流程等。
- 建立人才评测中心。
- 做好各部门负责人的招聘技能培训、面试技能培训。
- 设计行为面试、情景模拟面试等的方案。
- 建立人才信息库。
- 制订招聘活动的实施计划，包括春秋季招聘计划、专场招聘计划、日常市场招聘计划等。
- 招聘工作中可能需要的支持预判。

4.1.2 年度招聘工作规划的常规内容

依据公司的工作规划、部门的整体工作计划，可以制订出招聘工作的年度规划。

1 月：主要做好总结与预算。总结上年末的年度招聘工作情况，根据公司规划制订年度招聘工作规划。同时，针对往年费用情况进行年度招聘工作费用预算。

2～4 月：主要组织招聘工作。此期间一般为求职高峰，属资方市场，求职人员众多。一般在春节会有劳动、就业等部门组织的回乡社会双选招聘会、人力资源市场招聘会、附近城市的招聘会等。可匹配部门人员需求设计参与招聘活动场次、主招人员等。

5～9 月：做好人才的选拔与人才储备库及招聘渠道的建设。要关注各高校的应届毕业生，做好高素质人才的储备工作。这段时间一般是企业生产或经营的高峰期，业务增多，人才的显现较多，所以应做好内部人员的评估与入库预选。而在此期间，招聘活动的活跃，对渠道的建立是一个好机会。

9～12 月：做好校招。此阶段各大高校都会陆续举办校园招聘会。此阶段主要以校园招聘为主，以社会招聘为辅，主要招聘各部门的储备性人才。

12 月至次年 1 月：以收集竞争对手信息、关注行业、补充招聘、总结为主，同时做好各部门及自身的招聘技能提升工作。此阶段为招聘低潮，整体招聘环境不理想，做好以下工作：一是关注同行业优秀人才，增加人才储备库高等人才的信息收集；二是以年度人力资源规划、总结报告及工作分析为主要工作；三是与部门沟通确定人员使用计划，培训招聘技能；四是通过对过去一年工作的总结，建立并完善招聘工作体系。

这样就能形成一个招聘年度工作的良性闭循环，使年度招聘工作有始有终。

4.1.3 招聘工作规划的注意事项

在进行招聘工作规划时，我们应对招聘工作中易出现的问题进行预测，并制订出相应的问题预防及解决方案，如下图所示。

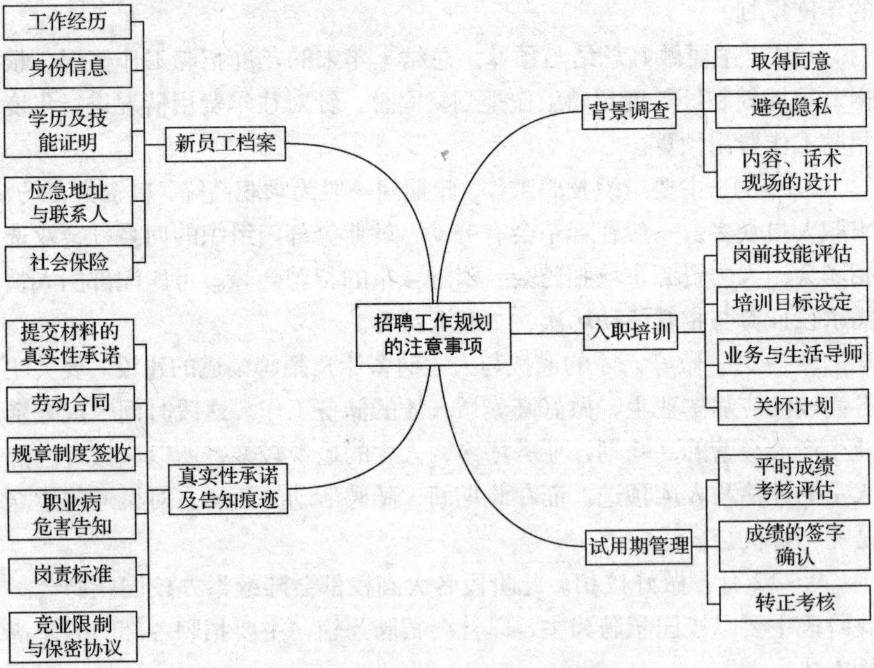

招聘工作规划的注意事项

- 对人员档案的完善与真伪进行辨识。在面试中，需要招聘专员及面试官对应聘者的工作经历、身份信息、学历及技能证明、应急地址与联系人、社会保险等信息的真实性进行辨识。人员档案收录的是应聘者的第一手递交件，应做好信息备录。
- 在入职时，一般须将应聘者提交资料的真实性承诺、公司给出的劳动合同和规章制度签收、职业病危害告知、岗责标准、竞业限制与保密协议等的书面签知保留。
- 与培训组织人员的沟通及人员的关怀计划。针对新员工，要做好岗前技能的评估、培训目标的设定，在工作及生活上给予其指导与关怀。
- 做好试用期间的背景调查。对重要岗位进行背景调查，要征得员工同意。对背景调查中的必调内容、采取的方法、电话沟通话术、现场调查技术都要有一定的设计，不得触及隐私，并保证在不影响新员工的情况下进行。
- 协助做好转正的测评并客观保留考核测评结果。平时的成绩考核要公开，并取得员工的签字确认，这是评定其试用期成绩是否合格的重要证明。注意试用期是不能约定第二次的。

4.2 确定招聘的实施流程

在招聘活动的实施过程中，为保证活动的有序、有效，我们需要依据简单、便捷、有效的原则对招聘活动的实施环节及流程进行设计。

4.2.1 招聘实施中的主要环节

在招聘实施中，我们一般认为有以下八个环节，通过各环节的组合与连接达到环环相扣、实施有序的目的。从需求到渠道，从简历挑选到面试，从录用通知到报到须知，从试用期跟踪到招聘活动总结，各节点到位将保证招聘落到实处。

招聘实施中的主要环节如下页图所示。

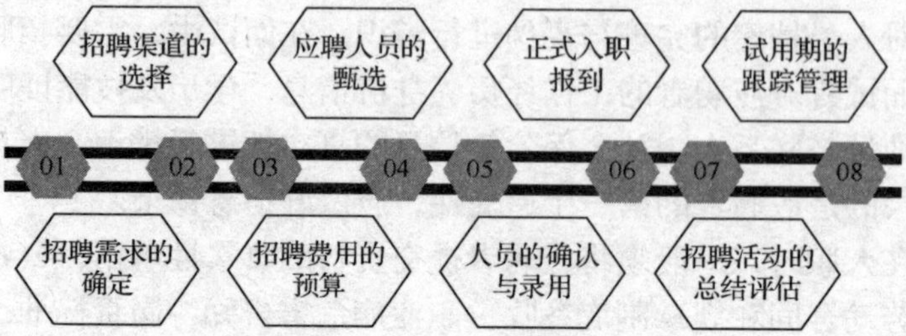

招聘实施中的主要环节

（1）招聘需求的确定。用人部门依据公司的定编、定员、定岗、定责情况，或所接受的任务，确定招聘需求，填制部门增员计划表，并按要求报送核准。常规离职人员补充，提交人力资源部门进行配置草案，交由行政办公组织审议。若是空岗招人，在计划内由人力资源部门进入招聘渠道环节，而计划外则由总经理级人员审批。

（2）招聘渠道的选择。招聘渠道一般包括内部、校园、现场、猎头、网络等，可按需求选择使用。但力争以内部选拔为主，内部不能选拔时，再进行其他渠道的招聘。

（3）招聘费用的预算。这里所讲的招聘预算，专指本次招聘活动的实际投入，即资料费、渠道费、车船费、差旅费、误餐费、应聘人员面试车费餐费、实操耗材费等。一般不计招聘人员工资、面试误工等。

（4）应聘人员的甄选。一是针对收集的简历，对照任职资格或胜任力模型进行初步甄选；二是进行初次的面试或电话面试；三是根据岗位的重要性确定终面，一般一线人员由部门负责人终面，而一些重要岗位的中高层领导等需要人力资源总监、业务副总甚至副总裁或总裁面谈，最终才能确定是否录用。

（5）人员的确认与录用。与应聘者确认录用条件、入职时期、薪酬及是否需要其配合进行背景调查等。同时，对是否需要入职体检或离职体检并距此时间不长是否可代用等要进行评估，在评估过程中，最好由医务人员与相应领导一起确认。

（6）正式入职报到。在员工准时报到后，由行政办公室人员为其准备相应的办公用品、劳保等物资，并进行考勤记录。入职人员携带上岗证明随人力资源部门人员到用人部门报到，用人部门也可接人上岗。

（7）招聘活动的总结评估。总结招聘过程，对招聘成本、招聘方法、面试过程、招聘人员工作情况进行评估。

(8)试用期的跟踪管理。有的企业并不把试用期管理纳入招聘环节，但也可归于招聘，直至试用结束转正为止。

4.2.2　招聘流程图

为了规范各部门的招聘工作，同时让各部门明白相应岗位的招聘流程，在招聘实施中，我们依据岗位重要性，确定从需求到审批、从招聘到入职的相关流程，如下图所示。

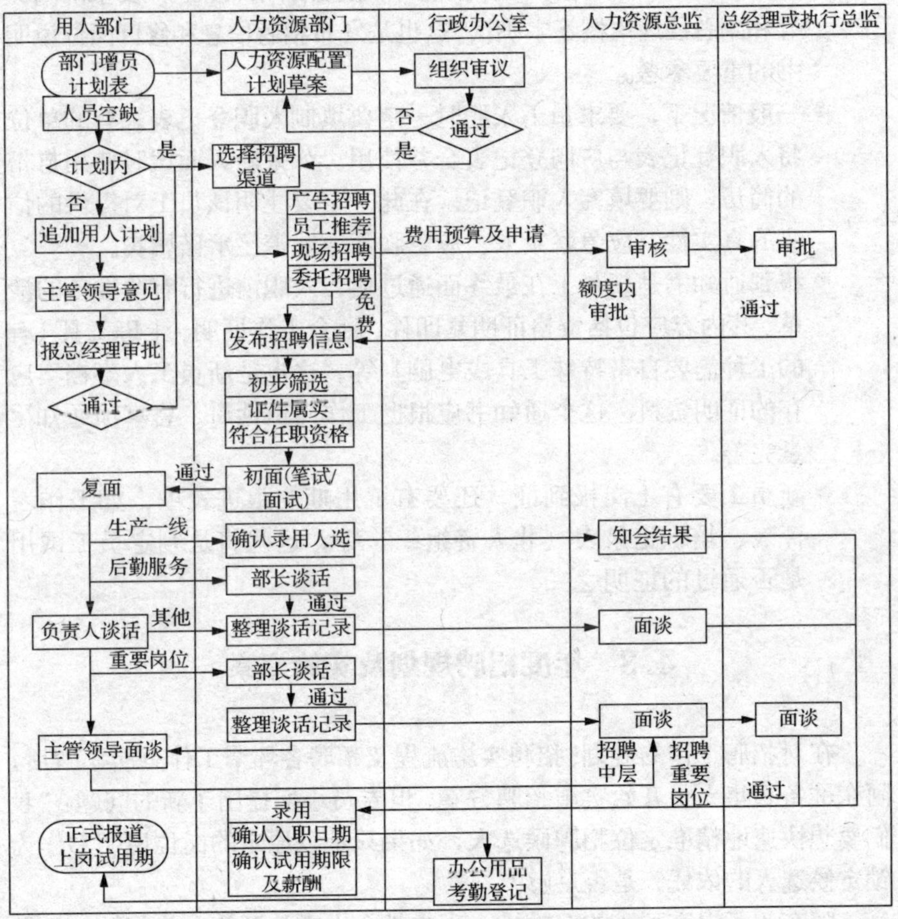

招聘流程图

4.2.3 在招聘流程中应注意的痕迹设计

招聘过程中总会遇到各种各样的问题，为此，我们在招聘流程设计上要做好相应的痕迹证据留存。

- 部门增员计划表或称人员需求计划表。内容包括：申请原因（员工辞退、员工离职、业务增量、新增业务、新设部门等）、需求计划说明（职务名称、工作描述、所需人数、最迟上岗日期、任职条件、专业知识、工作经验、工作技能等）及薪酬标准等，并要求部门领导和副总经理审核签字确认。这也是发布招聘信息和修订岗位说明书的重要参考。
- 一般情况下，要求员工入职时一定要填制入职登记表。有的单位将入职登记表与应聘登记表合并使用。如果新人面试时使用自带的简历，则要填写入职登记。在此一定要注明该员工对提供的信息的真实性、应急联系人、应急联系地址等已承诺属实。
- 报到通知书是新员工在最终面通过后，入职前进行有关准备的清单。其内容应包括资格证明复印件、社会工作证明、上班工具（有的工种需要自带特殊工具或电脑）等。这也是新员工人事档案应存的证明资料。这个通知书应根据工作岗位性质，将事项通知尽量完善。
- 新员工要有上岗报到证，还要有试用期的跟进表单，如工作考评表、培训记录表（非人资组织）等。这些将是判定员工试用是否通过的证明之一。

4.3 年度招聘规划及实施方案

在对招聘工作的规划、招聘实施流程及招聘各环节工作有所了解后，阿东准备召集人员开始实施招聘方案。但专员小柯提出了新的问题："我们要想快速地精准定位招聘候选人，如果只是以原定的岗位说明书作为锁定候选人的依凭，是否足够？"

阿东为了提高招聘的有效性，决定教会大家从源头上将招聘工作做得精准，对科室人员进行关于招聘工作的培训。从思想到行动、从物资到实施、从校招到现场，包括任职资格、渠道选择、工作计划、校招或现场的实施方案等环节对科室人员进行培训，以期其能快速成长为合格的招聘专员。

4.3.1 对任职说明书的解读

招聘前的第一项工作就是要明确招聘岗位的合格要件及标准，而其第一根据就是与该岗位相匹配的岗位说明书，其中重要的元素有任职资格或胜任力模型。解读任职资格，从任职资格中寻找我们需要的招聘关注元素就显得很有必要。这也是招聘专员自我充实、提升招聘技能的一个重要方面。

招聘专员必须了解企业的业务与架构，并清楚地明白各部门各岗位的工作任务，各部门间的联系，以及是否需要公关交际，以此来评判招聘对象是否符合招聘需求。

如果你所在的企业既没有制订岗位说明书，也没有各岗位任职资格描述，更没有岗位胜任力模型，那么可凭经验去判断。

- 咨询用人部门对招聘人员的需求、要求的素质与能力、要求岗位所持证件的等级、考核方式（是通过用人部门考核还是现场检测）。
- 咨询上级该岗位招聘的标准，需要用人部门自行招聘还是双方合作进行，或者是由领导决断。
- 依据对业务部门的工作认识自行决断。

很多人会比照任职资格去招聘，而招聘来的人却不合适。不是与人不合就是不适应工作环境，不是能力与岗需不匹配，就是能力的提升与岗位工作需要跟不上。这都是对任职资格了解不深入的结果。

首先，比对任职资格深入了解应聘者，通过沟通、测试了解招聘对象。只有掌握应聘者的所有资料，了解其特长，才能在岗位需求中发现适合他的工作岗位，才能使应聘者在入职后发挥出他的才能，实现人员与公司需求的契合。

其次，任职资格要求不等于任职资格标准。企业一般会对岗位说明书进行编写，其中要体现任职资格要求（也叫作基本任职条件要求），如下表所示。

后勤管理兼驾驶岗位任职表

<table>
<tr><td rowspan="2">工作条件</td><td>年龄范围</td><td>25～50岁</td><td>性别</td><td>不限</td><td>相关工作年限</td><td>1年以上</td></tr>
<tr><td>学历</td><td>中专及以上</td><td>专业</td><td>企业管理及驾驶</td><td>其他</td><td></td></tr>
<tr><td rowspan="4">岗位任职资格</td><td>知识</td><td colspan="5">1. 具有后勤管理的常识
2. 对交通法规、车辆维护有一定的认识
3. 对安防环保等设施有一定的认识</td></tr>
<tr><td>经验</td><td colspan="5">1. 具有服务管理及库房管理知识
2. 具有会务服务经验
3. 具有劳动保护用品的管理经验
4. 熟悉办公室接待业务和对外联络事宜</td></tr>
<tr><td>技能</td><td colspan="5">1. 基本会使用Office办公软件，制作简单的表格
2. 普通话标准，性格开朗，沟通能力较强
3. 驾驶、厨务等专业技术能力较强</td></tr>
<tr><td>行为</td><td colspan="5">1. 管理作风硬朗，不怕得罪人
2. 工作中敢于承担责任，有强烈的责任感
3. 做事讲究效率，时间观念强，保密责任心强
4. 喜欢接受挑战，抗压能力比较强</td></tr>
</table>

我们常说的任职素质要求，一般也会在岗位说明书中体现。但这样的标准其实只是对岗位任职人员的最低或一般任职要求（人岗匹配工作中叫作低配或标配），它一般不能体现任职期间应匹配企业发展的变动特点，仅仅局限于对岗位在企业发展的某个阶段的静态要求。

岗位工作标准和人员要求将随企业的发展壮大而提升，新员工必须适应公司的业务发展状态，这就要求对招聘对象在某个阶段的发展状况进行预判。

招聘专员对任职资格有清楚的认识将对招聘的准确性与对岗位发展的预判起到很好的作用，如下页图所示。

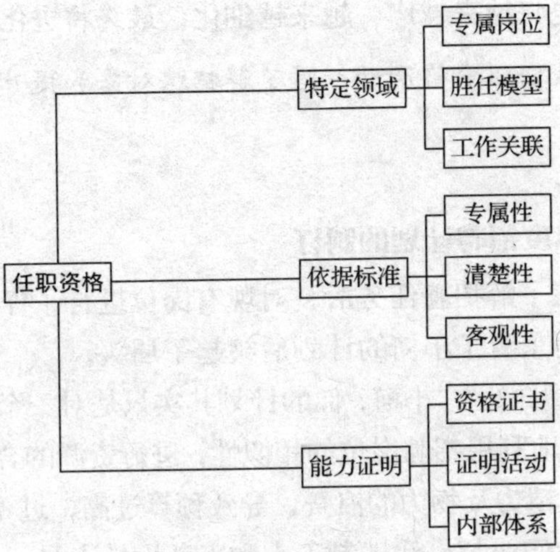

解读任职资格

在解读任职资格前，要先清楚其定义。任职资格指在特定的工作领域内，根据任职标准，对工作人员工作活动能力的证明。这个定义中有几个核心字眼需要我们注意：特定领域、依据标准、能力证明。

- 特定领域，指为员工指定一个专属的工作岗位，并明确规定其胜任模型，同时对其工作的关联性加以强调。员工要依据岗位职责及任职标准开展工作，但其任职标准与任职资格会随着企业与社会的进步而发展变化。
- 依据标准，指制订相应的胜任模型，它是标准修改前唯一确定员工工作或能力是否符合岗位要求的标准。标准应清楚，并具有客观性。
- 能力证明，指员工需要有切实的证据证明自己有达成标准的能力。如果公司开展能力证明活动，可以颁发一些内部的能力资格证书，表示员工通过任职资格体系管理认证，以证明员工已经具备了某方面的工作能力。

从对岗位核心职责的理解，到标准的制订，再到管理体系认证的开展，企业的任职资格将逐步实现从核心层到实施层的拓展，涉及的业务面、标准维度也将越来越广、越来越细化，最终将进化为胜任力模型。

小结：开展任职资格活动，对了解招聘对象和提升招聘效率将会有很大的帮助。

4.3.2 年度招聘计划的制订

专员小柯在了解招聘任务后，对现有岗位进行了仔细的解读，并做了招聘计划。阿东看了小柯的计划后皱起了眉头。

“怎么了，领导？”“小柯，你的计划其实只是对一个个招聘需求的堆列，并没有很好地利用招聘岗位的相似性，进行资源的合理利用，这样会造成我们人力、精力及物力的浪费，导致预算过高，过不了审核啊！”

如果年初我们要招一线试制工人和工艺设计人员，那么我们可以将招聘海报及渠道联系在一起进行。但不是将企业介绍、工人的宣传DM（Direct Mail，直接邮寄）单与技术工艺招聘合在一起展开招聘，而是有一定计划、有主次地开展招聘工作。

招聘计划要匹配工作的进度。招聘计划应按照公司的年度规划、部门的工作推进计划、人力资源迭代计划（裁减招聘计划）及公司的临时项目计划而制订。如果年初有了招聘计划与匹配企业及各部门工作的推进计划，就会让资源及人力利用达到最大化。

如何制订招聘计划？一般会根据公司的年度规划及公司规定（定岗、定编、定责、定人）拟订。

（1）确定招聘总人数。一般情况下，依据公司的编制表及公司年度的生产经营计划，我们可以确定年度经营目标需要的总人数，再针对公司人员在编情况计算出每个部门及全公司的缺编人数。

（2）确定部门人员需求时间。公司的生产经营依据往年情况，基本可以确定淡旺季的时间，明白哪个阶段是人员流失的高峰期，哪个阶段的生产销售需要突击。然后依照对员工工作的预测沟通确定某时段需到位人员。为此可以编制分阶段的各部门的人员到位需求表，如下页表所示。

岗位需求及人员到位时间表

岗位名称	缺编人数	部门年度规划相关项目	人员到位时间表（考虑培训周期/考虑招聘周期）				
			2月	3月	4月	5月	合计
片区经理	×1	3月要推广6105车型，5月开展广西市场开拓					
销售内勤	×2	其他					
岗位2	×3	其他					
岗位3	×4	其他					
岗位4	……						
……	……						
合计							

编制人： 审核人（用人部门）：

在编制好各部门岗位需求及人员到位时间表后，我们一定要与用人部门确认，并以部门意见为准。在确定各部门的人员需求与到位需求时间后，我们就可以汇总编制公司年度招聘实施推进表。

（3）招聘实施推进表。招聘实施推进表一般由人力资源部根据用人部门的需求表来编制，一般包括需求岗位、信息发布时间、到岗要求时间、拟用渠道、实施招聘时间等项目，如下表所示。

招聘实施推进表

需求部门项目	1月									
	需求岗位	信息发布时间	到岗要求时间	要求人数	主要职责	要求标准	拟用渠道	参与招聘人员	实施招聘时间	到位情况
销售部	片区经理	2月1日	3月1日	5						
	销售内勤	3月1日	4月1日	2						

续表

需求部门项目	1月									
	需求岗位	信息发布时间	到岗要求时间	要求人数	主要职责	要求标准	拟用渠道	参与招聘人员	实施招聘时间	到位情况
财务部										

（4）计划要落地。再好的计划也必须执行。每个月需根据信息发布综合表，对下个月的招聘需求进行安排，这样表上的每个渠道和岗位就不会漏掉；信息发布后，只需关注“到位情况”这一栏。根据到位时间与岗位信息，安排与候选人面试的顺序。当然，最后需与各部门进行确认。

（5）做好临时计划的调整。在计划的基础上进行调整会让我们更好地应对临时的招聘需求。

- 关注流行渠道。与时俱进是我们必须拥有的精神。运用现代化的招聘渠道（如校招、微招、QQ 招等）以适合各年龄阶段的应聘人群。
- 随时关注公司动态与员工动态。企业的发展离不开调整，年度计划也必须随市场而变化。在公司的政策与目标都变化的时候，与部门及时沟通，保证人员信息获得的及时性；在员工出现异动时做好后续准备，避免产生慌乱。

4.3.3 做好招聘的实施方案

计划制订完成后，阿东提出制订招聘实施方案的要求。这时，小柯问：“我们都有招聘计划了，还要什么实施方案啊？是不是有点浪费时间呢？”

阿东告诉小柯：“年度或月度的招聘计划主要是为了提醒我们必须在某个时候做某些动作，以保证工作的推进，这是在时间上保证我们不会与部门需求相差太大！但计划的制订是为了执行。所以在针对某些较为重要、需求急的招聘时，我们要制订可行的实施方案。这是让我们的招聘动作做到准确有力所必需的！”

招聘计划能加快招聘匹配进度，将资源使用最大化。招聘实施方案，会让招聘动作准确有力，有助于更及时地招到合适的人员，大大提高招聘效率。

1. 招聘素材

在制订招聘方案前，我们要清楚素材有哪些。这些素材其实来自我们与相关部门、学校等的沟通结果。在此基础上就可以进行下一步工作。招聘素材如下图所示。

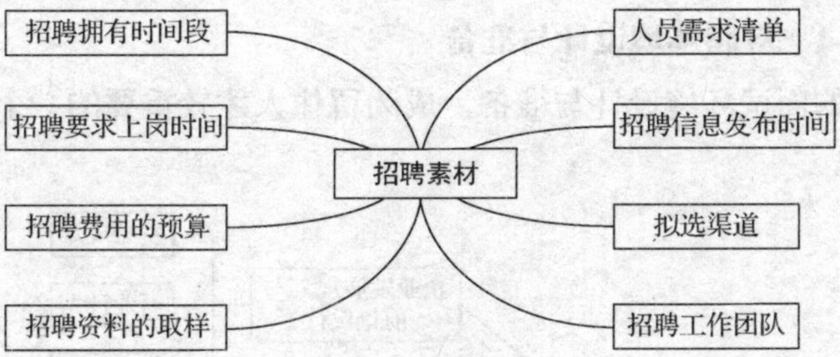

招聘素材

- 人员需求清单，包括招聘的职务名称、人数、任职资格要求等内容。
- 招聘信息发布时间和拟选渠道。
- 招聘工作团队，包括成员姓名、职务、各自的职责。
- 招聘拥有时间段，即招聘的截止日期或招聘的时间周期。
- 招聘要求上岗时间，即新员工的上岗时间。
- 招聘费用的预算，包括资料费、广告费、人才交流会费用等。
- 招聘资料的取样，即招聘活动所需的资料、广告等样稿，如职位说明、海报样品等。

运用SWOT分析方法结合已拥有的素材，有针对性地制订招聘实施方案。招聘实施方案一般包括招聘目的、招聘人员、到岗时间、招聘渠道、参与招聘人员、面试人员等内容。

2. 招聘渠道

首先应考虑内部人员是否可调整或提拔任用。企业内部人员得到提拔或调整到重要岗位，会获得激励。

其次是外部招聘。外部招聘包括学校、劳动局等单位推荐会，人才交流中心组织的周聘，某些人事部门组织的招聘现场会，网络招聘，微信招、QQ 招、推荐等。

小结：有计划、有方案，会让招聘更及时、有效，能跟上企业生产经营发展的需要，满足部门所需。

4.3.4 应聘环境设计与准备

企业的面试环境设计与准备，成为留住人才较重要的一个环节，如下图所示。

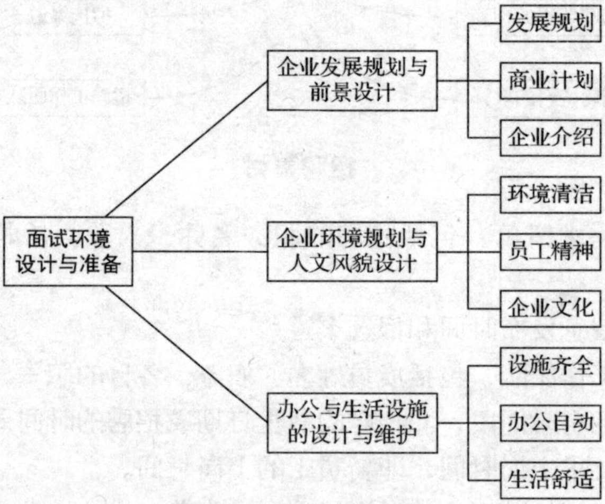

面试环境设计与准备

（1）企业发展规划与前景设计。一般 IT 等涉及计算程序类的企业，最好做一份商业计划书并放在人力资源或行政办公室，以为新来人员、来宾等介绍企业的规划、远景等。也可以编写一份企业介绍（最好是视频类、PPT 类），让人觉得企业有良好的发展前途。

(2) 企业环境规划与人文风貌设计。一个较为上进与正规的公司往往会让人觉得企业在努力、企业较人性、企业有梦想、企业有良好的发展前途。这就对企业和员工提出以下要求：一是企业环境须干净整洁；二是员工要干净利索、做事爽快（体现工作节奏快）；三是展示企业文化（走廊、会议室、洽谈室等展示企业文化口号、荣誉等；报栏内有当期内刊、报纸、员工通报等）。

(3) 办公与生活设施的设计与维护。舒适的办公生活环境，会让人感受家的温暖。长期做到办公室、会议室、卫生间等环境清洁、设施维护更新是人居舒适的保证。无论企业规模大小，办公室、会议室中要将常规的设施（如办公的电脑、投影、晒图设备、报架、展示台等）配置齐全，并安放有序，能正常运行。

4.4 招聘物料准备

公司终于顺利地通过了汽车生产资质的考核，并通过了3C（China Compulsory Certification，中国强制性产品认证制度）认证，专用车生产线也通过了环境保护验收，专用车项目终于正式启动。通过几个月的学习，招聘专员小柯可以正式展开她准备已久的招聘工作了，而她也按照所学知识对近期的招聘计划制订了实施方案，还自行设计了DM单、招聘海报，并联系了印制单位。

4.4.1 招聘宣传海报的制作

现在很多人力资源专业的同行称招聘宣传海报为招聘DM、招聘JD（Job Description，职位描述）等。招聘DM可理解为招聘启事或招聘海报。而招聘JD一般指招聘资料中对有关岗位的情况介绍，一般包括岗位职责、任职资格标准等内容。有吸引力的DM或JD不只包括岗位的内容。

大部分应聘者关注较多的是招什么岗位、需要什么条件、有什么薪酬、有何福利、是否提供食宿、交通是否方便等。

长期与程序、数字等打交道的技研类人员对过多的文字可能不敏感，而有关的JD职位描述或工作说明，会在后续的复面中再进行讲解。

（1）DM要有醒目亮点。一个招聘启事要想吸引人，就应醒目。亮点可以是吸引人的字眼，也可以是企业的标识，还可以是企业独特的产品。

DM内容一般包括公司信息、团队的工作、公司处于什么样的水平，并附公司产品的网址。如果官方网站看起来不很专业，求职者就会质疑团队的水平，因而公司网站的建设也很重要。

（2）DM内容应符合岗位需求人员的口味。

- 针对销售人员，需要注意的是指明任务的完成难易度、与专业的关联度、与任务完成度的相关薪酬等。
- 针对程序技术类人员，他们着重关注的是自己以后所处的团队及同事的水平等，如果团队里同事的能力都很强，职位的吸引力就会大大增强。职位表述要简洁明了。推荐的做法是，简单明了地列出技术栈，如运维工程师：Docker+Ruby on Rails+AWS+HAProxy+CDN。
- 针对客服人员，将职责大致描述清楚即可。

（3）薪资福利。一般对互联程序开发等人员希望薪资福利能明确具体地列出，当然也要突出特色，如下表所示。

员工福利优劣分析

一般的福利描述	具有吸引力的福利描述	描述差异在吸引力方面的区别
公司包午餐	公司包午餐，有专职做饭阿姨，保证卫生	前者只说包午餐，可能是盒饭；而后者内容明确，具有特色，指明有专人做饭
享有期权股利	×年×月×日入职者都有期权	避免应聘者知道有，却不知道自己是否能拥有
员工享受各种福利（如旅游）	每年组织员工省外旅游，去年去了××	只描述有旅游福利，但有可能只是周边地区，后者更明确

续表

一般的福利描述	具有吸引力的福利描述	描述差异在吸引力方面的区别
有舒适的办公环境	全员配人体工学椅，配置工间运动室、大屏 IBM 等	后者更体现公司对员工的尊重、爱护

4.4.2 招聘物资要有备无患

在招聘现场，一些小物品的准备也是有必要的。有计划、有预期地做好应急管理，准备得当自然无忧。招聘现场应准备的物资如下图所示。

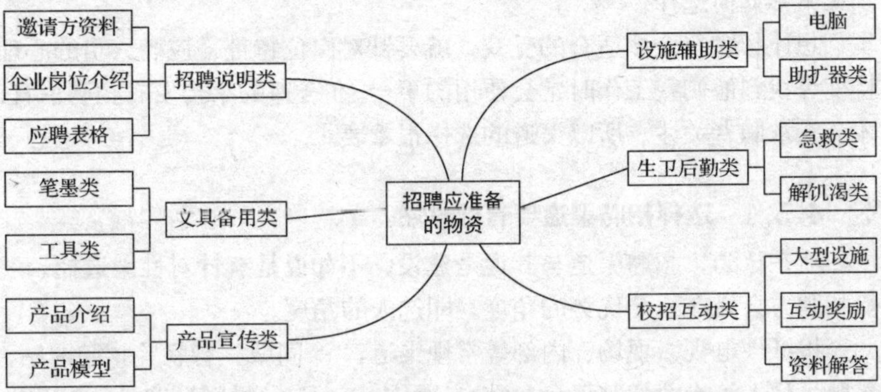

招聘应准备的物资

应将各类物资按预期的招聘会人数适当准备，物资的携带要视现场情况而定。

- 招聘说明类：邀请函等人场证明、招聘宣传海报（易拉宝、展架等）、招聘简章（散发类）、企业简介、职位说明、应聘登记表。
- 文具备用类：中性笔、大头笔、铅笔、橡皮、胶水、不干胶带、白纸等。
- 产品宣传类：产品介绍（纸质版、视频版）、产品模型（现场允许）等。

- 设施辅助类：电脑、随身扬声器、插板、备用电源等。
- 生卫后勤类：胶袋（提东西、装垃圾）、急救包、矿泉水等。
- 校招互动类：邀请函、游戏互动礼品、抽奖箱、话筒、音箱等设施。

4.5 招聘渠道建设

随着对招聘的了解，小柯操作过内部员工推荐、校园招聘、人才现场招聘、网络招聘以及即时通信、微博等众多公共受众信息平台各种招聘渠道，但由于资金限制，不能全面撒网，她想有针对性地选择渠道，却又不知如何选择。

想让招聘有众多适合的受众，就要针对岗位特征、应聘人员的心理特征等找到他们找工作时常会使用的平台。在合适的平台发布招聘信息，才会有求职者关注。所以渠道的选择很重要。

4.5.1 选择招聘渠道要有针对性

阿东认为，招聘渠道与其说是建设，不如说是有针对性地选择。一般招聘方会处在一个优势的角度，即选人的角度。

报纸、电视、现场、内部等常规渠道，58 同城、智联等招聘网站，猎聘、找人等专业招聘平台，QQ、微信、空间、微博等即时通信工具，微视、抖音、斗鱼等视频、直播平台等，都是我们可以选择的招聘渠道。那么，如何有针对性地选择呢？

建立自己常用的渠道体系，选择合适的招聘渠道，必须根据公司的发展阶段、岗位需求、所需招聘对象来分析选择。

还必须从时代特征、岗位能力特征等角度去选择招聘渠道，如选择网络招聘还是专业平台，要依据岗位所需的能力特征而定；选择建材销售人员，是否需要上建材的行业网站等。

招聘渠道的演变历程如下页图所示。

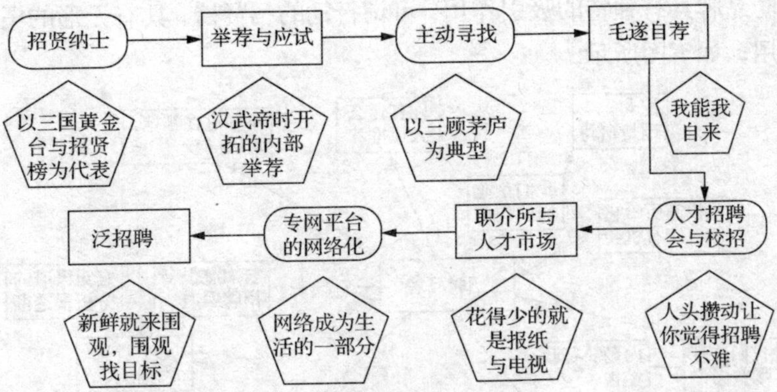

招聘渠道的演变历程

由找工作来反推渠道，就必须思考招聘对象找工作的习惯方式。例如，一些技工类工种主要通过朋友介绍的方式找工作，那么用人单位就可以通过内部推荐、圈内QQ群、微信群等方式去招人。思想必须转变，通过迎合对象来选择招聘渠道。

4.5.2 配合渠道将自己做成招聘品牌

每次招聘，效果不一定都理想，根据分析选择渠道，效果也不一定良好。这是为什么？企业与人不同，自然会有不同的情况。每次进行招聘分析，会有助于实现企业与招聘渠道的合拍匹配，让招聘效果越来越理想。

- 从招聘工作本身来看：思考是否渠道拓展不够、招聘流程复杂，不同的岗位选择的渠道不恰当，招聘的准备工作不足等。
- 从企业自身来看：思考是否招聘要求太高、岗位薪资过低、企业的知名度不够，是否企业的环境给人的感观有问题或企业员工有不良的形象影响等。
- 从整个人才市场来看：思考是否相关专业人才缺乏、用人单位竞争激烈，是否是经济形式因素导致人才求职动机不强等。

招聘工作者要注意形象宣传，以吸引应聘者前来咨询求职相关信息。

而招聘品牌具有独特的吸引作用，可谓行动的招贤榜，具有无形的渠道宣示作用，如下图所示。

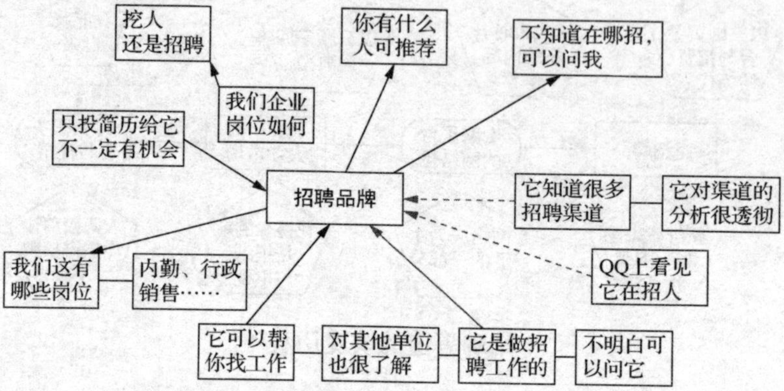

招聘品牌的作用

（1）时刻宣示自己的招聘主权。可以在朋友圈发布招聘信息或者企业的重要事件；得知有朋友在找工作，要主动询问。

（2）对简历不拒绝。要收下所有人的简历，即使有些人对企业目前来说不缺乏，也要为他们推荐其他工作机会。目的是让他们在需要找工作的时候首先想到你。这样做会让许多潜在的求职者成为你的“客户”，成为你的资源，形成你自己的品牌效应。

总之，没有一成不变的最优招聘渠道。只有最适合当前企业情况及招聘需求的渠道才是最好的。

4.5.3 渠道分析

小柯向阿东抱怨：“领导，财务才批给我们那么点钱，现在在大众网上置顶都要钱了，更不要说 58 同城、智联招聘、华西人才等，而且现在人才市场的入场费都是 100 元/场，我们的费用可能不够。”

“小柯啊，钱不多，那就得精打细算。我们不能将网撒太宽了！要对渠道的优缺点分析后再决定，我们要以较小的代价搞定。”

招聘渠道随着时代的更替而发展和变化，由单一渠道发展到现在各种渠道的相互交叉，即泛招聘模式。了解各渠道的功能、特点等，有助于有限资金在渠道上的有效使用。

招聘方式一般可分为内部招聘和外部招聘，如下图所示。

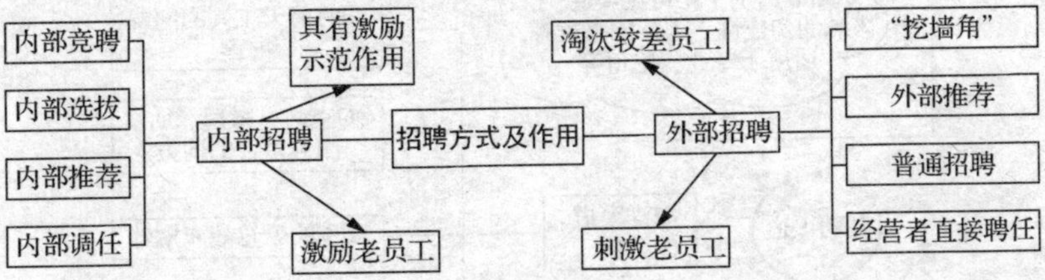

招聘方式及作用

内部竞聘、选拔或推荐、调任，就是将机会留给公司现有员工；而外部招聘就是引进外部人员补充公司岗位空缺，或通过引新排旧刺激内部员工，以激励一般员工或淘汰跟不上公司发展的人员。

从招聘的推行通道看，渠道可分为陆、海、空三栖渠道。而不同类型的渠道具有不同的显性特征。

陆地渠道（见下图）：对日常的不紧急需求的岗位进行招聘时，常采用常规招聘、面对面招聘形式，如内部选拔、内部竞聘、人才市场、现场招聘、校企合作、相关业务部门推荐、校招等。陆地渠道目的性明确，直接与招聘对象接触。

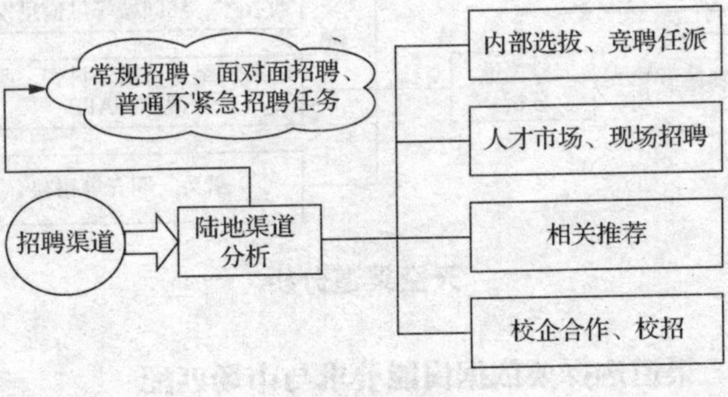

陆地渠道分析

海洋渠道（见下页图）：人脉的勾连性就像水的覆盖，无孔不入，这是我们重要的辅助渠道。现在的人际交往、聊天工具如此发达，微信、QQ、陌陌、空间、微博等，它们对人脉的扩宽有重要作用。

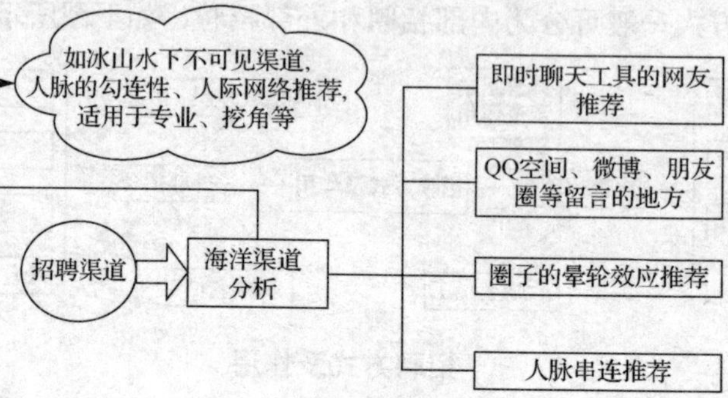

海洋渠道分析

天空渠道（见下图）：如今是互联网时代，也是“互联 e+”时代，有 58 同城、智联招聘、前程无忧、华西人才等网络招聘平台，有猎聘及其他猎头公司，有电视、报纸、广播等招聘广告，有西瓜、抖音等微视平台……它们具有可视或可听的无界限的招聘模式，同时提供无限的简历模板。

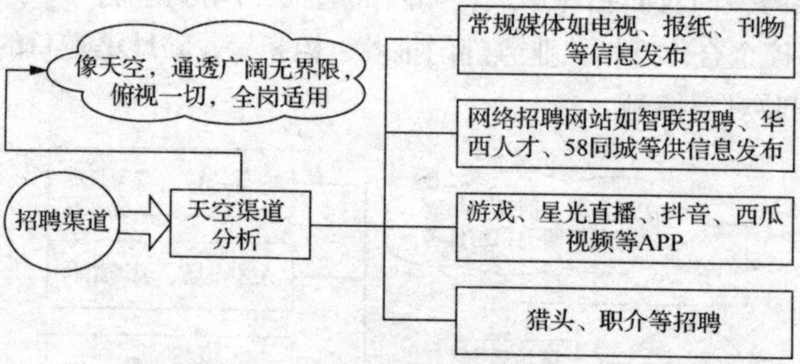

天空渠道分析

4.5.4 渠道选择要依据岗能要求与市场匹配

招聘实施中，我们必须针对岗位或市场情况进行招聘渠道的挑选，一般有以下步骤。

- 分析各部门的招聘要求，包括对技能、潜质等的要求。
- 分析招聘人员特点、分布的渠道。
- 确定合适的招聘渠道，不是每次都使用全部渠道。
- 选择合适的招聘方法，对不同的人采取不同的方法。

根据应聘者的行业或职业特征，选择相应的招聘渠道。不同人才的猎取方式不一样，只有对症下药才能经济实惠地实现招聘目标。是采取内部招聘还是外部招聘，取决于多种因素，如招聘职位的要求、组织文化、外部环境资源状况等。

针对外部招聘，目前市场上的招聘渠道大致可包括传统媒体、人才招聘会、网络招聘、猎头公司、人才交流中心、职业介绍所、校园招聘、内部推荐、"走进来"的方式、人事外包等。

一个好的招聘渠道应该能适应企业品牌、财务状况、时间需求、岗位需求等方面的特征，如下图所示。

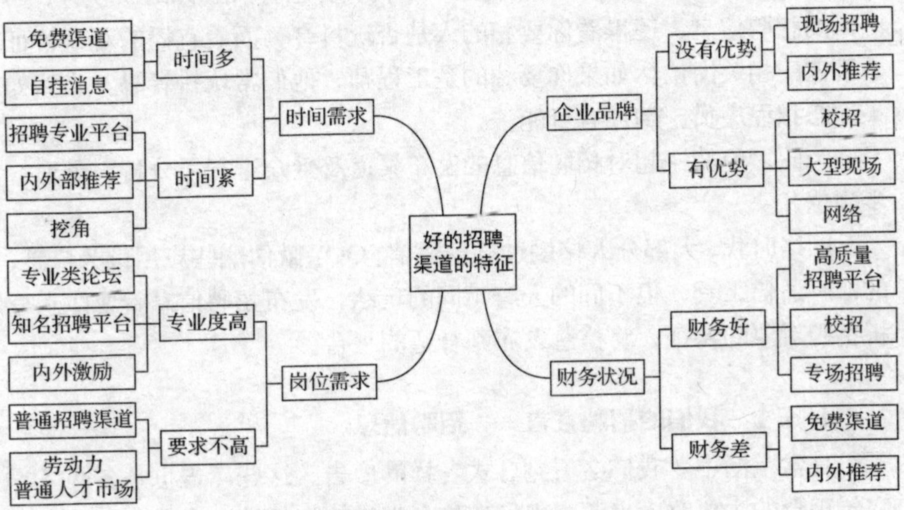

好的招聘渠道的特征

- 招聘渠道具有目的性，指招聘渠道的选择能够达到招聘的要求。
- 招聘渠道的经济性，指在招聘到合适人员情况下所花费的成本最小。
- 招聘渠道的可行性，指选择的招聘渠道符合现实情况，具有可操作性。

不同的岗位，在不同的时期往往对招聘渠道标准要求不同、时间要求不同。

4.6 招聘信息的发布

阿东组织各部门领导对各部门岗位需求情况进行了详细分析，并按岗能需求与需求人员特征做了应有的准备。小柯拿到了各类型企业介绍、产品介绍、岗位说明、招聘广告等。而电子版的内容也将先行发布造势，但要依据受众特征将不同风格的招聘文字信息、招聘视频信息等有区别地发布。

抖音上麦当劳成功地招到人员的消息，引起了小柯对微视信息的兴趣。她拍了一个小视频，宣言也要发在抖音上，她相信网络会将她的招聘信息散播无遗漏。但阿东告诉她："小柯，要想有人看你的微视频，回应你的招聘信息，还得看你要招的人是否玩抖音，而看直播的观众特征是否匹配相关岗位！如果你要招的是工程师，他们常玩抖音吗？当然如果你想招程序员，倒还有可能。"

为此，他们一起对招聘信息的发布渠道及受众进行了分析，争取一步到位。

网络时代，大部分人接触过移动通信、QQ、微信这些应用最为广泛的即时通信工具，但不同的人有不同的玩法，发布招聘信息就要注意分析招聘对象的特征，将信息发布到合适的平台。

4.6.1 我们的招聘宣言——招聘信息

日常生活中，我们会看到各式各样的广告，这些广告也是各网络、宣传平台的主要收入来源。但发布信息带来的有效性，才是为发布广告付费的理由。抓住受众心理，是招聘信息产生有效性的保证。无论什么样的招聘方式，都必须针对受众特质，符合岗位人员的需求特征。

招聘也要广而告之。据说，赵匡胤征募兵力时，先是从军中选出一些身材健壮者，称为兵样，后改用木梃代替兵样。宋朝张舜民《画墁录》记载："（宋）太祖招军格，不全取长人，要琵琶腿，车轴身，取多力。"

这是对招兵对象能力特征的描述。可以说，这是古代的招聘广告。

现代人力资源管理中的招聘，更讲究广告的效应与胜任力模型的塑造，同时更追求价值的最大化。针对岗位特征，对各类渠道的人员，也就是我们招聘工作的受众进行特征分析，设计符合特征的招聘岗位说明、广告等，才能增强人员招聘的有效性，提升招聘工作的效率。

4.6.2 新媒体时代信息传播的特征

新媒体时代是一个让人疯狂享受视听触觉的时代。网络的无界限，打破了人们固有的联系，超越了时间、空间的限制，何时何地都可取得联系，从而引起我们的生活方式、价值观和思维方式的转变。现代社会信息的传播与接收存在各自的特征，如下图所示。

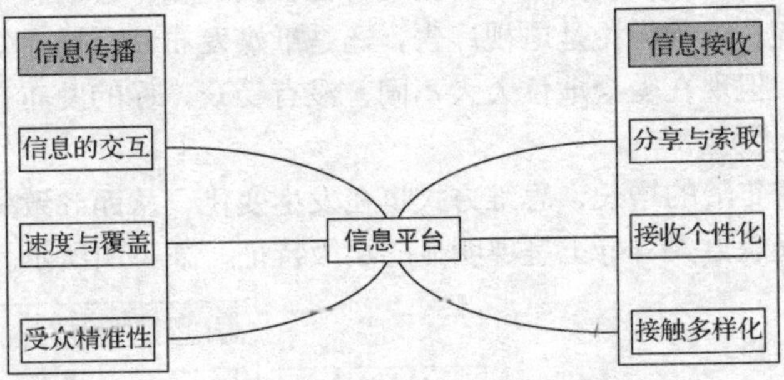

信息传播与接收的特征

1. 信息传播的特征

- 广告信息的交互式。在别人接受我们的信息的时候，我们能够即时地提供咨询，为他们解答，反馈意见。而发布方的反馈速度往往关系着信息发布的成败。
- 速度快、范围全覆盖。信息随着网络的建设而随时可搜寻、可查看，电视上也有即时互动的二维码。
- 信息受众的精准性。大部分人都是选择性地接收信息，所以点击接受观看者大多会对信息内容感兴趣。从点击数可以精确地统计接收我们信息的人员数，从而进行统计分析。

2. 信息接收的特征

- 分享与索取。我们可以选择是否将自己接收的信息进行更多的分享；而对有需要的信息，则可向他人请教或索取。
- 接收个性化。现在的年轻一代充满活力，个性张扬，就如《数字化生存》一书中所言："我就是我，而不是人口统计中的一个子集。"
- 接触多样化。一部分人认为微信是成人通信，他们更多地在 QQ 空间体现自己的性格，宣扬自己的主张，但他们并不排斥微信，有的甚至直播。这是他们对信息化知识的渴求，说明平台的受众也有板块。

4.6.3 各年龄段受众的渠道特征

由于现在信息受众的互动、主动特征，我们在广告信息中的地位也发生了改变。以前无论是电视广告，还是纸媒发布、广播通知，都由发布方决断。但现在受众地位大大不同，没有受众，你的发布有何意义，能带来什么收益？

人随着年龄的增长，思维方式也在发生变化，从而导致生活或职场中人们在娱乐方式喜好上呈现明显的层级特征，如下图所示。

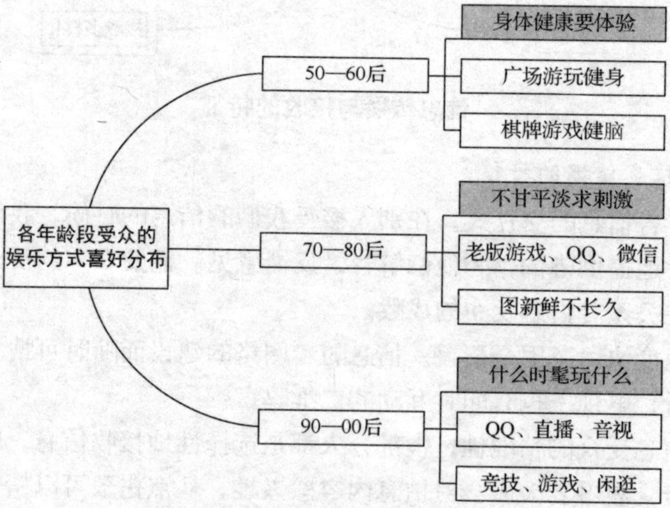

各年龄段受众的娱乐方式喜好分布

（1）50—60后。如果要招聘保健营销、健康体验岗位人员，那么在广场中播放招聘视频、放置易拉宝等就是很好的办法。

（2）70—80后。此类人群基本是职场"老司机"，可以说是社会中坚力量。他们也爱玩，由于最初接触的是QQ，因此对它充满眷恋，而动漫、微信、陌陌、电影、直播、微视频又丰富了其生活，他们不甘平淡求刺激。所以在这些平台，针对这些受众发布合适的招聘消息，可能会有一定的收获。

（3）90—00后。此类人群倾向于直播、竞技等新鲜的玩法，我们可以投其所好，在抖音或快手上投放招聘信息。

第5章
Chapter 5

招聘实施

招聘不是一件容易的事，要想提升招聘成功率，就需要在招聘的实施上下功夫。

5.1 应聘简历的收集与甄选

小柯天天都能在账号里看到应聘的简历，邮箱里也收到了各式人员的简历信息。

如何从上百份的简历中快速、准确地辨识出适合我们岗位需求的简历，从而快速锁定候选人，继而进入沟通、面试阶段呢？这有赖于我们对简历及招聘岗位的透彻认识。

5.1.1 简历与岗位性质的关系

由于发布招聘信息的渠道不同，一般会收到纸质版与电子版两种简历。现在个人找工作，企业招人员，双方都基本适应了网络的发展，这是“互联 e+”所带来的影响，如下页图所示。

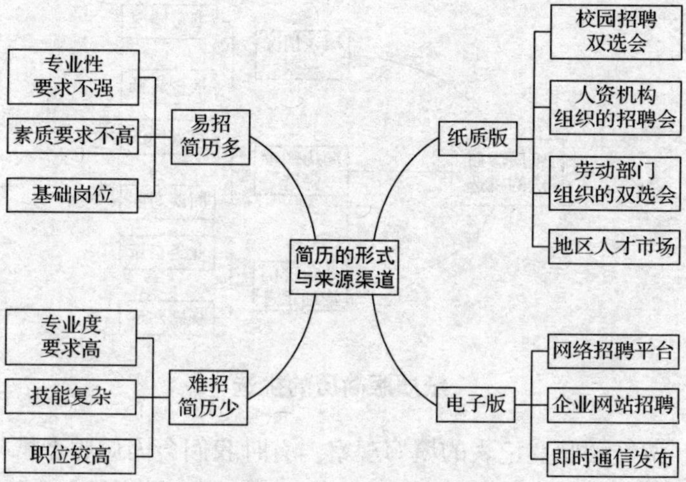

简历的形式与来源渠道

根据招聘岗位的不同会出现以下两种情况。

- 易招、专业性不强、要求不高的基础岗位，简历多。这是由于我国人口多，需求工作的人多，而对专业性不强的普工、行政、低阶财务、人力资源等岗位有兴趣的人也多。
- 难招、专业性强及要求高的如技研、财务销售高层级岗位，简历较少。这种岗位往往要把控企业核心的技术、财务甚至销售渠道或客户，所以企业 HR 和求职者都会很慎重。

5.1.2 简历的挑选

1. 纸质版简历的挑选

针对纸质版简历，我们需结合现场面递时的观感，快速合理地确定优质简历。纸质版简历的挑选如下页图所示。

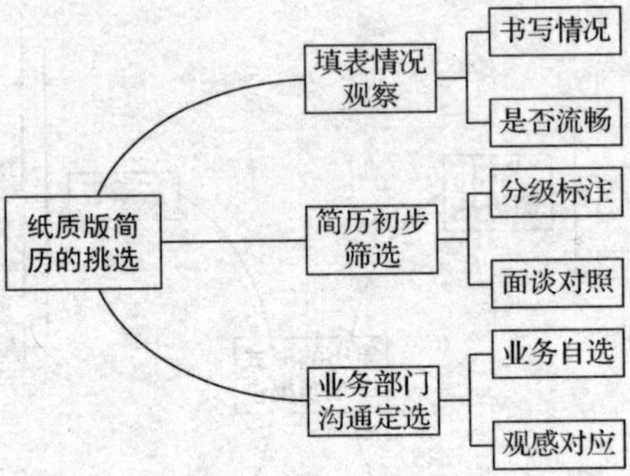

纸质版简历的挑选

(1) 做好招聘登记表的填写观察。有时我们会因应聘者携带自荐简历，而缺失这个步骤（但在进行正式面试时，必须要求填写求职登记表，并要求应聘者进行真实性承诺，以防范假简历、假证件等）。我们可通过应聘者填表的流畅性观察其在基本情况、社会经历及相关证明上是否存在虚构等。

(2) 进行筛选或初面会谈。在挑选简历时，可以进行 ABCD 分级标注。A 表示较好，B 表示可行，C 表示勉强合格，D 表示基本不需要。如果刚开始觉得较好，标注了 A，当发现更好的则可标注 A+。最后我们只需要通过分拣简历就能基本确定初面人员。

现场简历挑选会涉及两种情况：一是由于时间原因或应聘人员太多，只能收简历，这时主要关注简历是否精致或简洁大方等；二是对形象较好的应聘者可以面谈 3～5 分钟，深入了解其情况。

招聘时可以一边沟通谈话一边阅览简历情况，做好相应的 ABCD 等次标注，在招聘会后进行统计与电话通知。通过现场谈话往往能基本确定应聘者与岗位的匹配程度。

(3) 与业务部门的沟通选定。如果用人的业务部门没有参加现场招聘，那么回到公司后需要快速与用人部门进行沟通并确定候选人。首先，要向用人部门提交选出的简历，由其观阅；其次，在其审阅后，说明自己的观感，两相对照后快速确定候选人。

2. 电子版简历的挑选

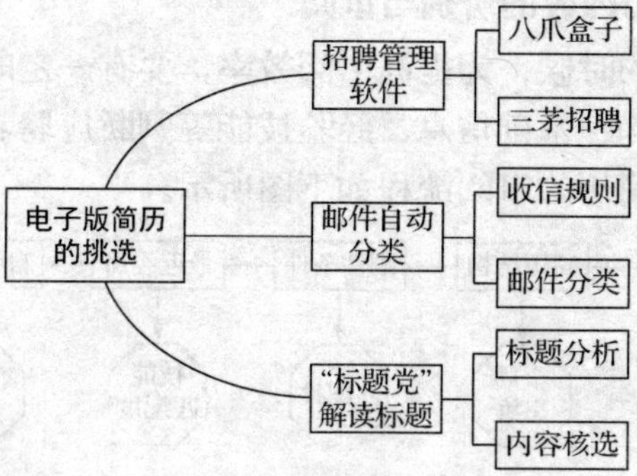

电子版简历的挑选

使用工具将简历自动分类。在这里推荐八爪盒子或三茅招聘软件。它们具有这样的功能：人才同步，一键同步本地及各大招聘网站简历，积累私有人才库；人才管理，简历自动分类管理，编辑记录永不丢失；人才搜索，随时搜索人才信息，云端人才交换分享；人才更新，废旧简历全网识别，自动更新，掌握求职者动态；人才匹配，搜索手机与姓名，自动匹配人才简历。

邮件设置，自动分类到文件夹。通过对收件箱的规则设置，我们能够节约一定的时间。例如，在QQ、126、136等邮箱里面可以设置一定的收信规则，确定重点字符或关键词，可以让符合规则的邮件直接转到一个分类文件夹里。我们每天去相应文件夹里就可以找到需要的邮件，历史邮件也不用翻页寻找。

“标题党”也是选择的一种方式。邮件的标题往往是邮件中心内容的体现，通过对标题的解读可对邮件内容进行分析。而在招聘时间充足、简历投递较少时，我们对需要下载的简历也可有选择性地审阅。

下载简历的时候，我们还要注意邮件是否有病毒，附件尾缀是否带有可打开的文件指示。

5.1.3 简历内容的辨别与审阅

在审阅简历的时候，为提高审阅效率，要有一定的顺序和标准。一般会基于整体结构、基础信息、经验技能等判断应聘者是否符合岗位技术和经验要求。简历的审阅流程如下图所示。

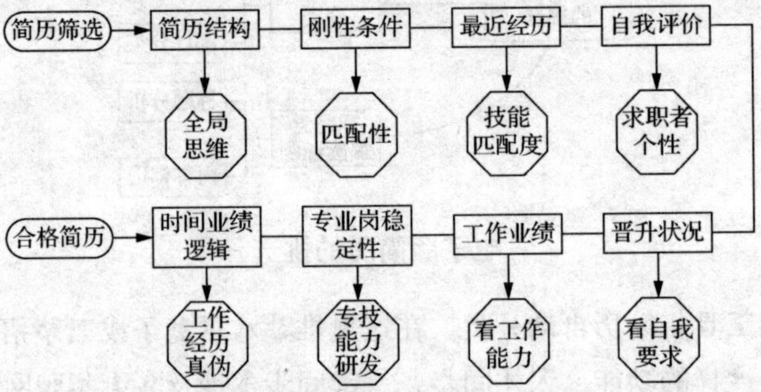

简历的审阅流程

- 从简历的结构看应聘者的全局思维。对某些领导岗位，要求应聘者具有全局思维。对简历从重点到排版都不重视的人，其全局思维能力也不会太强。
- 从刚性条件看要求匹配性。有的岗位会有些刚性条件，我们就要首先找出刚性的匹配，再来分析其他条件，如教育经历、工作经历等。
- 从最近经历看岗位技能要求匹配度。一个人所经历的岗位也许很多，但其最近的工作简历会代表他最熟悉、擅长的技能。从应聘者此前工作的岗位职责与需聘岗位的职责描述是否有重合来分析其是否匹配目前的岗位。当然最近的工作经历也要有时间要求，一般在 1~2 年或 2 年以上。
- 从个人评价和自荐信判断应聘者的个性。行文是否独特或顺畅，判断其是否充满激情与开拓性，是否自信。
- 从工作晋升情况看应聘者的自我要求。一个有追求、自我要求严格的人，一般在一个岗位工作 2~3 年会有所作为而升职，而到达职位瓶颈往往会在3～5年后，有追求的人会再寻突破。整体工作经历呈现规律上升状，说明求职者可能较有实力并有目标追求。

- 从工作业绩看应聘者的工作能力。对于应聘人员的工作成绩，要用数据说话，也可以用5W2H来分析。
- 从专业岗工作稳定性看应聘者的专业能力和研发状态。从工作经历判断应聘者经验（主要看在一个单位同岗位的工作时间长短）及工作变换周期。
- 从时间及工作内容看应聘者的业绩真伪。简历在时间、职位等方面有夸张的修饰不是大问题，但对于知识技能、学历这些关系到是否胜任岗位的刚性信息需认真分辨。一看资格证明真伪，可登录某些专业网站进行核对；二看求学时间与工作时间是否有矛盾，以此来判断简历的真伪；三看工作内容描述与任职岗位层级是否匹配。

小结：基于岗位的工作与匹配标准的清晰认识能让我们快速挑选出适合的简历。

5.2 招聘准对象的维护

在招聘过程中，我们可能会遇到面试领导不在、用人部门不着急招人员等情况，导致心仪的招聘对象可能流失。对这种情况小柯也很着急，她找到阿东请求协调各级领导，赶快面试。

阿东也觉得维护双方关系有点困难，但并不是没有办法，他指导小柯从钓鱼与撒饵吸引鱼的角度去思考如何维护与候选人的关系。

5.2.1 招聘准对象心理认识

钓鱼与撒饵吸引鱼的故事说，在河边钓鱼时，我们习惯在一个地方垂钓，因为常去的地方会整理得适合坐钓或玩耍。而我们每次总会撒下一些混合酒或其他香精的米以诱使鱼儿集中过来（当然还有专门的鱼饵）。但时间久了，有时即使有饵鱼也不会有鱼来吃钩。

为此，我们在一个地方钓的时候也会在附近一个地方或两个地方撒下些鱼饵做鱼窝子。然而，如果准备的鱼窝子长时间没鱼理睬，也就达不到准备的效果。所以基本要保证两三天就要去钓一次或重撒一些窝底饵，这会让鱼觉得还有东西在等着它们。

但如果我们准备的窝子地方不变，饵不变，时间长了，再去钓时还是会一无所获。这是为什么呢？是因为鱼总会在那个地方找到它们喜欢的食物，这同其他地方难找食物不一样，会让聪明的鱼察觉到这种现象的不正常，它们会感觉有潜在的危险，所以就会换地方觅食。

通过钓鱼的故事，我们可以分析准候选人的等待心理，如下图所示。

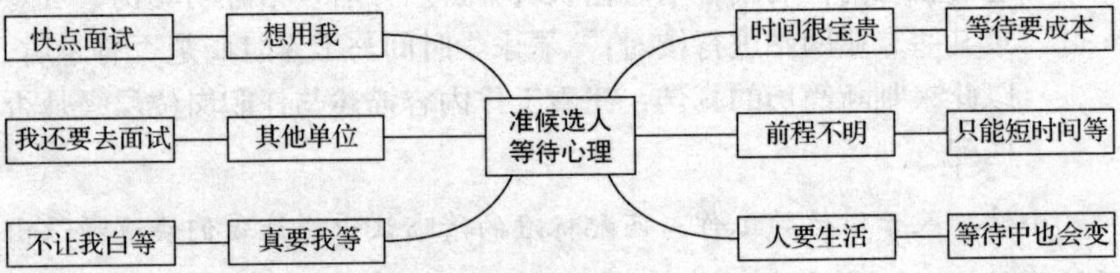

准候选人等待心理

应聘者可能会有以下心理。

- 你想要用我，就应该快快让我面试并工作。
- 我的时间很宝贵，等待是要成本的。
- 有其他工作岗位在等我去应聘面试。
- 还不知道你的情况，就让我等，一两天还可以。
- 如果你真想让我去工作，就得有表示，我一定能被选中，我不白等。
- 人总是要生活，等待中也会变化，我还是可能要走的。

求职者往往希望自己可以同时找几份工作，面试几家单位，从中挑选心仪工作。所以，我们要判断公司岗位是否能吸引求职者。

5.2.2 塑造等待面试的理由

对于招聘者，我们有他需要的工作岗位，工作收获与前景是我们撒下的鱼饵。当我们不能及时地起钓时，饵的香味也会慢慢地淡去。如何保持岗位的诱惑力是我们应该考虑的。个人之间的感情联络和融洽关系的物资小惠，一定程度上能增加等待面试的可能。更有效的是挖掘企业优势，塑造可能前景，让求职者对企业充满期待，如下图所示。

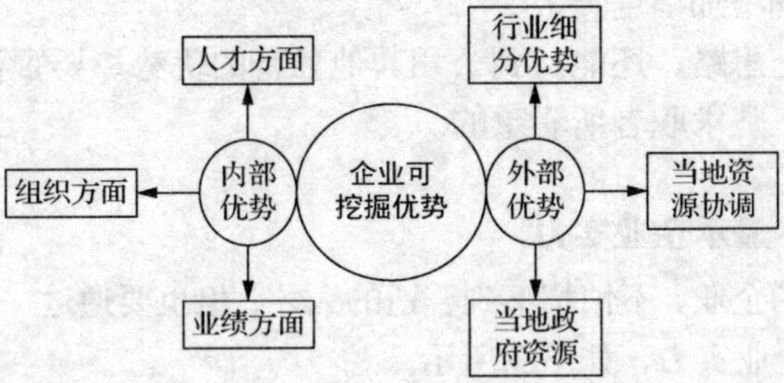

企业可挖掘优势

一般来说，大企业如百度、阿里巴巴、腾讯、华为等，不用挖掘就具有绝对的优势，那么对于中小微企业来说，什么是公司的优势呢？

这需要我们去发掘，什么是公司相对同行的特别或有利之处，如优秀的管理者、人性化的管理制度、积极进取的氛围等。

1. 外部优势

外部优势一般包括企业在行业细分的某种地位、在当地业界的某种资源等。看公司在细分行业里处于什么位置，如果排在前三，那就有优势。看公司规模在细分行业内处于什么地位，如果排在前五，也具有优势。

在当地具有政府资源、业务网络、资源整合手段等也是优势。一是办理项目审批等手续方便快捷；二是能在当地业界进行资源协调和人手支援等。

2. 内部优势

内部优势一般有组织优势与发展优势之分，包括人才方面、组织方面、业绩方面等。

- 人才方面：80%员工是30岁以下的年轻人，同龄人多，可以愉快地与同事相处。
- 组织方面：组织架构简单扁平化，可以直接与领导交流；公司有完善的培训体系，有明确的晋升通道；公司准备三年内上市，全员持股。

- 业绩方面：与上年相比，公司今年的销售额增加幅度很高，公司净利润增加幅度大。

顺着以上思路，还能找到公司其他独特的优势。要重视这些优势，可能某一点正是求职者所看重的。

5.2.3 显示企业实力

有实力的企业，不怕招不到合适的人才，但也要通过一些方法，向准候选人展现企业实力，如下图所示。

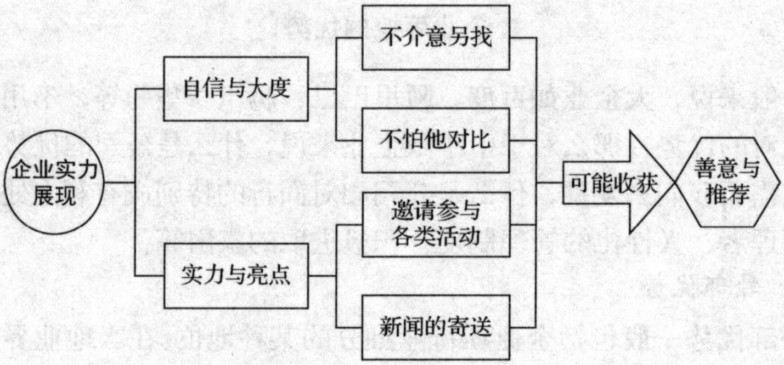

向准候选人展现企业实力

1. 展现企业的自信与大度

在与准候选人联络的过程中，我们要明确表示对他愿意等待面试或下一步动作的认可和谢意。我们也可以明确表示，他如果介意等待时间长也可以去找其他的工作。有实力的企业单位不怕对比，对比之后，准候选人会对我们的特色管理更加认可。

2. 展现企业的实力与亮点

在企业有产品展示会、企业工会活动、各种比赛等的时候，我们可以邀请准候选人参加，展现我们的人文关怀与企业文化，体现企业的凝聚力与发展潜力；还可以偶尔发送有关活动的剪影或企业的某些社会活动新闻等，体现企业的社会属性，能参与社会建设的企业不会很差。

当准候选人去了别的企业时，我们也不要埋怨，就把这些活动当作广告宣传，我们收获的是个人的知情与善意。人总是与同类型的人联系或相处更多，所以在他的周围也可能有适合我们岗位的人，即使他没有等我们的招聘后续事宜安排，当我们再度需要时，也可能收获他推荐的人员。

小结：要想让准候选人等待我们的面试，就要把握其岗位匹配度，如此才能有效地增加等待效度。

第6章 Chapter 6

招聘面试

招聘中最重要的环节就是面试，要通过面试留下与企业发展阶段相匹配的人才，就需要练就一身面试本领。

6.1 面试整体介绍

首先要清楚面试的基本概念与要求。在面试过程中，我们需要关注应聘者的业务技能、从业经历、性格特征等，以判断其与需求岗位的匹配度。

无论是什么岗位、什么样的人，最终要落实到需求岗位的工作上，针对岗位需求特征来确定人岗是否适配，是面试成功的关键。抓住关键技能需求，就能锁定个人的基本能力，就如绩效管理工具 KPI 一样，先抓住关键，再看枝叶部分。

6.1.1 面试技能

招聘选拔难是现阶段几乎所有企业都无法回避的难题，也是 HR 从业者与用人部门负责人都为之头痛的难题。如何能面试出应聘者的真实能力、真实潜质，存在以下难题。

- 怎么判断应聘者的能力？是问还是测，是做题还是实际操作？
- 对于潜力的判断，就更难了。企业是渐渐发展壮大的，而我们不可能每个阶段都全部换人，所以员工需要随着企业发展变化而不断成长。这个正向成长性如何确定或判断？
- 如何判断忠诚度与工作态度？企业当然希望员工能长久并好好地

为企业工作，但这个稳定性该如何判断？

很多人力资源前辈创造了不少面试辅助工具和面试方法。不可否认，有些面试技巧、方法与工具能让我们在面试中大大地提高判断的准确性，而有些面试的特意准备也能提高人才对企业的认可度与对工作的认同感，从而提高招入人员与岗位的匹配度。

在面试前，我们一般要先确定和准备以下事项，以保证面试顺利，如下图所示。

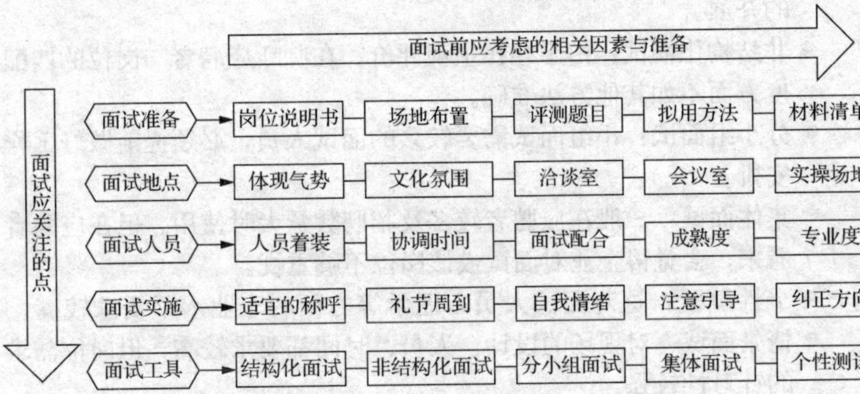

面试前应有的准备

1. 面试准备

面试准备一般指的是岗位说明书、场地布置、测评题目、拟用方法及材料清单的落实到位。

2. 面试地点

面试环境很重要，要能体现公司的气势与文化氛围，可以是会议室，也可以是洽谈室，当然如果会客室布置较好也是可以的。一般不要在办公室面试，因为办公室里人来人往，会对面试进程有所打扰。当然在进行业务测试时就去规定好的地点。

3. 面试人员

面试人员一般要与公司文化、工作性质相匹配。一是 HR 要身着正装，显示出自己的职业化与公司的正规化。根据工作性质进行面试官包装。二是在业务复面时，如果是着重经验的岗位面试，那么一般要选择年龄比应聘人员大的面试人员。

4. 面试实施

- 自我情绪：不要让其他事物干扰影响你。注意保持微笑，语气、语速要让应聘者觉得你很尊重他。
- 面试引入：面试官一般要对应聘者表示欢迎，告诉他开始面试，提醒其转变思维进入面试。

5. 面试工具

- 结构化面试：需要较长的时间，可能会影响面试进度与其他工作的开展。
- 非结构化面试：由于存在主观评价，在判断应聘者与岗位的匹配度方面不如其他方法准确。
- 分小组面试：小组面试需要较多的面试人员，必须提前做好工作安排。
- 集体面试：一般在应聘者较多及招聘数量大时使用。但在应聘者看来，会觉得企业对面试或该岗位不够重视。
- 个性测试：这对面试人员心理学等方面的专业水平要求较高。
- 情景面试：对现场的设计、人员、时间都要求较高，但岗位需求的针对性较强。

小结：有效面试总是能让应聘者感受到公司的吸引力，同时能增强用人部门对新来人员的认同，能够匹配各方就是完美的面试。

人力资源理论发展到现在，出现了很多辅助管理的工具，也包括许多面试工具。但作为企业HR，我们应该明白，面试工具只是辅助我们进行面试、辨识人才，就像医生诊断一样，可以像中医一样望闻问切，可以像西医一样通过各种仪器对人的身体进行检查。

6.1.2 传统面试法和专用面试法

通常在面试各岗位应聘人员时，我们结合胜任力模型或任职资格要求，择优面试。而面试中要想使用各种管理工具，总是需要专用场景、专用测试设施的配合，而且对工具使用人的专业要求较高。

是采用专用面试法进行面试，还是使用传统的非结构化面试，要依据相应情况进行选择。

面试方式的优劣分析如下图所示。

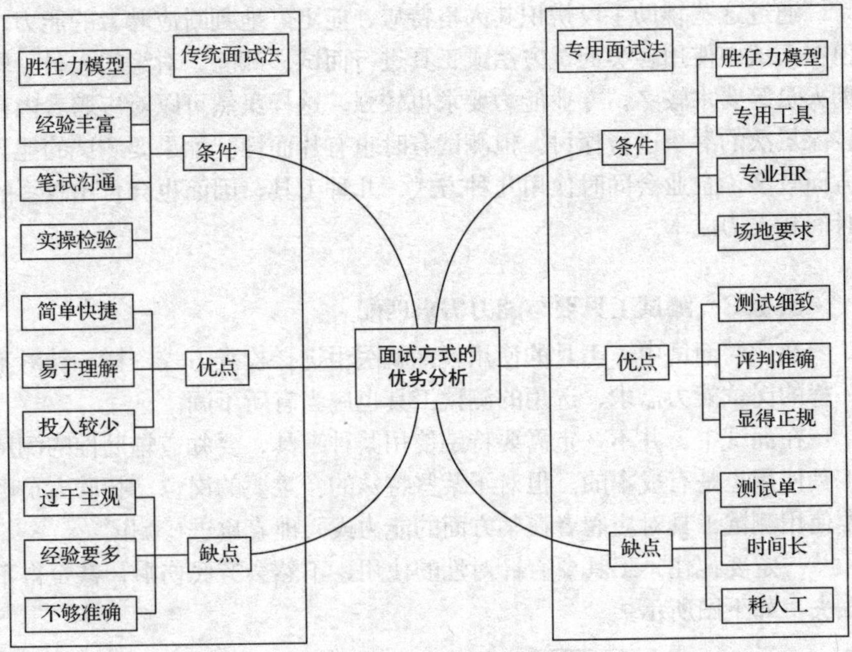

面试方式的优劣分析

1. 传统面试法

打个比方，对一般的病情，医生并不一定会要求患者做专项检查，而是以自身的经验、个体的表现进行诊断。如果做专项检查，通过自己的专业和经验进行对比，得出检查结论，对医生的要求较高。

对于一般岗位及对个人潜质等要求不是很高的岗位，一般采用传统面试方式，即通过匹配岗位胜任力模型进行沟通面试，采用“理论+实操”模式就能择优录用。这种面试方式具有耗时短、易沟通，以及与岗位的需求特征易于重合的特点。

2. 专用面试法

在面试中，如果人数多或想观察应聘者的组织能力、细节把握能力等，则会选择较为专业的面试方法（如结构化面试、无领导小组面试等）。而对于个人潜质等要求较高的如财务经理、技研主任、销售经理等人才的面试，我们一般会选择工具加以辅助。

通过这些辅助手段辨识其人格特质，能更好地判断应聘者的能力。但在面试中使用各类面试方法或工具进行面试、测验，对组织人员、辅助人员等要求较多，专业能力要求也较强。这样虽然可以对应聘者内在较深层次的潜质进行探讨，但测试有时也有片面性。如果要测试的能力方面较多，企业会同时使用几种方式、几种工具，因而也会付出较多的时间和人力成本。

6.1.3 测试工具要与能力需求匹配

在招聘面试中，工具的使用就如就医生选择检查方式一样，针对不一样的岗位能力需求，选用的测试工具也应当有所不同。

在面试中，并不一定需要特别使用某种工具，要知道辅助性的测试工具使用也是有成本的。但对于某些特殊的、重要的岗位，招聘人员则要使用测试工具对应聘者在某方面的能力或心理素质进行测试。

一定要记住，工具要有针对性的使用，不然会劳民伤财，甚至得不偿失，如下图所示。

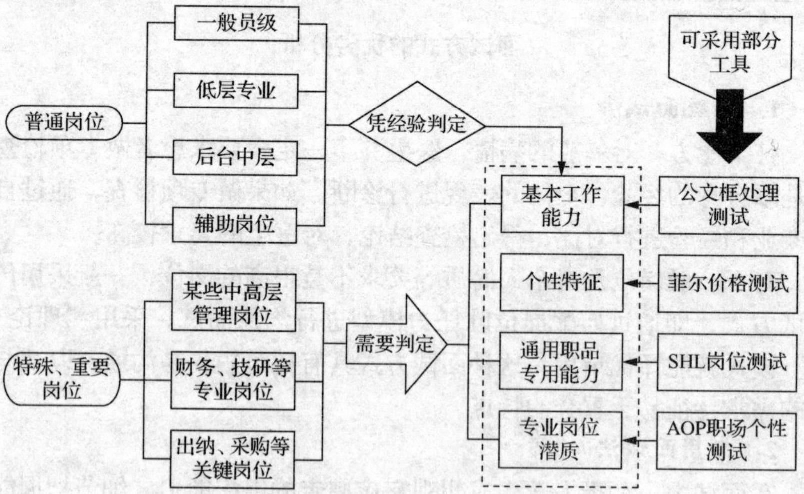

面试的测试工具与能力特征

第一，根据岗位特征使用工具测试。日常招聘面试中，对于普通岗位应聘者在各种心理特质、专业分辨细致度的判别需求也不是那么大。所以，对一些普通的岗位就不需要使用工具。一些专业性较强的岗位或应聘人员过多时，可以考虑使用笔试、统一作答式的集体面试或分小组面试进行，以此作为初步筛选手段，淘汰低分的不合格者。

第二，清楚测试的目的。测试是为招聘人员判断应聘人员的能力而准备的，所以能直接判断时就不需要再进行测试。招聘人员一般需要判别应聘者的能力有四个部分：基本工作能力、个性特征、通用职品素质和岗位专用技能。

一般来说，招聘人员在应聘者个性特征上（影响性格、价值观、工作动机、敬业度、诚信度）的判断会比较主观。对于主观判断感觉不准确的，可借助某些工具进行测试辅助判断。

第三，测试工具与对应的能力检测。

- 公文框处理测试：一种对基本工作能力的测试。对应聘者的计划、授权、预测、决策、沟通等能力进行判断。该测试一般针对中高层管理人员使用。
- 菲尔价格测试：对应聘者的个性特征进行测试。可对悲观者、挑剔者、自我保护者、中庸者、冒险者、孤独者等进行倾向性判断。该测试对技研、中高层管理岗位较为适用。
- SHL 岗位匹配度测试：针对通用职品及能力方面进行的测试。对所有工作都可能会涉及的行为进行分类，并通过 40 道职业行为测试题来测试应聘者与 8 个维度中最重要的 6 个维度之间的匹配程度，以此来评价应聘者的潜能与应聘岗位的匹配程度。对于各岗位均适用。
- AOP 职场个性测试：对较为专业的岗位进行潜质测试，是专门为人才管理设计的诊断型工具。企业经过实践发现并总结了与人才管理有关的一系列核心要素，如目标导向、影响感召、耐心合作、精确服从等，再通过对这些方面的针对性评估，清晰勾勒出个体在职场中的各种特点，充分运用于企业经营管理各个层面。

招聘人员对工具的选择使用必须适当，否则浪费时间、精力，并得来可能并不适用的结果。

6.2 结构化面试

在面试中使用最多的一种方法应该就是结构化面试。我们可以结合下面这个类比来理解结构化面试。

阿东的家乡，土鸡蛋都是按个数买卖的，而养殖场的鸡蛋按斤两算。阿东以前住的巷子口就有个卖鸡蛋的老大娘，她不太会算账，但能识得数字，例如，1 斤或者 1 个鸡蛋多少钱，5 斤或者 5 个鸡蛋多少钱，她家里人会将数量与金额一一对应写好，有人买多少，然后她按照数量去查金额就行了。有点偏差，少一点多一点都按整数进行计算。可以说，这位老大娘采用的就是典型的结构化销售的方法。

6.2.1 结构化面试的内涵和特点

结构化面试的方法与老大娘卖鸡蛋的方法差不多。下图能帮助我们更好地理解什么是结构化面试。

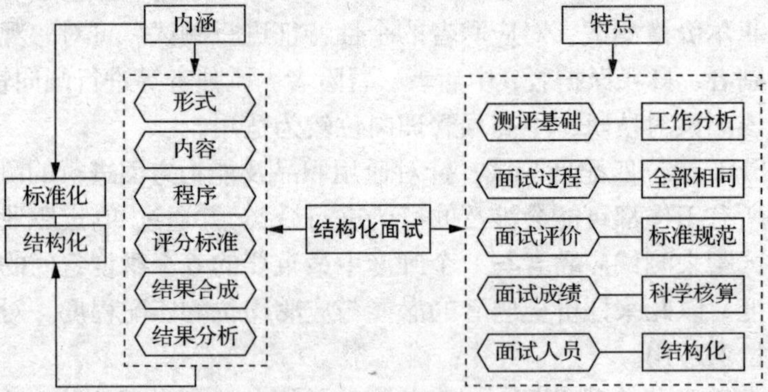

结构化面试的内涵和特点

结构化面试需要清楚地列出系列清单、各种可能答案、评分标准和操作程序等，按照统一的标准和要求对应聘者分别做相同的提问，最后根据得分，来确定应聘者与岗位的适配程度。

1. 结构化面试的内涵

面试结构化指在内容、形式、程序、评分标准及结果的合成与分析等构成要素上，按统一制订的标准和要求进行面试。其从形式到执行再到结果，都具有标准化和结构化的特点。

其中有两点非常重要，是招聘人员在日常工作中必须做好准备，却也是最不好完善的。

- 提问清单：针对一个岗位需要提问哪些问题来验证应聘者所具有的能力或素质是否适合这个岗位？
- 评分标准：在这个岗位上的各项工作内容中，要做到什么程度才是标准？多少分不合格？多少分合格？

2. 结构化面试的特点

- 以岗位工作分析为基础，确定面试测评的要素。

在面试中，测评要素必须建立在对岗位工作进行细致分析的基础之上。在分析中要确定拟任职位的胜任力要素，并同时确定录用标准。

- 所有应聘者的面试过程是相同的。

结构化面试中包含的引语、时间、问题顺序、面试的实施条件等都应是相同的。要让所有应聘者在几乎完全相同的条件下接受面试，在同等条件下，才能选出合适的人员。

- 面试评价必须具有规范的流程和清晰的评价标准。

针对每一个测评要素，结构化面试都要有规范的、可操作的评价标准。每个要素都有操作定义和面试中的观察要点及所占权重，有评分等级对应的评价标准。要让每位面试官对应聘者的评价有统一的标准尺度，清楚哪些要素是主要的、关键的，哪些要素是次要的、关联的。

- 面试成绩是通过统计核算而来的。

在对所有面试官的评价结果进行统计后，要按一定的规则进行核算，再根据各要素的权重合成总分。

- 考官的组成必须结构化。

为保证面试中观察角度的客观，避免面试官因自己的经历而影响判断，面试官人数必须在2人以上，通常在5人左右。要根据专业、职务，甚至年龄、性别等进行配置，成立面试考评组，并确定主面人员，由其负责向应聘者提问并把握整个面试的总过程。

小结：结构化面试在效度、信度上都有一定的说服力。结构化面试对一般的小微企业在实际效率上较低，更适合管理规范、注重细节的大中型企业，这是由结构化面试对企业人力资源管理在岗位要素及面试问题上的全面化、标准化等管理基础上决定的。

6.2.2 结构化面试的具象化

采取结构化面试，招聘人员必须将面试的进程从准备到结束都具象化，这是一个展示企业管理水平的机会（面试体现企业严谨的工作作风与面试逻辑）。通过一场结构化面试可树立企业形象，起到吸引人才的作用，如下图所示。

结构化面试的具象化

（1）做好场地的准备：可在接待室、会议室、学习室进行面试，一般不要选择办公室，没有其他办法时也要选择单独的办公室，避免其他人员的打扰。

（2）做好面试考官的准备：从面试小组成员到职责分工，从招聘职位的工作说明书到应聘者的背景资料，从问题提纲到提问方法，从评分办法到评价统计表，从着装到座位安排、提问顺序等都必须有统一的规划。

（3）做好面试过程的控制：面试开始后，面试官应先易后难、广泛而深入地向应聘者发问。面试官应注意在对方回答问题的时候不随意插话或追问。要从问题难度、时间进程、气氛调节等方面进行调控。

（4）做好面试的结束工作：在面试完成后，面试官应表示面试即将结束，询问应聘者是否还有问题。这样可以给应聘者对有关问题进行补充说明或修正错误的机会。同时，面试官稍做总结，说明面试结束后将会在什么时候得出面试的结果，并起身握手告别，示意应聘者可以离开。

整体上要让面试过程自然、流畅，并在友好的气氛中结束。这里，再次总结一下结构化面试的明显特点。

- 能减少面试官的主观性影响，为面试官提供依据，避免一些重要问题的遗漏。
- 从不同的应聘者身上可以得到结构与形式相同的信息，便于分析、比较。
- 能使面试过程紧凑有序，易于操作和决策，有利于提高面试效率。
- 面试方式过于程式化，内容固定、僵化，双向交流和个人潜质不易得到发挥。
- 限于题库，信息范围有限，使应聘者难以充分展示才能。

小结：结构化面试为招聘人员提供了按标准程序快速面试成功的便利，但也让应聘者与面试人员相互间少了一些更深入交流的机会，发现应聘者更多潜质的机会变小。所以在基础管理不是非常坚实的中小微企业，在面试中采取半结构化方式也许会更有效果。

6.3 无领导小组讨论

在学习结构化面试后，小柯又提出了新的疑惑，她觉得结构化面试可以很严格地挑选出满意的人才，但在考察综合能力方面，还是以无领导小组讨论的形式来得更直接。

在企业的发展进程中，有时由于部门的组建及现有人员专业性质的不同，需要进行多人同聘。由于招聘人员涉及2～3个层次，面试官往往需要将其组织在一起进行面试，以此观察、分析其中有无领导型、业务型、行政型人员。

而采取无领导小组讨论的形式就能很好地对应聘者进行组合检验。正好公司专用车事业部需要招聘营销主管和片区经理，为此阿东和小柯对此进行了无领导小组讨论的面试操作。

6.3.1 岗位目的和素质探知

进行面试前，招聘人员必须对岗位工作要实现的主体目标和对人员的能力要求有清晰的认识。营销岗位的主体目标及能力要求如下页图所示。

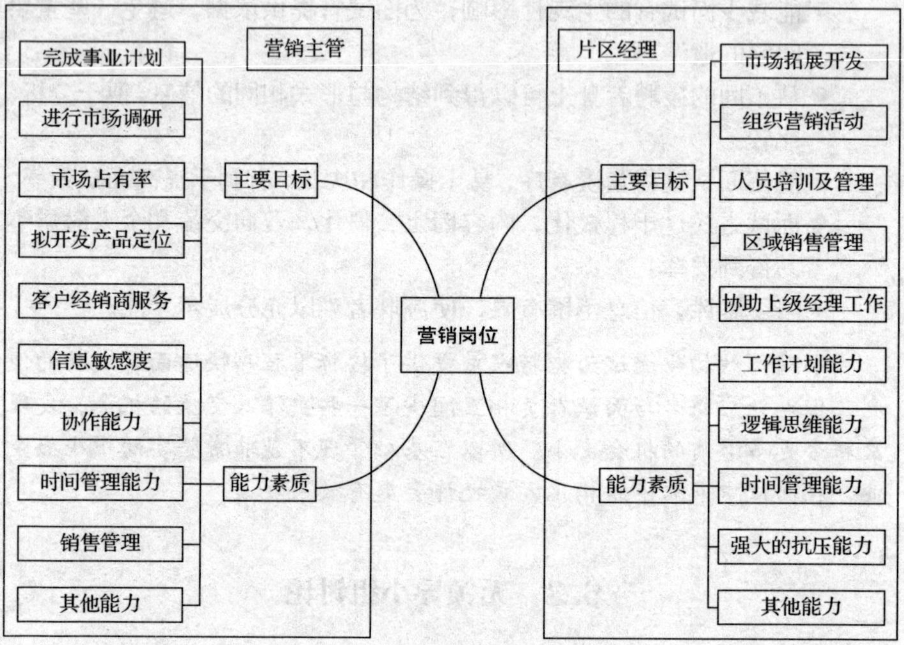

营销岗位的主体目标及能力要求

1. 明白岗位工作的主要目标

营销主管：为了完成公司的事业计划，在完成销售任务的同时，仔细调研分析市场，使已有产品提高市场占有率，为拟开发产品做好市场定位，做好用户及经销商的服务工作。

片区经理：要在营销主管的主工作的基础上，做好市场的拓展与开发，带领营销人员共同做好大项目，组织销售活动，做好所属人员的培训和管理工作，统筹做好区域销售管理，协助销售经理工作等。

当然应该还有其他的职责及任职要求等详细内容。

2. 明确面试中需要辨识的能力素质

营销主管：

- 市场信息的敏感性与处理。
- 执行力与配合。
- 任务时间节点。

● 对销售档案的建立。

对片区经理，在上述对营销主管的要求上，还需具备以下素质：

● 对工作的规划性与条理性。
● 头脑冷静，思维清晰。
● 良好的职业品德，务实，抗压能力强。
● 果断，时间观念强。
● 有组织能力、能培养、能总结、能学习。
● 能清楚认识团队人员的能力，知人善用。

6.3.2 无领导小组讨论的面试设置

要做好无领导小组讨论，必须要有详细的规划与设置。在场地、人员、任务、答案、评价等方面都要有计划，并按计划有序地组织实施，如下图所示。

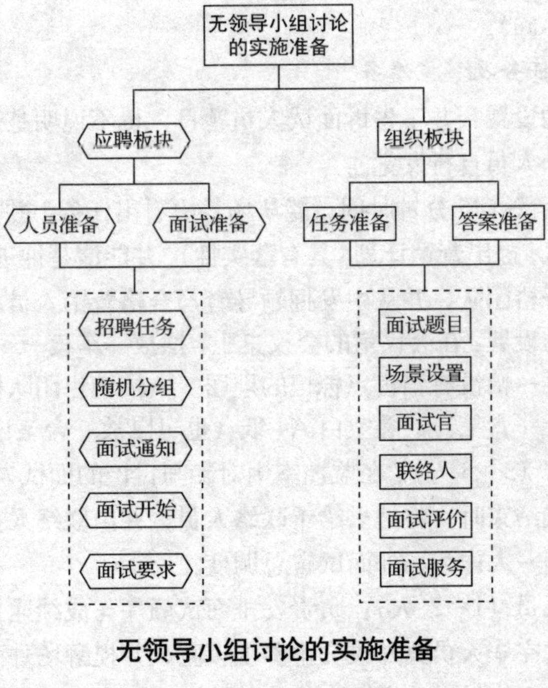

无领导小组讨论的实施准备

1. 应试人员及面试准备

- 招聘任务：片区经理 3 人，营销主管 12 人。来参加面试的应聘人员 20 人。
- 小组设置（5~6 人）：一个片区 5 人，无领导小组讨论面试 5 人为一小组，共分为 4 组。
- 通知：约定面试统一到达时间。在人员到达后，统一安排在学习室看书、休息，或放映有关企业的文化建设、生产、销售视频。
- 面试开始：将其中一组带到会议室面试，并告知面试开始及总面试时间。会议室装有监控，面试官自会评价，最后需要结果阐述。
- 提出要求：面试开始后，前一组面试完毕的应聘人员直接离开，不得与后续人员进行交流。面试成绩由联络员向面试人员通报，并约定复面或上岗（一般只设置一个场景任务，当然也可多设，每组不同）。

2. 有关任务及答案准备

- 任务的设置：并不告诉面试人员题目，也不说明是无领导讨论，由应聘人员自行发觉。
- 讨论面试：45 分钟时间，能从场景中看出任务，并提出方案，建立团队，提出营销计划（具有落实性），并能清楚地进行方案阐述。此为合格团队，并从中发掘领导者与合格营销人员。
- 场景的设置：在会议室的会议桌上，摆放一车模——金刚重载车，墙上贴一幅没有销售点标记的地图、一幅销售团队拔河照、一个奖杯、一盒笔、一叠空白 A4 纸（也可以放一台笔记本电脑）。
- 面试官（3~5 人）：在监控室中对参与讨论的面试人员进行评价。在面试结束时，将结果给予联络人员，并由联络人员向面试人员通报。一人作为场外面试官总调度。
- 联络人员（1~2 人）：负责安排面试顺序与成绩通报等事务。组织面试完毕人员离开或安排参观厂区，并提醒场外面试官面试结束在前 3 分钟进入会议室等待总结阐述。

- 评价：对应具备的能力点进行评价打分，总分 100 分（根据设置项目多少定）。
- 服务：做好安全、饮水等服务准备。

6.3.3 面试中如何甄别人才

无领导小组讨论的最终目标就是要在应聘小组于规定时间内对一项任务进行分析，并提出解决思路的过程中发现企业需要的人才。而在无领导小组讨论中首先应该对各环节的合格实施具有明确的时间规划，并检查、评估小组人员的实施情况，如下图所示。

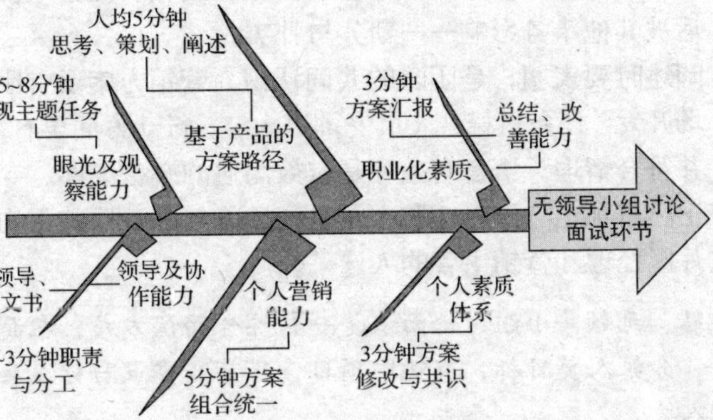

无领导小组讨论的面试环节

确定人才甄别的面试因素及对应标准，同样以应聘营销人员的无领导小组讨论为例，标准如下。

- 销售目标。及时发现金刚重载车，并能确定重载车的销售对象、渠道——销售人员要有一定的眼光和信息的及时发现能力、观察能力。
- 确定营销区域范围。善于观察市场环境——在地图上能确定以点扩散或以农村包围城市的进攻计划，能体现对产品的销售方案。
- 片区经理的推选。推选或自荐，促使领导的快速产生——要能体现自己的领导力与团队的协作能力。

- 领导能力的评判。快速引导小组人员的协调合作，并及时进行营销方案的策划；能快速确定相应的职责人员。市场调查、业务与行政内勤等的团队分工明确。
- 营销能力的评判。销售目标量合适，不好高骛远——能认清自己；敢于表现，不紧张——接洽客户、销售谈判的首要条件；思考营销方案时，思路清晰，提出的方案建议有条理——面对问题的冷静；对营销任务的完成时限有清晰的认识——时间观念，果断办事。
- 职业及个人素养评判。能认识、不避讳自己的短处，敢于面对和改正；能正视困难并敢于做出决策；踏实肯做，不会在知晓任务后被其他事务影响——勤务与朴实。
- 阐述时要表明，是团队的共同认识。营销方案要有团队建设、市场开发、任务目标、人员安排等内容，行动方面要有关键点提示，并符合情理。语言有条理是有效沟通的必备条件。

在上述事项上分别对应聘人员进行评价打分，取其平均值，就能基本确定片区经理和营销主管的人选了。

小结：无领导小组讨论面试是一种综合面试方式，在面试中必须注重细节，分派人员目标，有观察项目，环节、重点与标准共存，才能有效识别人才。

6.4 面试快速确定候选人

小柯在招聘中发现了一个问题，即业务部门在汇报需求时，总会说急需人员。而事实是当将选择权给予他们时，他们又迟迟不能做出决定，使不少不愿意等待的应聘人员不得不选择其他单位。

为此，她向阿东请教如何才能让业务部门快速地锁定候选人，从而快速地满足用人需求。

阿东以大部分人买衣服时不能快速做出决定类比，向小柯讲解了如何让业务部门快速做出决定的做法。

6.4.1 面试中的功能排序

在生活中，产品的第一作用是解决需求，而这些需求源于用户。招聘活动中，人力资源部门对业务部门这个用户来讲，其实相当于代购，真正有需要的还是用人部门。招聘人员一定要在招聘中把握招聘岗位的主要需求，并以此为基准，再加上其他需求，如匹配企业后续发展、领导工作习惯、部门工作氛围等。

不同的领导对应聘者的要求不同，有的要求现阶段专业很精良，入职就可以解决问题；有的要求必须好学，专业不精可以培养；而有的要求必须形象好等。

因此，招聘人员在招聘中必须与用人部门沟通到位，对其看重的主要点、次要点等都要了解；对招聘需求进行评估，如需求是否能满足、不能满足的后果严重程度等。这是招聘人员在招聘中需要关注的点，也是招聘人员对匹配需求进行的识别，如下图所示。

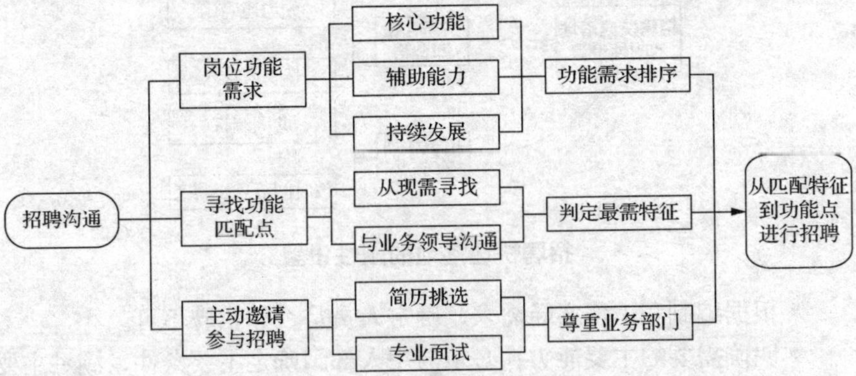

面试功能——识别需求点

第一，对功能需求进行排序。招聘人员作为需要产品的一方，必须将所需的产品功能进行优先级排序，只要能识别需求点，就可以明确产品确立的方向及招聘的目的。

第二，沟通确立正确的匹配点。一般来说，根据岗位说明书上的任职资格确立了胜任力模型后，就能发现该岗位的需求重点。但有时工作的开展还与许多客观条件有关，如部门领导的行事风格、部门同事的工作氛围等。应聘人员需要具有与之相匹配的个人特征，才能更好地适应工作岗位及工作环境。

第三，主动邀请用人部门参与招聘。作为“代购人”的招聘人员要考虑“用户”的感受。在招聘中邀请用人部门参与简历的挑选与人员的面试，运用好他们在专项技能上的精专。招聘人员在简历真伪、人员性格、发展潜力等方面进行判断，用人部门在候选人的现有专业技能与气场是否与其部门匹配方面进行判断。

6.4.2 限制性条件确定面试的进程

要想快速地确立候选人，那么就给自己和部门设置一些必需的刚性条件，如下图所示。

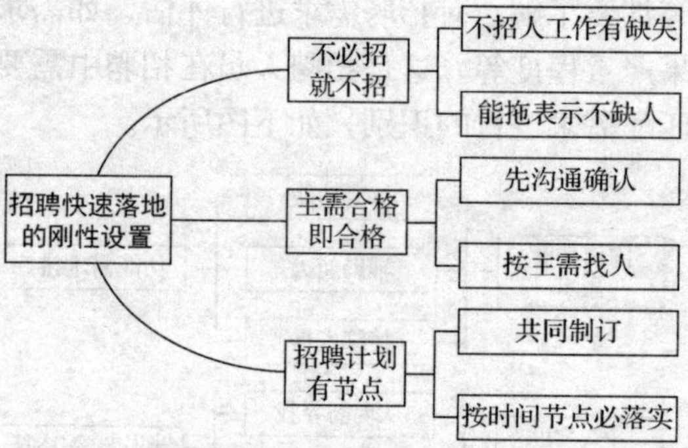

招聘快速落地的刚性设置

- 根据编制和工作实际需求，确定人员是否非招聘不可。
- 明确需要的主要能力。必须与用人部门确定主要条件，满足主要的条件就算合格。
- 制订流程计划来要求自己的进度与执行力。要就招聘计划与用人部门沟通，共同确认招聘计划的实施；在约定的时间节点内，要求其必须做出决定。

当有明确的流程与时间要求及匹配标准时，招聘人员要严格按照制订的招聘计划执行，自然能在适当的时间得到合适的结果。

小结：以胜任力模型和详细沟通确定招聘目标，以共同招聘确定招聘的准确性，以制订流程计划保证执行力，这样就能快速地确定候选人！

第7章
Chapter 7

招聘内管

在招聘工作中，很多时候我们会将工作的重点放在对外的招聘工作上，而往往忽视锁定招聘候选人后企业内部的管理。

面对招聘成功率不高的情形，小柯有点不知所措，阿东告诉她，在进行招聘时必须注意企业内部的管理，以减少失误，提升准员工转化为正式员工的成功率。

7.1　录用 Offer 提升成功率

录用通知书，也就是现在常说的 Offer，并不能随意发放，因为其具有一定的法律效力。这要求我们在招聘中必须准确面试、测评，以保证我们没有录用错人。

7.1.1　清楚 Offer 的作用

面试结束后，面试人员对应聘人员有了总体的评估与选择，对选定的准员工，需要向其通知录用意向。

通知可以采用电话、口头、电邮、书面等方式。通知的内容一般为“在满足××条件下，你可以到公司报到，成为公司××岗位员工，将获得××报酬”。这是一种要约的表示。当没有书面通知时，一般这样的要约条件还可以辩驳，不一定会带来不良后果。

对某些面试人员特别看重的人才，为表示尊重，一般会发出书面的 Offer。而 Offer 应具告知作用，如下页图所示。

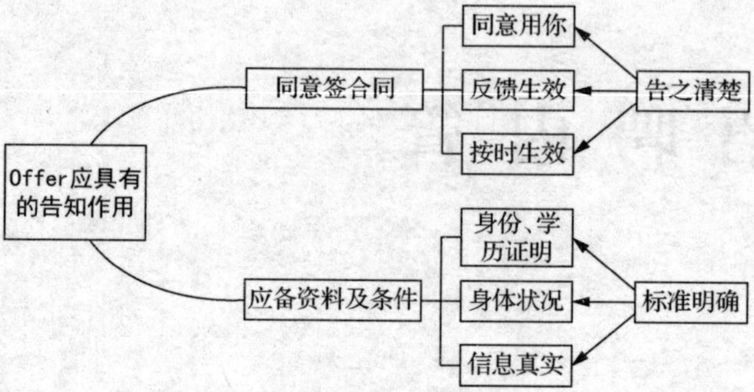

Offer 应具有的告知作用

第一，同意要约就是准员工。

公司向对方发出了 Offer，就表明在对方满足条件的情况下愿意录用他。求职者拿到 Offer 后，可以向公司表明是否同意 Offer 所载条件并愿意到公司工作（有书面的同意意向书或同意的录音等都将形成稳定的合同）。这其实是一个要约与受要约的意思表示。接受要约，就对双方形成了义务关系。

根据我国合同法的规定，“要约”是希望和他人订立合同的意思表示。一旦做出承诺，就要受到约束，违背要约通常面临经济赔偿。而要约到达受要约人（即劳动者）时即生效，要约人（即用人单位）受到要约约束。

第二，Offer 上要说明条件，满足条件即可签合同上岗。

如果该岗位对身体的健康状况要求较高，就必须要有特别说明。虽然公司要求提供入职体检报告，但并不代表只要有病就不符合公司的要求。在这样的情况下，公司并不能以体检不合格为理由不予以录用。对于身体不合格的标准，公司要在有效的规章制度中进行约定。

7.1.2 Offer 的拟制要项

作为具有要约作用的 Offer，其中的要约事项必须与将要签订的劳动合同的主要项目相匹配。合同法规定，要约必须具备以下内容。

- 要约是由特定人做出的意思表示。
- 要约必须具有订立合同的意图。
- 要约必须向要约人希望与之订立合同的受要约人发出。
- 要约的内容必须具体、确定。

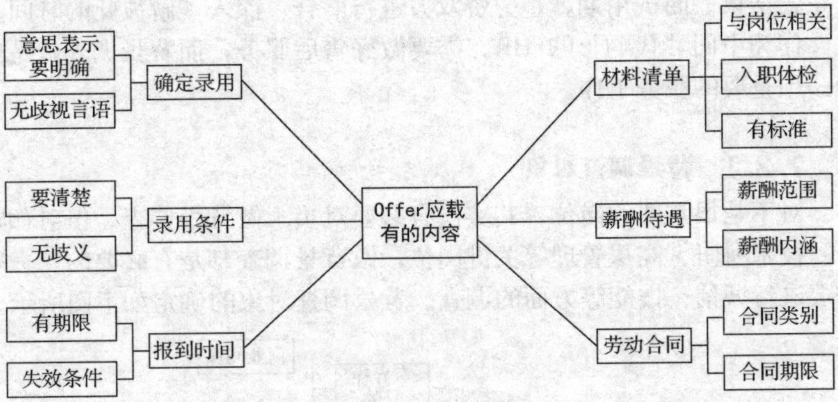

Offer 应载有的内容

- 合同意向。企业要录用对方并签订劳动合同。
- 关键的录用条件、薪酬待遇等条款要清楚、无歧义，不允许出现模棱两可的情况。
- 录用通知书应有期限限制，超过时间期限就表示对方放弃接受要约。
- 要求报到时提供的材料清单要与岗位职能相关，可包括体检合格的证明（为避免纠纷，最好要求先体检，确定无问题后再发出录用通知书，以避免违反“就业歧视”的法律规定）。
- 工资报酬等可表述为按现行薪酬制度该岗位薪酬的大致范围，包括含有哪些项目等。
- 劳动合同期限要有说明。

小结：这就是有关 Offer 的相关情况了，记住，没有必要就不发；如果要发就得搞清楚与岗能要求相关的要项。

7.2 认知试用期

在一个岗位的用人招聘中，一般应是到员工转为正式员工招聘工作才正式结束。而试用期就是劳资双方进行磨合、深入了解彼此的时间。

作为中间“代购”的 HR，需要做好售后服务，而背景调查就是其中一项重要的服务工作。

7.2.1 背景调查对象

对不是很重要的岗位，其实没有必要对员工做背景调查。但对如财务、技术科研、高层管理等关键岗位，做背景调查却是有必要的，一般需要进行诚信、技能等方面的调查。背景调查对象的确定如下图所示。

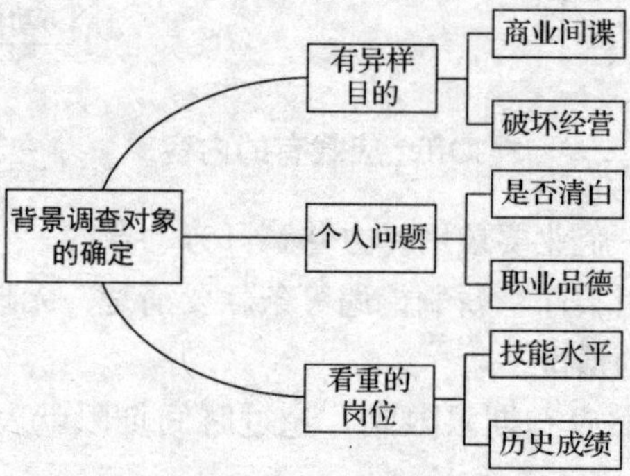

背景调查对象的确定

背景调查的唯一目的是降低用工风险，只有目的明确、对象明确才能让背景调查具有针对性、有效性。

- 有异样目的。科技知识比重很大的企业要防范员工有间谍性的行为。
- 个人问题。是否有实际工作能力、是否在逃、是否有未解合同、是否职业品德很差、是否会给企业带来风险，这些都是企业要考虑到的。
- 看重的岗位。对其入职的预期效益进行推导，如技能水平、历史成绩等内容，最终选择期望值高的人。

7.2.2 准备开展背景调查

不论是针对已经入职的员工，还是在约谈中的准员工，做背景调查的首要条件是必须获得被调查者的同意。虽说单位有权了解其在应聘时所提供情况的真实性，但背景调查作为真实性的核实手段，还是要取得授权为好。

在进行背景调查之前，招聘人员必须确定并做好以下工作，才能让背景调查有效、有序开展，如下图所示。

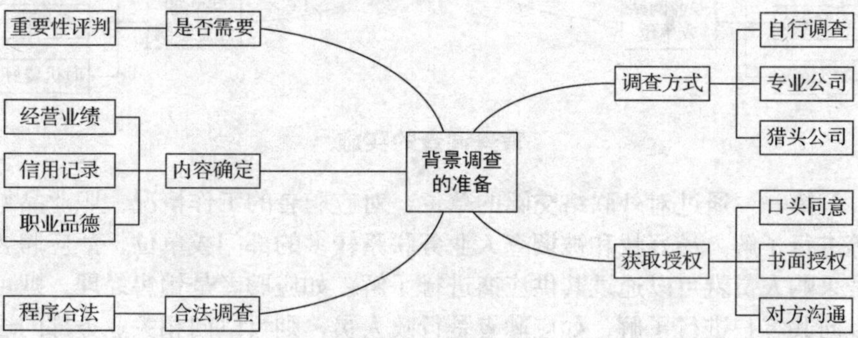

背景调查的准备工作

- 确定是否需要背景调查，即重要性评判。
- 确定调查内容是否涉及隐私。如果应聘者所应聘的岗位职责重大，背景调查的重点应放在其过往的工作经历及业绩方面；如果应聘的岗位经常接触到企业的商业秘密或重要科技成果，调查重点应放在其个人的信用记录是否良好方面；如果应聘的岗位涉及财务系统，则调查重点应放在其品德、信用记录和家庭状况等方面。
- 确定调查方式。常用的调查方式有企业自行调查、第三方专业公司调查、猎头公司调查。一般来说，通过其中两种方式的相互印证就会取得较为真实的调查情况。
- 获取调查授权。进行调查前，企业需要征得接受调查的人员同意，最好是书面的授权，并明确调查的方向及内容。
- 合法开展背景调查。进行调查的过程中也需按程序进行，要合法合规。如果企业采取的调查方式不对，也可能违法。

7.2.3 背景调查的实施

背景调查的内容包括工作时间、岗位名称、工作职责、教育经历、薪资水平、他人的评价等，如下图所示。

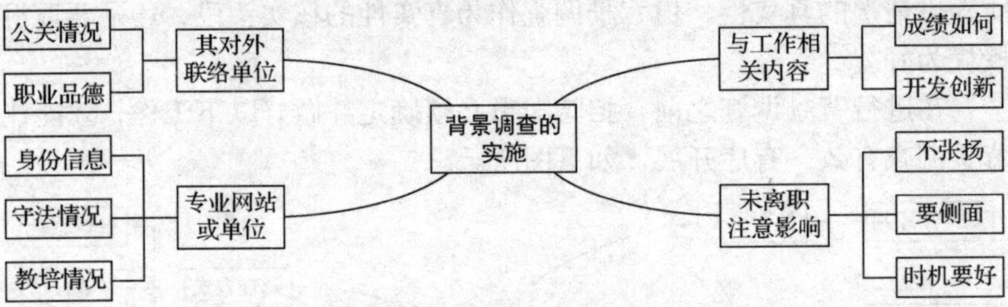

背景调查的实施

第一，通过对外联络交际的单位，对应聘者的工作情况、职业品德等进行了解。最好找和被调查人业务联系较多的部门或单位，如应聘者是采购人员就可以通过其供应商进行了解；如应聘者是销售经理，则可以向其客户进行了解；如应聘者是行政人员，则可以向相关业务部门进行了解。企业还可以找自己信得过的熟人去了解应聘者的相关情况。

第二，利用专业网站或单位对应聘者身份信息、守法情况、教育培训情况等进行了解。

第三，只调查与工作有关的情况。在其原公司进行调查时要记得只调查其与工作相关的事项，尽量不进行其他无用调查，坚持直接、有用、少打扰原则。

第四，未离职调查要注意影响。对于应聘者还在职的情形，则要尽量小心，不要影响其现在的工作和顺利办理离职手续。

综上所述，针对尚在职的人员，首先一定要沟通好，取得合适的调查时间；其次，最好能与其公司已经离职的人员进行联系，也可以从侧面了解来调查；最后，根据岗位用人及时程度来安排背景调查时间，尽量在上岗前或试用期间完成。

小结：对应聘关键岗位的人员进行背景调查时，应做到有授权、有准备、程序合法、沟通到位，只有这样才能获取真正的有效信息。

避 峰 招 聘

对某些劳动力密集的企业来说，招聘工作是长期的、常规的工作；对以研发为主的高新产业来说，招聘工作则不常开展，一年到头招聘的次数屈指可数。当然，有的是岗位原因使人员的流动性很小，如财务、设计等岗位。

阿东认为：“对品牌不够高、薪酬福利不是太好的中小企业来说，一定要避免与大型企业拼抢。不管是校招，还是人才市场招聘，企业一定要选择合适的时间和地点去招聘，如春季校招、回乡推荐会等。”

8.1 春 季 校 招

为满足专用车事业部的人员需求，小柯想参加今年的春季校招。校园招聘一般都是在秋季，大学生即将离开学校的最后一个学年的上学期进行。小柯听说，第二学期（春季）进行校招很不理想，参与的毕业生质量较差，因为大多优秀的人才已经在去年秋季招聘会时被挑选走了。所以她拿不定主意。

阿东告诉小柯，秋季校招人才多，但很多大型的企业都会参加；而春招，虽然总体人才会少些，但人才质量也不会差。

8.1.1 确定招聘用途

对人员需求并不是很大的中小微企业，完全没有必要与大型企业在招聘旺季竞争，而是要明确自己的招聘目标，有针对性地招聘。如果目标不明确，往往会造成投入高而效果一般。春招会上的人才特点对中小微企业来说具有良好的性价比，如下图所示。

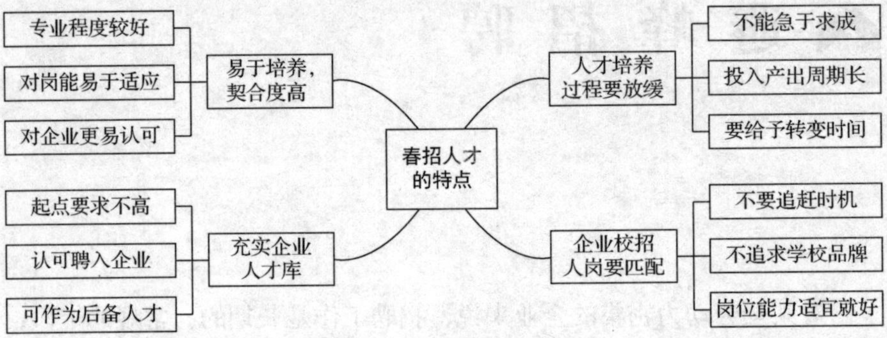

春招人才的特点

1. 易于培养，契合度高

校招的好处有很多，如低成本、规模化、人员多，也有益于投成本塑人才。通过自己投入培养的人才忠诚度、岗能契合度方面无疑都高于社招中引进的成熟型人才。

对利益导向的企业来说，春招综合成本最低：一是薪酬要求较低；二是专业基础扎实。

2. 充实人才库，备用自无忧

就算没有选到企业来，而将其列入企业人才库，也并不是不可能的。这些人在其他企业培养一段时间，说不定还是为自己的企业所用。

3. 人才培养过程要放缓

参加校招的求职者的专业学识要转化为企业的生产力需要一定的时间，短则半年，长则两三年。他们需要熟悉环境，需要企业对其进行岗位能力培养。

4. 企业校招要人岗匹配

如果企业不清楚自己处于什么行业水平，岗位需要什么专业的人才，那么企业在校招生源的选择上，就会盲目无序，可能费力不讨好、白为他人作嫁衣裳。企业应根据自身的实力和需要招聘专业人才；选择的学校不一定是名牌大学，也可以是普通院校，甚至是大专、中专。

8.1.2 有招就会有收获

招聘是一个主动寻找的过程，而企业要想发展，就得有人才源源不断地补充进来。其实无论是春招、秋招，还是平常的招聘，只要认真做好招聘实施计划，就会一定有收获。在春招中企业必须注意以下几点，如下图所示。

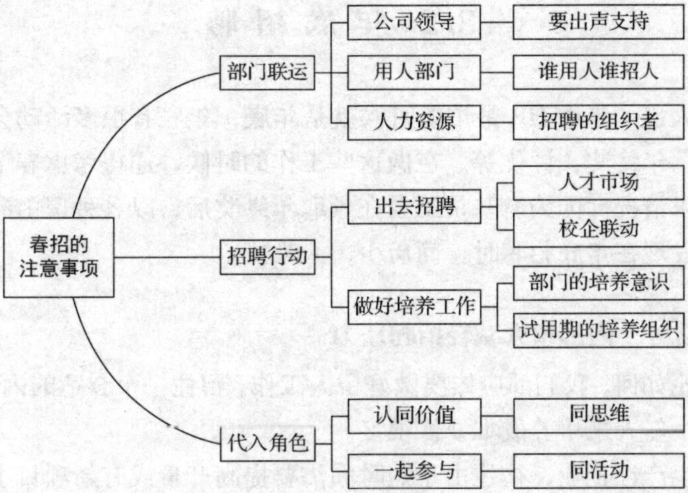

春招的注意事项

- 招聘、培养和使用永远不是人力资源部一个部门的工作，没有公司、用人部门、各级领导的沟通、配合和支持，也许就是在做无用功，浪费资源。
- 无论采用什么招聘方式，内部培养都是必需的。而培养就更不是人力资源一个部门的事，更多的是工作中的培养。在招聘行动上，不能只沉迷于网络招聘，也可以关注人才市场、校企联动等。而在将人才引入企业后，企业应加强用人部门的培养意识，这是成功为入职新人烙上企业标识的重要环节。
- 用现代人的思维思考，用换位思考的思维与新员工一起工作、生活，这是尊重他们的体现，也能引导他们逐渐地尊重企业、尊重自己的岗位、同事。

小结：今有璞玉于此，虽万镒，必使玉人雕琢之。如何琢玉，如何让新人自然地将此处当作他们的学识挥洒地，是我们要长期琢磨的！

8.2 年底招聘

有人说一年中 HR 最忙的时候就是年底，年底有很多活动会举行，如年会、年终奖、评优等。在做这些工作的时候，还得考虑春节过后的人才需求情况。因为有些员工会在领取年终奖后，以各种理由辞职。然而小柯发现在年底招聘时，简历少，人难找。

8.2.1 内部留人减轻招聘压力

无论如何，我们都应该要做好留人工作，留住一个合适的内部人员，比招一个新人来培养成本要低很多。

在生产性企业，往往由于短时间需要提高产量或有新项目上马，会出现急需招聘人员的情况。年底也会由于任务压力或有人离开而造成生产经营人员的需求压力。

针对企业人员离职造成的压力，HR 首先应该想的是解决有离职意向员工的一些需求，而让他们留下来。

很多人在决定跳槽时，都会抱怨自己在这里获得的太少，缺少成长机会、学习机会，没有荣誉，没有高工资，和领导、同事有矛盾，想躲开……针对各种需求问题，不同的企业有不同的解决办法，但有些问题是有共性的，也是 HR 可以解决从而把他们挽留下来的，如下页图所示。

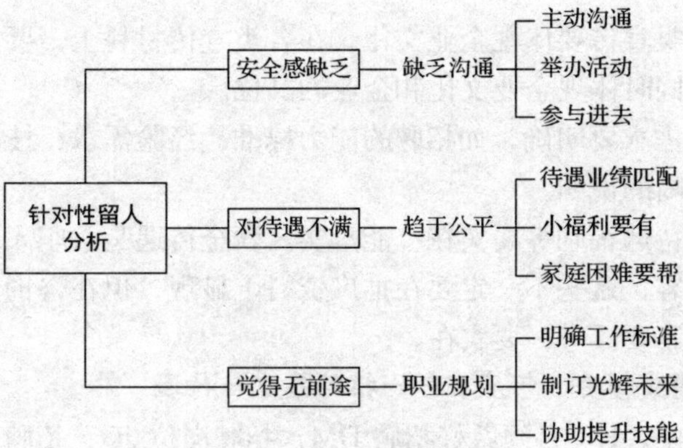

针对性留人分析

8.2.2 年底招聘工作的开展

都说招聘工作在年底比较难，这其实主要还是看企业的鱼饵够不够香，网撒得够不够宽，钓线够不够长，网鱼技术够不够好，如下图所示。

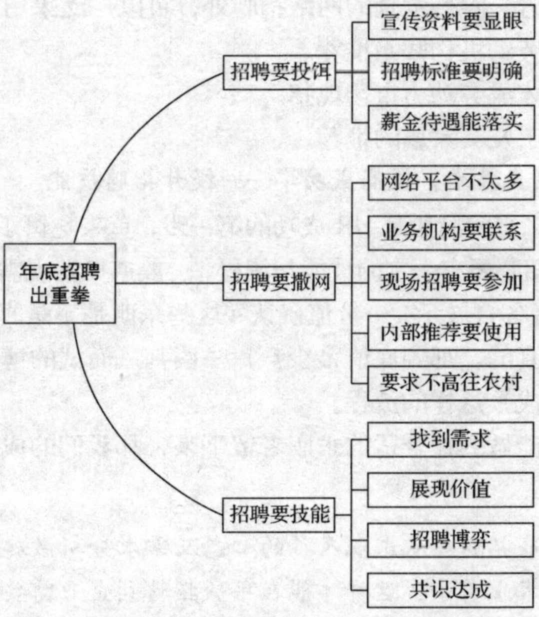

年底招聘出重拳

- 推广类宣传要体现企业文化。在各类宣传材料上，要凸显招聘需求，同时体现企业文化和企业的品位。
- 招聘需求要明确，如招聘的能力标准、经验需求、技能需求等要有明晰的说明。
- 薪金待遇福利等要实在、能落实。薪金待遇是求职人员最想了解的内容，这些不一定要在推广资料上显现，但在咨询介绍时要说明，不要浮夸，要实在。

1. 鱼饵要够香、够实在——招聘推广与待遇

在招聘中，HR 必须做好招聘 DM、招聘岗位 JD、招聘广告、有关待遇的实在性等说明。这便是对求职者下的鱼饵。

2. 将网撒得够宽，钓竿伸得够长——招聘不拘泥

各种渠道就是 HR 需要布网的地方。年底招聘渠道不能拘泥，要追求适应性。网络招聘时，可以在突出专业需求的同时，将公司信息做出较为详细的说明。

年底招聘时，除一定量的网络招聘外，可以广泛采用常规的渠道。

- 与地方劳动机构联系推荐。
- 参加人才或劳动力市场现招。
- 内部员工及其家属的推荐。

3. 加强网鱼技术，提高成功率——提升招聘技能

一般来说，得到简历是 HR 成功的第一步，鱼来吃饵了，就看你如何将鱼抓住了。招聘要有一定的技能与流程，一般遵循发现需求→发现价值（企业及求职者各自展示）→价值确认（这些东西是不是真的？）→价值转换（确认是真的，那到底值多少？）→谈判（面试的博弈与交流）→交易（招聘达成）这样的流程。

如果我们能做到让合适的求职者留下来，那我们的成功率就能大大提升。

小结：年底招聘要从求职人员的心态及需求分析做起，从内部人员管理及招聘技术上着手，这样才能在年底招聘到企业需要的人员，这也是 HR 平时能力积累的体现。

8.3 内部竞聘

每每看到自己辛苦招聘来的员工留下来的总是不多，小柯就在想，是否可以用内部的人员调剂使用。于是她找到了阿东，说出了自己的想法。阿东告诉她，内部人员的选拔使用，本就是招聘的渠道之一。

内部的选拔必须以评价与考核成绩相结合作为竞聘手段，这样才能让员工觉得在公司有晋升的希望，对自己的未来有盼头。

8.3.1 内部竞聘准备工作

在内部进行选拔聘用，必须要更有严格的规程，才能体现公开、公平、公正的原则。而有公开透明的竞聘实施流程，会让员工对结果感到服气，不会因一个人的选拔任用，而让多人怨气丛生。内部竞聘的准备工作如下图所示。

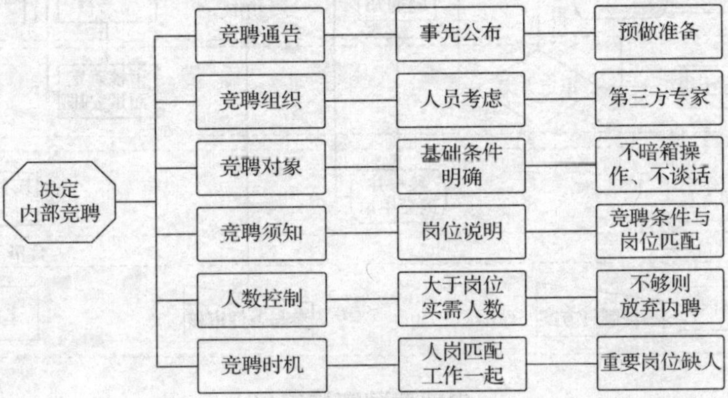

内部竞聘的准备工作

第一，告知。竞聘的岗位必须事先公布，让全部员工都能知道。

第二，组织。为保证岗位竞聘过程中的公正、公开、公平，公司应成立岗位竞聘工作领导小组（一般成员包含该岗位部门负责人及其分管领导、公司总经理、人力资源副总及人力资源部部长）。对专业性较高的岗位，企业还可以临时聘请一至二名企业内部或外部的专家到竞聘工作领导小组中，以保证竞聘的公正性。

第三，不指定对象。所有竞聘岗位都要明确基础条件，不指定范围与人员，领导不能推荐、暗示或个别谈话。

第四，竞聘须知。对所有竞聘岗位均要有科学完整的岗位说明书，其中包含职责、任职标准，并公告全员知晓。对应聘条件的设计具有普遍性，而不能只针对个体或小群体。

第五，申请人比例。每个岗位申请人数必须比该岗位实际需求人数多，即实际岗位需求人数如为 1 人，则竞聘申请人必须为 2 人或 2 人以上。人数不够时，必须放弃内聘。

第六，竞聘时间。原则上每年一次，在每年春节过后第 2 个月进行。但在特殊需要时，如重要岗位缺人必须进行，则临时安排。

8.3.2 内部竞聘实施流程

内部竞聘在实际操作中可按照下图所示流程实施。

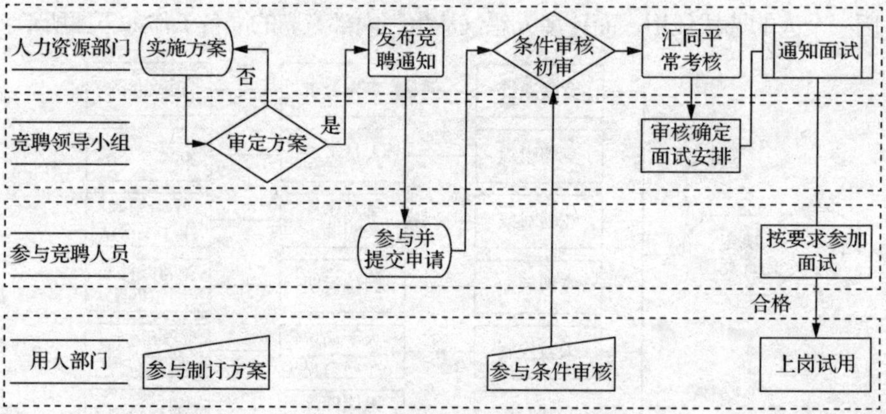

内部竞聘实施流程

- 人力资源部制订具体实施方案，交由竞聘工作组审定。
- 发布岗位竞聘通知。通知应包括竞聘岗位、职务、职务说明书、竞聘条件、报名时间、报名地点、报名方式等。
- 申请人填写岗位竞聘申请书。企业内部员工都可填写申请书，填写完成后交至人力资源部。
- 人力资源部将岗位竞聘申请书与人事档案进行核对，以确定其内容的真实性；同时将岗位要求与申请人条件核对，剔除明显不符合要求的申请者。

- 人力资源部将自行初审并签署意见后的申请书与合格申请表分类汇总。同时，汇合申请人平时的考核评价情况一起上报竞聘工作组，如岗位与申请人配比情况不合理，应及时调整。
- 竞聘工作组将岗位竞聘申请书会同人事部门提交的日常考核结果一并进行复审，按岗位与人数比的要求筛选出候选人，由人力资源部通知入选者参加面试。
- 竞聘工作组组织对竞聘岗位的入选者进行面试（面试可采用公开演讲、工作汇报等形式）。
- 结合面试总平均分结果，竞聘工作组讨论确定竞聘成功的人选。如有职位空缺，可再从面试入选者中进行筛选；如仍有职位空缺则要考虑从外部聘请。
- 竞聘工作组将竞聘人选资料交至人力资源部。如无涉及高管人员，则向全体员工公布，征求意见；如果涉及高管人员，竞聘时须将结果上报公司董事长审批。

8.3.3 竞聘实施关键分析

在内部竞聘中，一般会实行竞聘演讲，但演讲分数不等于实际成绩，更不等于评价标准。竞聘决不能走过场，否则，竞聘结果会对企业造成极大的损害。

在实施内部竞聘时，必须客观做好以下工作分析，以求得与岗位匹配的竞聘人员，如下图所示。

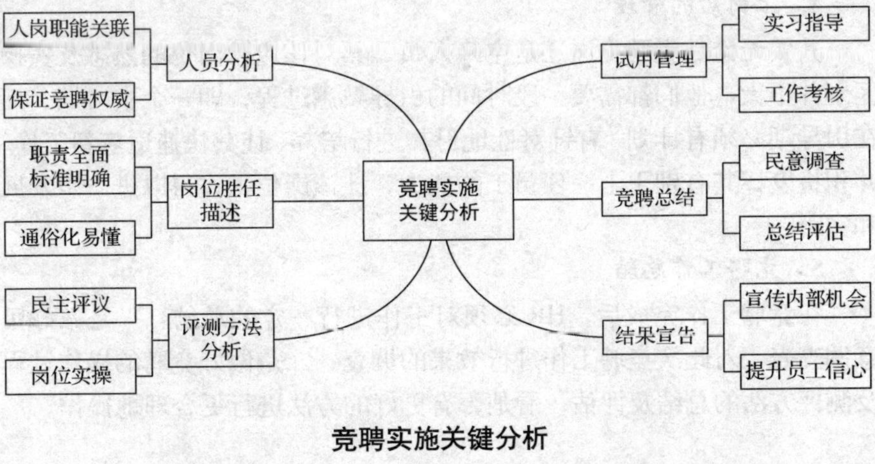

竞聘实施关键分析

1. 竞聘人员分析

很多跨部门报名的员工往往只凭自己的经验和职位名称来认识岗位，从而形成自己片面的认识。如果他们上演讲台，会让人觉得公司的竞聘没有权威和严肃性。员工很难全面、准确地掌握该岗位的所有技能、素质的需求信息，因此，详细地分析参与竞聘员工的情况，把好第一关很关键。

2. 岗位胜任描述

对于需要竞聘上岗的岗位，HR 必须通过对岗位职责、任职要求及日常工作调查、关键人员访谈等方法进行岗位分析，最终形成全面、通俗的竞聘岗位描述书。只要让绝大多数员工能读懂竞聘岗位描述书，就不会出现因不了解真实情况而随意申请竞聘的情况。

3. 竞聘测评方法分析

一般来说，企业内部竞聘都使用民主评议、笔试、面试、竞聘演说、参照以往的工作业绩等方法进行。有的企业在竞聘实施过程中使用了以上一种或几种方法，有的企业将这几种方法结合一起进行。

实践是检验真理的唯一标准。企业必须让员工进行模拟的实际操作或情境管理，让竞聘工作组对他们的行为表现进行观察和评价，并以此作为选拔人员的依据之一。

综合上述评选方法，结果才会较为客观。

4. 上岗后的管理

其实无论是竞聘上岗还是空降人员，其对该应聘岗位的熟悉及实操区别并不大，他们都需要一段时间的引导熟悉过程，即一个实习期。而在引导期必须有计划、有针对性地对其进行培养，让其快速适应新工作，并积极发挥其有别于上一任员工的能力，让该岗位工作得以进一步发展和完善。

5. 竞聘工作总结

在竞聘工作完成后，HR 必须对工作进行一定的总结：一是做好民意调查表，对此次竞聘工作进行效果的调查；二是做好竞聘的操作过程及测评方法的总结及评估，看是否有更好的方法进行更合理地操作。

6. 进行竞聘结果的宣告

要通过员工的成功竞聘宣告，每个员工在企业都是有机会的；企业员工只要努力都有实现理想的希望；企业是公平的，企业中的工作机会是均等的……以此推广企业以员工发展为中心的文化。

小结：内部竞聘不仅可以在岗位空缺时使用，也可以在年度竞聘时使用。只有在公平、公正、公开的情况下，竞聘才能起到应有的激励作用，形成良好的循环。

第9章
Chapter 9

培训体系建设

招聘人才只是为企业人力资源建设做的第一步。招聘是人才建设的根本，但再优秀的人才也需要一个适应、熟悉企业的过程，需要接受一定的培训。

在招聘中颇有建树的阿东与小柯决定将专用车事业部的新人培训工作好好抓起来。对于如何着手开展培训工作，小柯感觉有点茫然，于是她和阿东一起展开了对培训的学习与组织，决定在边学习与边组织中将专用车事业部的培训工作做好。

9.1 构建培训体系

小柯在公司这段时间一直负责招聘工作，要培训新人，看到毫无培训基础的事业部，她感到有些束手无策。而前几天领导又希望能将专用车事业尽快地完善、展开，要尽快地为企业做贡献。为保证人员能尽快上岗，并上岗能用，培训工作就不能再拖。

小柯找到阿东决定一起向领导请教如何建设事业部的培训体系，以此打开培训的大门。

9.1.1 培训体系结构及常见问题

对没有基础的单位而言，从无到有做好企业的培训体系建设，是很不容易的。现代化的房屋建设或房产预售时，我们常听到这样两句话，

"已经打基础了！"（告诉我们建设房子的基础已经有了）；"主体差不多了！"（但我们看到的往往是钢筋水泥的空架子）。其实这就是我们常说的框架结构，也就是售房部说的主体。

作为中小微企业或新建企业，由于没有人力资源管理基础，搞培训就首先要有培训的基础及培训的框架，有了框架，再进行血肉的丰满工作就会容易多了。

培训新人，一般要回答以下四个问题。

- 企业的培训体系大致是怎样的？
- 要建立怎样的培训制度？
- 如何挖掘培养内部培训（以下简称内训）师？
- 如何着手建设或如何进行有组织的系统化培训？

1. 培训体系的基本内容

要开展培训，一定要对培训体系的基本内容有所了解。培训体系基本内容一般分为四部分：制度保证、课程开发、资源保证、计划与运作。具体内容如下图所示。

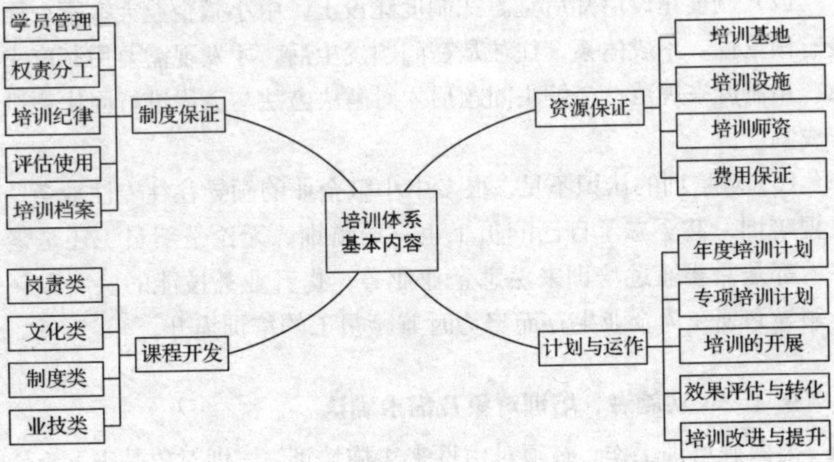

培训体系基本内容

- 制度保证：至少应具有学员管理、权责分工、培训纪律、评估使用、培训档案等基本内容，要从制度上保证培训的正式与严谨。

- 课程开发：一般分为岗责类、文化类、制度类、业技类等。
- 资源保证：含培训基地、培训设施、培训师资、费用保证等。
- 计划与运作：包括年度培训计划、专项培训计划、培训的开展、效果评估与转化、培训改进与提升等内容。

2. 中小微企业不知如何着手的原因所在

(1) 人力资源管理意识不足，基础太差。其实中小微企业都希望搭建完整的培训体系，但由于大多数小微企业基本没有较为完善的人资管理基础（如作为基础的岗责体系、胜任素质模型、岗位—能力分析、能力—课程匹配设计等），因此，想要顺利地进行培训体系的搭建，往往会很困难。

所以，要构建完善的培训体系，不如先做有组织、系统化的培训，这是年度培训的工作内容，在此基础上逐渐完善人力资源管理基础，继而搭建企业的培训体系。

(2) 制度建设后知后觉。在制度建设上，中小微企业大都不全面，没有预见性，不成体系，往往是在问题发生后，才发现需要用制度来约束，用制度来规范，在解决问题后才对解决方法与流程进行固化，进而形成制度。

(3) 对培训的认识不足。很多中小微企业的领导往往专注业务，不重视培训，甚至忘了自己的员工也需要培训。无论是新员工还是老员工，都是需要通过培训来熟悉企业业务、提升业务技能的。所以，企业领导必须在为企业生存而努力时兼顾员工的培训提升。

9.1.2 实施者、培训对象及需求确认

要做好培训工作，必须对由谁来实施培训、培训对象是谁、为什么要培训、培训哪些内容、培训要达到的标准等有明确的认识，如下页图所示。

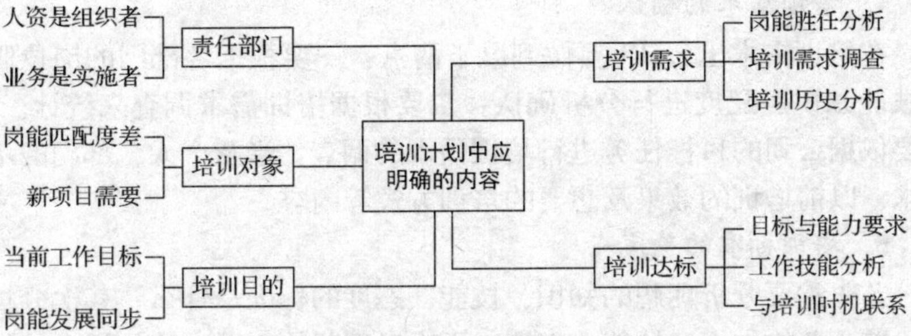

培训计划中应明确的内容

1. 责任部门的确认

事实上，有的小微企业人力资源整个部门就只有一名员工，甚至这个人可能还兼着行政办公室的责任。一个人能做得来吗？显然不能。所以有时我们会将培训工作划分到部门或工会，借助组织的力量。

要知道，招聘、培训这样的工作并不只是人力资源部门的事，而是全公司所有人的事。中小企业的人力资源部门只是组织者，而培训的实施者可以是用人部门，即执行谁用人谁培养的原则。

2. 培训对象的确认

对企业的培训意识及人力资源力量的确认，要依据人岗匹配情况及新的工作或项目能力需求情况来进行。有这样一种情况：有培训意识，没有专职培训的部门及岗位，同时也没有明确的培训计划。那么在培训内容中，则只能更多地倾向于新员工入职培训，平常可能的岗位技能提升培训，安全、职业健康等比较常规和应急性的培训，培训对象倾向于企业内部中基层员工。对高层领导的培训，往往由高层领导等自行寻找更好的外部培训（以下简称外训），如 MBA 等。

3. 培训目的的明确

培训目的是 HR 必须要明确的。做每件事都要知道要解决的问题是什么，为什么要这样做。只有培训有针对性，才能激发员工的培训热情，让培训有意义。培训的目的有两个方面：一是满足企业的工作目标及部门的工作目标；二是满足岗位发展的需要。

4. 培训需求的确认

在培训需求上，HR要做到以下两点：一要根据各部门的岗位职责及技能知识匹配度进行分析确认；二要根据培训需求调查来统计。HR还要依据公司的目标任务进行培训需求的调查，涉及个人、部门的培训需求、以前培训的效果及想要的培训方式等内容。

5. 培训标准的确定

首先需要分析理想的知识、技能、态度的标准是什么；其次分析员工目前具备的知识、技能、态度；再次对理想的与现有的知识、技能、态度之间的差距进行分析；最后判断哪些差距是通过培训可以改善的，哪些差距是无法通过培训改善的。同时，对培训需求的产生时机要进行分析，以保证符合当时的工作发展需要。

9.1.3 培训师资及课程开发

对于一般的内训师，企业一般会选择具有相关经验或专长的公司及部门领导、特长员工担任。而在课程开发上，师资人员应当注意培训需求的产生时机，充分保持培训课题与培训需求的匹配性。而要想让培训师积极做好课程开发与培训，企业还应有相应的授课费、培训与绩效挂钩等激励机制相辅助。

培训师应根据员工培训和发展做好以下工作：①开发、实施和更新各类管理培训课程及技术培训课程；②根据人力资源部门的安排，进行培训授课工作；③协助培训考核及评估工作；④协助人力资源部门完善内训体系建设。

在课程开发方面，岗位课程一般有下表所示的几种分类。

岗位课程分类

岗位类别		基础知识类	专业知识类	管理技能类	领导力发展类	职业发展类
管理类岗位	初级		4	4	4	4
	中级			4	4	4
	高级			4	4	4

续表

岗位类别		基础知识类	专业知识类	管理技能类	领导力发展类	职业发展类
专业技术类岗位	初级	4	4			
	中级	4	4			4
	高级		4	4	4	4
熟练技能类岗位	初级	4	4			
	中级	4	4			
	高级	4	4	4	4	4

备注：表中“4”为额定课时。是否需要授课依据培训需求确定。

9.1.4　培训实施及转化

有效的培训除了要符合当前工作与岗位技能提升以外，还要在实施中注意各种细节的完善。要形成有效果的培训机制是很难的。为什么很多人喜欢听外聘的专业讲师讲课？就是因为他们在培训中准备到位、实施有效，让听众既能享学，也能乐学。培训实施的注意事项如下图所示。

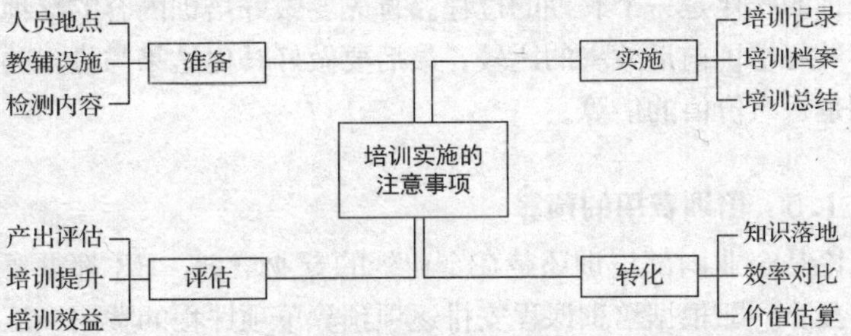

培训实施的注意事项

1. 培训的准备及实施

培训的实施，必须保证人员、地点、设施、师资、课程、配套的表单、考核题目等内容落实齐全。

在培训中，要提前准备好培训的记录与归档工作，如照相、签到等。为避免“培训一阵风，过后一场空”的情况发生，依据培训内容，在时间允许的情况下，还须对受训人员进行一定的测试，可以将多次培训合并测试，也可单独测试。

培训结束后，HR应将培训期间出现的问题进行整理，对培训期间的基本情况进行分析。要总结培训的不足，找出解决的方法，改进培训，以保证下期培训更加完美。整理、收集培训档案，包括人员名单、课程、考勤、总结等，以备以后查询。

2. 培训的评估与转化

工作绩效。针对专项性培训，最好能根据培训前后的业绩效果进行培训产出的评估。对技能、操作设备、销售业绩等能以较为具象的数字进行前后、同期等的测评；对其他日常管理岗位等的提升情况，可根据满意度或其他标准进行测评。

人员素质。人员素质的评估包括个人的综合素质评估与内训的提升评估（系统的完善、培训师的提升、培训课件的完备、学习型企业的创建等）。

对整体培训收益的总结评估须考虑师资在时间与费用等方面的投入。

培训的转化是一个长期的过程。首先要做好培训内容的落地实施；其次要做好培训前后效率的比较；最后要做好转化结果与投入的分析，即培训是否有价值的估算。

9.1.5 培训费用的预算

无论是企业内部培训还是在企业外的专业培训，HR都需要做出培训费用预算，即根据培训课程安排逐项预算单项课程的费用，汇总得出课程费用预算。

培训费用一般包括以下项目（根据地点不同）。

- 培训人员的工资与福利。
- 学员的用餐费、差旅费和杂费。
- 培训人员的用餐费、差旅费和杂费。
- 培训项目资料与用品（包括培训教材、案例研究、练习、纸笔、证书等）费用。

- 外训机构或培训讲师的费用。
- 购买办公用品的相关开支。
- 打印与复印费用。
- 设施成本（如租用外部会议中心或使用内部会议室的费用）。
- 一般管理费用分摊（指与特定培训项目不直接相关的其他成本，包括部门办公开支、其他固定成本等）。

小结：要做好培训体系建设，中小微企业须从日常培训着手，在完善人力资源管理的基础上逐步将培训工作体系化，用以点扩面的方式来完成培训体系的建设。

9.2　培训组织实施

企业组织培训是为了将培训的内容落地到实际工作中，从而提高工作效率。

如何才能将参加培训所学到的知识或技能转化到工作中去？这一般有两种情况：一种是外面的培训，要回到企业进行学习内容的分享；另一种是企业组织的培训，要将培训内容转化到工作中，学以致用。

这就将培训的要求提升到一个转化的层面，在阿东看来就是要将培训的组织创建到公司的各阶层，要倡导企业创建学习型组织，并逐步获得大部分员工的支持。在这样的企业培训中，内容的转化自然会容易许多。

9.2.1　培训团队的建立

要想做好培训，首先要进行培训团队的建设，没有团队，做事既无趣也无力。

一般来说，培训团队中至少有一名主管、两名专员。但要建立培训组织，三个人显然还是不足。培训组织的建立如下页图所示。

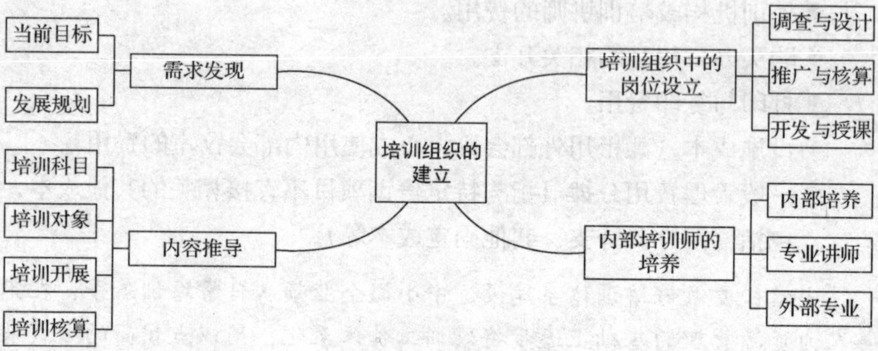

培训组织的建立

1. 需求发现及内容推导

企业业务的发展必须依靠的是员工业务能力的提升，员工就是企业内训团队的市场；员工的培训需求就是培训团队的产品（科目）设计方向；如何让员工参与学习就是培训团队的市场开发；如何让培训积极有效开展就是培训团队的任务；而如何让培训结果有效益产出就由培训组织的财政、管理的执行状况体现。

2. 培训组织中的岗位设立

培训组织应建立培训调查组、课目设计组、发行推广组，以及财务、管理等专兼组来实现培训。培训人员的选择，可以采用公司内选兼职或外面机构人员合作兼职等方式。

3. 内训师的培养

培训组织必须要有自己的讲师团：一是内部人员，包括有实际经验的技研、管理、销售、财务等人员，可将他们逐步转变为较为专业的讲师。二是外部专业人士，可以通过签约付费的方式聘请，可以是专业讲师，也可以是某方面的专家。

9.2.2 培训方向的确定

培训方向一定要与企业的发展战略相匹配，并结合企业生产经营规划来确定。在确定培训方向时，必须紧靠企业的培训需求。

第一，进行一次有效的培训需求调查。要想让培训与企业及企业各部门工作紧密结合，那么组织一次有效的培训需求调查必不可少。培训是为了提升能力，而能力是为实现目标服务的。所以围绕完成公司年度战略目标这个方向进行调查不会有太大的偏差。为完成目标任务，企业对各部门资源及岗位人员的业务技能、思想等有一定的要求。为此，各部门对照完成任务的要求，就会形成相应的培训需求。

第二，明确培训需求调查的内容。各部门负责人应对本部门的人员配置与岗位是否匹配、人员业务技能素质水平等与完成本岗位职能要求是否匹配具有一定的认识，即必须对本部门各岗位胜任力要求和岗位任职标准有所了解。

针对培训需求的调查，一般包括个人及部门两项调查内容。前者针对个人的个性能力发展需求进行调查，后者主要针对部门整体进行调查。

个人针对性培训调查如下表所示。

个人针对性培训调查表

1	××××年您部门的工作目标是什么？
2	阻碍您部门完成目标的障碍有哪些？
3	为了达成目标，您部门在××××年需要开展什么培训？（如制度、管理理念、业务等方面）
4	结合您个人的职业发展规划，您希望参与什么类型的培训？
5	××××年，公司将推行双向学习计划，部门经理以上人员将成为主讲人，您将为员工讲述哪方面的知识？您将为哪些员工讲授您的课程？

部门培训需求调查如下表所示。

部门培训需求调查表

<table>
<tr><td rowspan="4">1</td><td colspan="4">您部门有哪些方面的培训需求？</td></tr>
<tr><td>培训项目</td><td>培训方式</td><td>参培人数/人员</td><td>培训时间</td></tr>
<tr><td></td><td></td><td></td><td></td></tr>
<tr><td></td><td></td><td></td><td></td></tr>
<tr><td rowspan="4">2</td><td colspan="4">您部门对以下培训方式有什么建议？</td></tr>
<tr><td>企业内训</td><td colspan="3"></td></tr>
<tr><td>外聘讲师培训</td><td colspan="3"></td></tr>
<tr><td>外派培训</td><td colspan="3"></td></tr>
<tr><td rowspan="2">3</td><td colspan="4">您部门在工作中遇到哪些困难？</td></tr>
<tr><td colspan="4"></td></tr>
<tr><td rowspan="2">4</td><td colspan="4">您个人希望本部门得到哪些个性化的培训课程与服务？</td></tr>
<tr><td colspan="4"></td></tr>
<tr><td rowspan="4">5</td><td colspan="4">您部门对公司培训工作的建议与意见有哪些？</td></tr>
<tr><td>培训课程方面</td><td colspan="3"></td></tr>
<tr><td>培训师资方面</td><td colspan="3"></td></tr>
<tr><td>其他方面</td><td colspan="3"></td></tr>
</table>

9.2.3 做好团队的价值链培训

在企业工作必须明白团结才是力量、独木难成林的道理。一家企业经营管理水平的提升，不是靠个人的才能实现的，个人英雄只适合小型战场或单打独斗，企业的经营管理必定是组织行为，必然需要团队的整体提高。

所以，企业培训需要将企业整体价值链上的产供销管财、人机料法环等所有部门、环节都考虑进去。从入门到精通，从精通到开发，从新人到成熟高管都需要在相应的时期进行人员整体素质适应性的提升。

1. 培训科目的确定

从管理、技术到销售，从入职须知到公司制度再到专业课等，一般的培训内容如下。

- 管理方面：领导艺术、MBA、时间管理、项目管理、如何指导下属和在不同部门就职、如何完成特殊委派，以及如何转变管理方式制订战略决策、如何辅导雇员制订工作目标和完成工作计划等。
- 技能方面：交流、计算机操作、财务、人事、营销、机操、技质，以及其他基本技能。
- 安全培训：安全生产知识、安全作业流程、压力培训、健康生活等。
- 组织培训：组织变动管理、ISO等质量管理计划、团队建设等。
- 职业道德、法律法规等培训。
- 其他培训：员工个人需求、家庭教育等可能的培训。

2. 参训人员的确定

大课的集中培训：全体或大部分人参加，培训内容多是普遍须知的职业道德、管理制度等。

小课的专业培训：由销售、技术、工艺、财务、人资等较为专业的相关人员参加。

外部定制课程：由人资推荐或公司选定的人员参加。

项目专属培训课程：针对某个项目的相关人员参加。

9.2.4　培训效果的评估

较为专业的培训系统，一定要做好培训的效果评估，也就是培训投入有没有为企业创造较好的产出。专职培训机构的建立和运行，目的是通过持续提高员工的学习能力和全面素质，从而提高企业的产出和利润，让全体员工得到更多的报酬，实现人生及社会价值。

一般的培训的效果以每名员工每年接受的培训时数、接受培训的员工数，以及培训投资占收入的比重来衡量。

但专职的企业培训组织，衡量培训投入的效果，都需要通过培训后的转化落地，真正提升企业发展的价值来体现。如人资在企业效益提升方面做出的贡献度、市场及客户开发相对往年的提升度、人员素质提高对实现企业经营目标和战略产生的影响度等。

指标的建立，需要数据的支撑，需要从以往及当前的生产经营中提取和挖掘数据。如果专职的培训部门或自己的企业大学能有这样的实施落实，即基本达到要求。

9.2.5 做好基础培训

基础培训指针对岗位技能的基本需求进行的培训，目的是更好地将岗位工作的达成目标从及格提升到优秀，甚至更好。

要做好基础技能培训并不容易，必须从企业当前的人力资源状况，企业近期、中长期发展计划，从各部门培训需求到培训资金审批等进行有效的培训计划设计，分阶段落实，如下图所示。

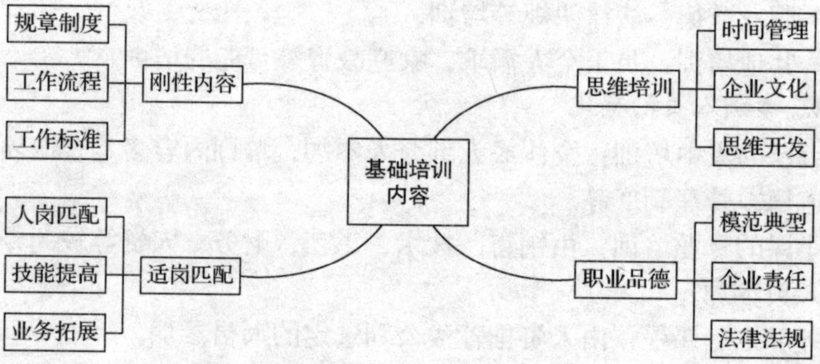

基础培训内容

1. 做好规章等刚性内容培训

制度、流程、标准是企业做好经营管理的重要工具。通过对相关制度、指示或精神，以及岗位职责、工作标准等培训，让所有员工明确自己的职权、工作流程（工作指导书）及应达到工作的标准。

2. 做好人岗的匹配度评测与差缺培训等适岗匹配内容的培训

能否完成任务，还在于其是否拥有完成任务的能力，还必须做好业务技能提高、业务拓展方面的培训。

3. 做好思维能力培训

时间管理体现在普通员工身上就是计划性工作的落实，提高时间利用率，从而提高工作效率。一定要倡导正在进行、立即落实的作风，没有落实，计划再好也没有用，多做日常的员工动员，提倡比试精神。

4. 职业品德等有关个人潜质、品德塑造等培训

可以借助一些正向的资料，有意识地影响员工的心理意识，引导正向的职业道德发展，增强员工的责任意识、实干意识。

为提升培训积极性，可以对业务技能的提高进行奖励，如职技工资档次的提升等。

小结：要想员工自发地、主动地、热情地工作，除了有完善的薪酬机制外，更要建立企业独特的文化，让认可企业文化的员工为企业工作。所以，只有自己的企业有了核心文化、核心理念，才能“黏住”认可该理念的员工，才有战无不胜的团队。

9.3 外训犹重价值化

现在要做好培训，只是自己内部人员交流，往往会与很多先进理念擦肩而过，导致企业的发展跟不上社会的脚步。除做好内训外，大部分企业会选择一定的外训资源，但公司领导同时也会觉得外训虽好但费用高。所以，当公司确定要组织一批人员去进行外训的时候，小柯就觉得难办了。

外训成本高，就一定要为企业带来效益。那么如何确定参训者、如何选择培训企业、如何实现培训转化等，最终实现外训的价值最大化，就成了必须思考的问题。

阿东告诉她，要想实现外训价值的最大化，就必须要做好外训的价值转化管理。

9.3.1 外训基本认识

外训属于企业培训体系的一部分，是企业内训的补充。企业发展到一定程度需要管理提升或突破某些思考策略瓶颈时，需要一些外部的先进理念、先进管理方法，而这是企业内训无法实现的。

外训具有较为明显的特点，这也是企业选择外训的主要考虑因素，如下页图所示。

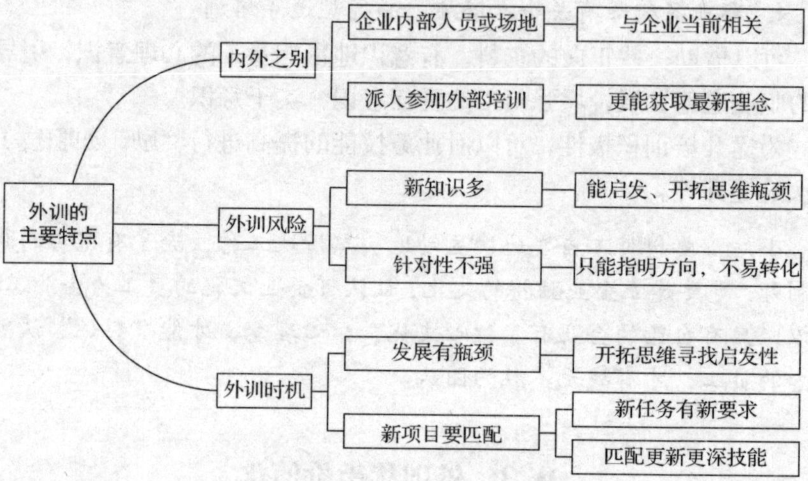

外训的主要特点

1. 内外之别

内训一般由企业 HR 部门设计课程，由内部人员或外聘专家担任讲师，培训内容大多与企业现有工作息息相关；而外训则是企业外派员工到企管公司或学校受训。相对而言，外训更能获取新的知识和理念，这些新知识可能是企业以后发展才会用到的，也有可能只是了解一种趋势。

2. 外训风险

外训可以解决并启发某些思路，可以减轻领导的工作压力，以集中精力思考更具战略性的问题。外训解决的基本都是思路问题，在战术实施上只能是一个方向。外训课程比较宽泛，针对性不够强，无法解决企业的具体问题，很多时候参加学习的员工都是学习时冲动与激情并存，学完后觉得企业各方面都该改进，导致“学习终成空”。

3. 外训时机

企业的很多管理工具，如绩效工具、人员招聘工具等都必须与企业发展所处阶段相适应，才能有效发挥作用。企业由于所处阶段不同，培训体系构建往往也会不同。而有瓶颈寻求突破、有创新需要技能匹配、有机会奖励需要兑现等时才是企业最好的外训时机。

9.3.2　外训课程及人员的选择

外训内容要符合企业发展所需及员工岗能需求。外训内容往往是讲师及培训机构做品牌宣传的拿手内容，并不受企业控制。但这样的培训也往往是“学时激动一阵风，会后不管终成空”。

在外训中，必须关注以下几个方面。

（1）培训内容要有针对性。有针对性地选择外训内容，让参加培训的人员能及时地将之应用到工作中，既转化效果，也稳固效果。我们不能觉得某个培训课程看上去还不错就去参加，而是要看我们到底有没有这样的需求。一切回归于需求，根据需求选择课程。

（2）受训人员的培训目的要明确。派训前对受训者说明培训目的，以及学习结束后的要求和期望，并要求其做好学习期间的工作交接。学习不是休息，不是福利，而是带着特定任务特定目标的工作，要让受训者明确参加培训的目的和学习目标，让他带着任务去学习。

（3）投入大，择人要慎重。外训有企业之间交流的机会，拓展人脉的可能，培训成本往往很高。

对中小微企业来说，总是希望投入一元钱，能产生十元钱的利润。所以在受训者的选择与转化的管理上就必须用心。要着重考虑人员的学习吸收能力、学习效果的转化能力、知识传承的延续培训能力。

9.3.3　外训的转化要加强

培训结束后如何抓好培训的产出问题非常重要，如下图所示。

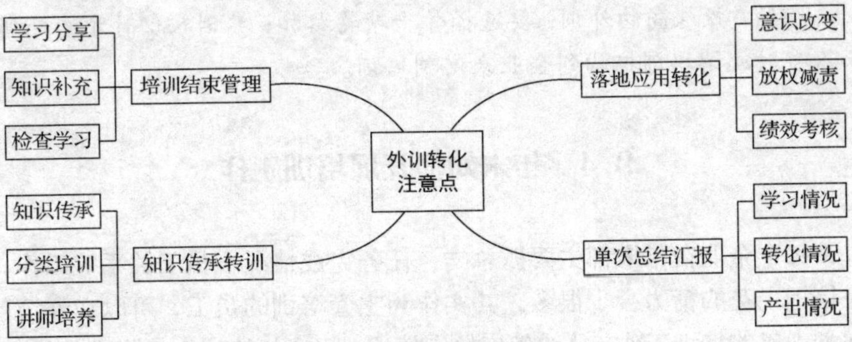

外训转化注意点

1. 要重视培训结束后的管理跟进

受训者学习回来后,企业一般需要组织学习内容和心得的总结分享会。每个人在学习中由于各自的角度不同，接受的知识点也不同，分享会能起到巩固、补充的作用，同时能检查学员是否浪费了培训机会与费用。

2. 做好知识的传承与转训

安排受训人员在公司内进行有计划的转授，是将外训成果放大的重要环节。在公司内部的转授，会促进原受训者对受训课程的二次开发，从而可能辨别出哪些可以在公司进行导入，结合公司的实际情况对课程内容予以调整，最终形成公司自有课程，传授给更多的员工。

3. 工作中的应用转化

要想让培训能在工作中得到良好的转化，就要让受训员工从心里愿意转化。首先，要知道企业方是想通过培训提升工作效率。其次，要放权减责。知识的转化没有绝对的成功，所以要给予负责实施转化的员工一定的实施转化的权利与费用支持，如要求人员配合，购买一定的设备设施等。在转化成功与否的考核上要结合实际，不能因没有达到预期目标就苛责受训人。

4. 培训项目要做好总结汇报

如果能将学习后人员的提升，带动工作的转化成绩进行总结，并进行结构化的有数据的总结汇报，就会让领导觉得培训费用没有白花。在下一次的培训中，领导就会更加爽快地批准外训申请。

小结：投入高的外训，要选择骨干精英参加；参训人少时才选外训，而人多时就请培训机构到企业来定制培训。

9.4 年末如何开展培训工作

每个企业在年末都主要抓总结、任务完成情况、员工关系等工作，在培训上花的精力会少很多，其实作为主管培训的员工，可以在春节前规划来年的培训工作，总结年度培训情况，将全年的培训工作完美收官。

9.4.1　检查培训落实情况

在企业年度培训计划中，年末培训一般安排得较少，但也不排除有培训需求。

对培训的检查与完善，就是要协调生产经营任务，完成年末的培训。在制造业中一般应有如下图所示的安排。

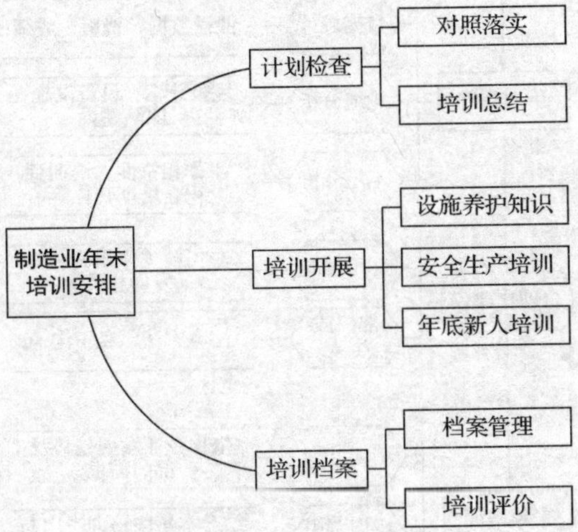

制造业年末培训安排

(1) 做好年度培训计划并落实、检查。安排合适的时间将未完成的培训任务完成。

(2) 在年底进行部分设施设备的维护保养及轮岗操作培训。这个时候生产任务完成得差不多了，让工人成为机修师傅也不失为一种好办法。

(3) 对年底招来的新人进行安全生产培训。

(4) 培训资料、档案的管理。将年度员工的培训情况进行归档、整理，掌握员工经过一年的培训有什么进步，由什么来证明等，可将这样的评估资料装入个人培训档案。

9.4.2　年度培训工作总结

每项工作都应该以总结来宣告结束，企业培训工作同样如此。培训工作总结，一般应包括四部分内容，并具有一定的总结顺序，如下图所示。

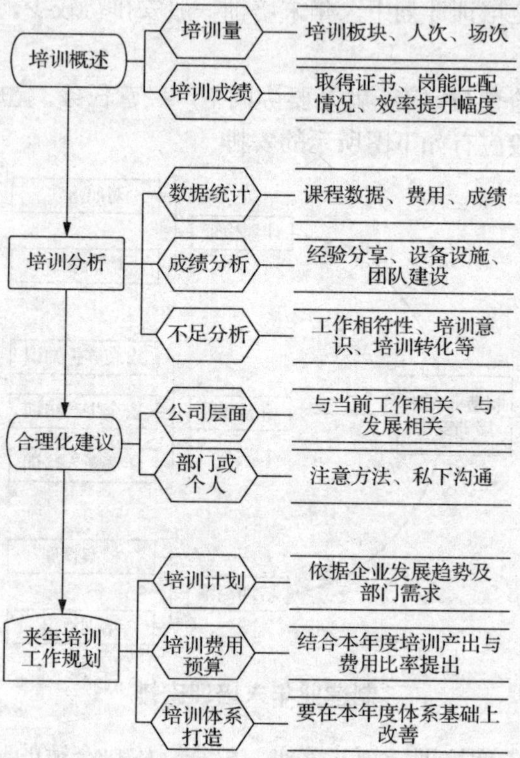

培训工作总结

1. 培训工作概述

主要包括：进行了哪些方面的培训，多少场次、多少人次、取得了哪些成绩，如多少人取得什么证书、多少人在技能上获得提高（表现形式为以前生产多少时间，现在多少时间，在时间成本上节约多少，生产效率提升多少，相应的培训所产生的效能为多少等）。

2. 培训工作分析

首先，对培训工作进行数据统计。

- 培训课程分类。包括员工必修类课程、重点培训类课程、新员工岗前培训、专项培训等。

- 培训项目。包括管理意识方面、专业技能方面、规章制度方面、职业道德方面等。
- 培训场次、人次、课时等，课程实施率、人员到位率等。
- 培训费用。包括差旅费、授课费、场地费，以及培训工时成本（时间成本）折算等。
- 成绩数据。职业资格证获取情况、工作效率或生产效能提升情况，以及与往年培训数据的对比（如费用缩减、效能提升幅度更大等）。

其次，对培训工作进行成绩分析。

- 主要对取得成绩的经验或缘由进行分析，并考虑来年是否可以复制或借鉴开拓等，如往年的培训制度建设；某些设施方面的提高或改进；人资培训团队的建设，如师资、课程开发等；培训方式改进，如内训怎样、外训如何、拓展培训等。
- 对培训团队在培训施行中的作用进行分析。
- 对培训工作中的不足进行分析。不能只是找无关痛痒的问题，而要针对实在的问题。例如，培训需求针对性不强；培训时间安排不合理；员工提升素质意识与培训学习意识冲突解决不好；培训课程或培训内容华而不实、多而不精；培训形式枯燥，缺乏创新；员工培训考核与转化效果评估不到位等。

3. 合理化建议

一般在合理化建议上，HR 应针对培训中发现的公司层面的问题进行建议解决，而这样的建议要与企业当前工作相关或与企业发展相关，如增设培训实验场、增加培训预算、建立内部讲师团队、高层亲自参加培训进行带动、进行培训奖励等。对于其他（如部门、个人的）问题，则要在私下沟通，要讲究沟通方法，注意情面与效果。

4. 来年培训工作规划

在总结中，一定要成绩与问题相结合，对来年的培训工作有大致的规划。

一般来说，培训工作不仅包括培训计划，还包括许多培训辅助工作。

培训计划。一般根据公司及各部门的培训需求来制订。从培训需求调查、岗位胜任力需求、安全生产需求、职业健康、遵章守法等需求来确定培训内容，并根据公司生产经营方面的时间来安排各项培训，从时间、场地、师资、费用、考核、评估等方面进行。

培训费用预算。费用用在培训上要让领导看到工作效率的提升，所以在培训费用预算上必须做好相应的培训效果评估、提升效率数据的测算准备。

建立培训体系。培训效果是公司最关注的，高质量的培训效果是公司追求的目标。如何让公司的培训工作有序有效地开展，并让培训工作能不断地进行，从而达到培训工作与公司发展合拍，让企业经营思想、让员工业务与思想素质跟上公司与市场发展需求，是 HR 应该追求的理想的培训发展状态。

9.4.3 培训资源拓展整合

在企业打造一个较为全面的培训体系，建设一个学习型的企业组织，没有取得企业领导的支持、没有企业资源的投入，是根本行不通的。

对前一年的员工培训总结与对来年的培训规划，HR 完全可以在年末不是很繁忙的时候进行，并对在培训中所需的资源进行准备、拓展与整合，如下图所示。

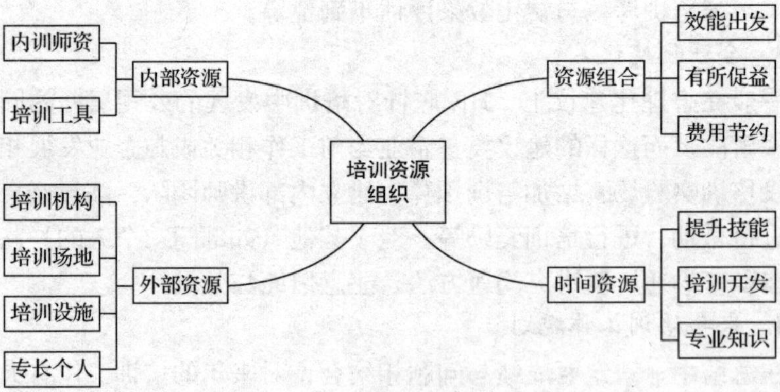

培训资源组织

（1）内部资源：包括有哪些师资，用什么工具，有哪些课程可以开发等。

（2）外部资源：包括企业接触过的外训机构、可使用的培训场地、培训设施、拥有专长的个人等。

（3）资源组合：并不是所有的内、外培训资源都适合企业，只有将资源与公司培训需求对接，才能保证资源的合理使用。

（4）时间资源：工作不忙的时候，正是培训师、组织者进行自我提升的好时机，可以是创新培训方式，如是否可以应用如微信、钉钉、QQ等在线培训应用软件，创建企业大学等；也可以加强自己的专业技能，如控场能力、组织互动能力等。

9.4.4　从培训到培训管理

如何实现从培训的实施到培训的管理，可借鉴从培训专员到培训经理的进化过程。

一段培训专员：被动按指令工作，如联系培训公司，沟通培训课程。

二段培训专员：在指令工作基础上，能主动进行培训机构的比较，并能做培训服务工作。

三段培训专员：在二段的基础上，能做好培训前后的学员沟通，在培训过程中能进行培训现场的管理和沟通。

四段培训专员：在做好上述工作的同时，能够进行培训课题相关问题的调研与收集，并能对培训效果组织进行评估管理。

五段培训专员：可称为培训主办。在上述四个段位的基础上，能根据岗位能力要求，进行培训调研，并确定培训课题；可以自行与培训机构、老师沟通，做出培训方案，并能在培训后进行课后跟踪以保证培训效果。

六段培训专员：可称为培训顾问。在上述工作基础上，能帮助业务部门制订部门培训计划，做好外训课程的传承转训工作；对业务熟悉，能构建简单的培训课程，可做企业内部的部分培训。

七段培训专员：能在上述工作基础上，进行课程的拓展开发，使培训增值；能在讲师指导下独立进行课程辅导，并能指导员工进行能力提升与职业生涯的学习。

八段培训专员：可称为培训经理。在上述基础上，能组织人才盘点，根据公司发展规划及经营计划，做出员工胜任力分析，并制订有针对性的能力培育计划。对培训资源、培训课程等有清晰的认识，并能按计划组织多形式的培训。

九段培训专员：已经是高阶的培训经理。能够在做好上述所有工作的基础上将培训流程化、标准化、制度化，能构建企业完整的培训体系，并能实现将自己的培训组织从只是针对内部的能力提升到可对外实施培训的盈利性机构。

小结：无论什么事情，都可能有背后的规则与知识的潜藏。如果你想做深而细的发现和改进，就要不断地学习，并不断地提高自己的能力。只有打败自己的懒惰，才能成就自我。

分群体培训

在做好培训规划及基础性的培训后，专用车事业部的人力资源管理也基本走上了正轨。但由于事业部是新组建的，公司在业务、管理等方面，还有很多欠缺。

对于新员工、新营销团队来说，需要一个意识转化、身份转化的过程。小柯认为，最好按照分群体的形式进行专项内容的培训，而不总是进行公开课培训。

为此，小柯将分群体的培训计划分为新员工培训、中层培训、管理层培训，这样就能基本涵盖事业部的所有人员。

10.1 新员工培训

在没有组建专用车事业部前，公司也组织新员工培训，但一直以来都只涉及企业的一般规章、流程、产品等基础方面的内容。

对专用车事业部招聘来的新员工，小柯认为有必要切换角度来培训，以提升他们的参与热情，并使他们掌握工作内容。

对此，阿东建议可以从部队新兵训练的角度来思考新员工培训的问题。

10.1.1 从新员工需求切入

很多退伍军人会告诉你：当兵啊，刚去那几个月很累。其实这是一个误解，新兵时感觉苦累，是角色转换不适应导致的，如下页图所示。

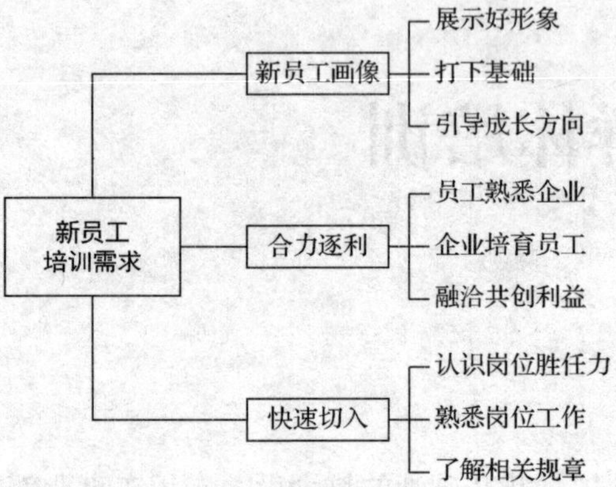

新员工培训需求

1. 新员工培训是给新人画像的最佳时期

新兵训练基于让新兵快速掌握基本动作，军姿如行立坐卧，技能如射击军体，政治素养如相关法规、部队条令等，而其中最重要的是教导大家如何融入一个集体，如班、排、连、营等。通过训练、学习，彼此的关系融洽，形成合力，以期在可能的战斗任务中，能放心将后背交给自己的兄弟战友，并共同完成任务。而新员工来到新的企业同样也需要精心塑造。要让企业好的一面展现在他们面前，使他们向企业需要的方向成长。

2. 新员工培训是企业和员工合力逐利的开始

从企业诞生到发展，总会有人来人往，人去人留。员工来到企业有一定的目标，大多为自己获利。企业要想获利，就要顾及如何将人引入企业，发挥才能，为企业所用而产生经济效益。

企业与员工都是逐利生存的。资方招来人想让其为企业尽快创造利润，员工来到企业想尽快开展工作，以便尽快获得收入。如何让新人尽快融入企业，顺利开展工作就需要有一个必要的前奏——新员工培训。

3. 新员工培训需求是快速切入工作

每个新员工都会希望能快速进入成熟的工作状态中，这就需要员工对企业制度、流程、工作标准等有所了解。最重要的是新员工必须要认识到自己与所在岗位的胜任能力之间的差距。对岗位的胜任能力、发展中的变化都不是很清楚的人，要想真正在短时间内胜任该岗位工作，是很困难的。

因此，如何帮助新员工快速融入工作，如何让他们补足与岗位需求之间的能力差，这是培训需要解决的问题。

10.1.2　新人培训如何设计

部队的新兵训练，讲究横平竖直、服从命令，只有步调一致，才能行动迅捷、合而有力。新训内容会从以下两个方面来考虑。

(1) 要求整齐，齐而聚合才有力。在行动中只有步调一致才不会因错误动作而扰乱别人。只有所有的动作方向一致才会形成合力。

(2) 个人强才整体强，针对任务来训练。一个幼儿与十个幼儿合在一起，在集体的力量上其实并没有什么增长。必须将个人的力量激发出来，并发挥个人更多的战斗力，以所有个体的强大来促进集体的强大。

新员工的心理往往是这样的：对新公司好奇，渴望融入团队，渴望通过工作被认可，希望知道自己在新公司是否有发展。新员工培训思路如下图所示。

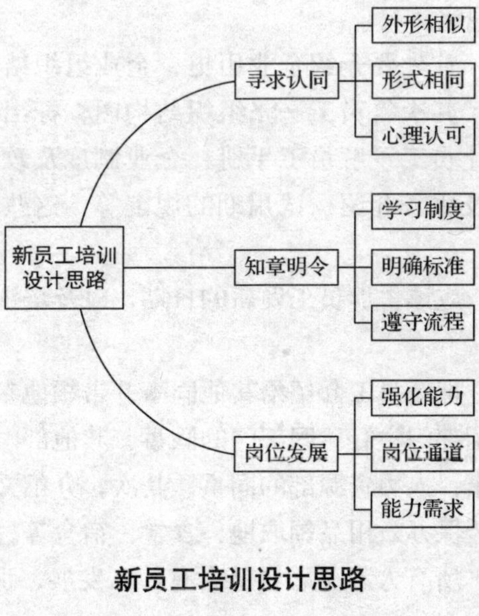

新员工培训设计思路

第一，寻求认同。要在外形上成为企业人，从形式上快速融入企业，从心理上认可企业，减少人员流失。

不管新员工有什么背景、历史，用强化的方式让他尽快适应企业的组织文化，迅速实现用同一种声音说话。只有用心培训他、关心他，他才会更加认可企业，认可部门工作，从而自觉、主动、专心地工作。

第二，知章明令。要与企业实现同步发展，快速适应工作，明白自己应该如何做，不应该做什么。企业规章制度等都要告知员工，以便其少犯错误，企业效率就会相应提高。

第三，岗位发展。要告诉员工，他需要哪些技能，需要做什么工作，要达成的标准是什么，以及企业对该项工作的期望是什么，并帮助新员工胜任本职工作。

从上述来看，新员工培训内容可以这样设计。

- 欢迎仪式。要让员工感到被重视，要组织一定的仪式，如果人少就让总经理或副总代表企业表示欢迎，进行鼓励。行政上要及时配置办公用品，安排工作、学习的地方等。通过这些方面，新员工可以感受企业对其重视程度，让员工有家的感觉，更加有利于新员工的稳定。
- 组织内容。首先要介绍企业历史、企业组织结构、企业环境及企业文化。其次给员工一张组织结构图，标出他在组织中的位置。最后让员工了解员工手册、企业制度及政策、产品综述或者生产线及服务介绍、试用期的规定等，这些是组织方面包括的内容。
- 员工福利。应该告诉员工发薪的日期，以及培训、教育和福利与保险。
- 办公熟识。把新员工介绍给其他同事并带领他参观厂区或企业。首先，介绍部门主管、同部门的同事、其他部门相关的同事、财务部的同事、人力资源部的同事。其次，介绍文印室、荣誉室、学习室、劳保办公用品领取地、食堂、宿舍等。
- 职业规划。所有人都关心自己会有什么发展，那么为他们设计一个合理的职业生涯规划，对调动员工积极性、提高忠诚度有很大的作用，这会促使他朝着这个方向更加努力工作。企业除了要给新员工提供一份富有挑战性的工作外，在其职业发展上，要给员工提供多种可能的职业发展通道。

10.1.3　新人培训内容及注意事项

1. 一般培训内容及安排

在培训内容上，在人数少的情况下，基本以内部培训为主；人数多，则可以借用外部师资及培训机构等进行培训。

为防止新人在接受企业专业的培训后又离职给企业造成损失或被动，我们要将各科目培训的费用进行评估，并告之本课程的价值。对某些成本较高的培训内容，还需要与新员工签订《专项培训及服务协议》。

课时的价值一般根据培训市场上的价值进行评估，如下页表所示。如何使用这样的价值管理体系，我们需要在培训管理办法中进行明确。

2. 培训准备

培训学习的时间、地点等提前告知。要确保培训能够落实，必须与相应授课人员做好沟通，并对授课内容进行一定的评估审定，再实施培训。

3. 培训方法

应该根据企业的组织结构和发展特点，设计多样化的培训方式。要做好互动与方式的及时转换。采取演讲、角色扮演、行为示范、视听教学等方式培训。

4. 培训效果的评估与控制

为了使培训工作收到良好的效果，除了要做好前述工作外，还要做好培训的评估和控制。评估包括阶段性评估和终期评估，阶段性评估是为了监测培训效果朝着预期方向进行；终期评估是为了总结培训成果，为下一轮的培训提供经验和借鉴。

培训课时评估例表

部门	综合部		财务部	制造			技术中心				销售部				
负责科室	办公室	人力资源科	财务部	采购科	生产科		技术科	工艺科	质量科		业务支持科	服务保障科		销售区域市场	
培训内容	企业文化：公司的发展与历程企业相关制度规定	相关人事管理规定	有关财务管理的相关制度及规定	生产物资及劳动保护用品等的采购相关流程	有关生产的相关规定，焊接、组装、机加等工艺		对产品知识的培训	对生产工艺、流程等的学习	对相关质量管理规定、有关质量问题的辨识等		对业务有关支持、商务政策、标书等有关知识的学习	对销售服务、成品车管理、车辆问题的辨识等		对营销理论、市场开拓、营销实战等的学习	
分类	理论	理论	理论	理论	理论	实践	理论	理论	理论	实践	理论	理论	实践	理论	实践
课时	4	2	2	4	2	48	4	4	2	48	4	4	48	8	80
费用	200	100	100	200	100	2400	200	200	100	2400	200	200	2400	400	4000
备注	1．费用 50 元/课时，课时价格随物价调整而波动调整。 2．对老带新、师带徒等技能、销售体验等培训以项计，课时以转正时间为准。包括生产技能实践的焊接、车工、铣工、销售实践的体验等。 3．根据岗位不同，选择培训内容。														

人力资源方面也可以考虑将培训结果与新员工入职后的薪酬绩效等考核联系起来，这使新员工能够重视入职培训。并要将新员工入职培训的结果和成绩存档，为后期的绩效考核、人事变动等保留依据。

小结：新员工培训重在用心。只有让其认可学习有用而不枯燥，对其有切实帮助，他们才会有学习兴趣。这样的新员工培训才是有效的。

10.2 中层培训

在解决了新人培训后，小柯又发现公司中层干部中有很大一部分人不能给自己正确定位。个人有时还代表着自己的团队，只有将团队带好，才能形成真正的战斗力。中层在企业中起着承上启下的作用，作为兵头将尾的连接枢纽，是发挥中坚作用的管理层级。

企业不可能常常将中层人员派出去接受培训。那么，如何在企业内做好中层培训，就是企业人力资源应该考虑的问题。

10.2.1 中层人员提高能力的方向

大部分中层干部是从基层管理、业务能手等晋升而来的，需要一个较长的适应熟悉期。

中层培训中需要注重能力提升的方向如下图所示。

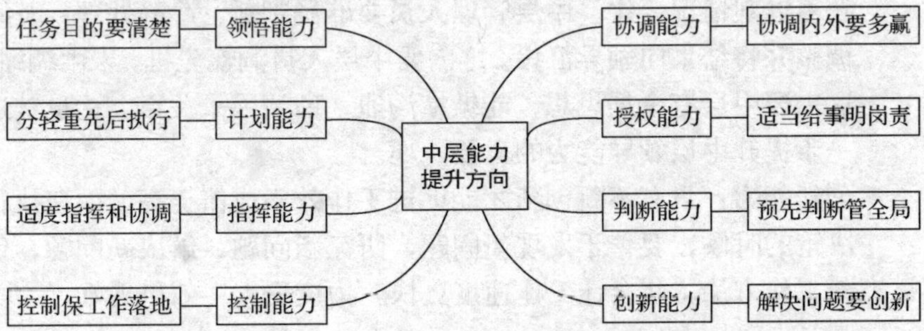

中层能力提升方向

- 领悟能力：对于领导的指示和企业的规划，只有了解其目的及意义，我们的工作方向才能正确，实施才能有力，这就需要“悟性”，否则可能错得更多。
- 计划能力：中层分管的工作要做得有头绪、有重点，必须按计划行事。计划的制订要有轻重缓急，要列出行事历，分工明确，职责清楚。要掌握关键性问题，按 20/80 法则，将主要工作完成到位。
- 指挥能力：步调一致得胜利。只有适度的指挥才能保证所属人员对工作的认识与进程把握一致。从工作量的大小、专业的对应性、和谐的人际关系等方面充分协调，既能提升下属的责任感和成就感，也能让自己轻松工作。
- 控制能力：要确保各项工作的落实。要不怕得罪人，怕得罪少数人实际上是得罪了多数人，这是一种不公平，是对制度的不恭。
- 协调能力：在工作的实际推进中，总会有问题的发生，有部门工作的支持与交叉，有企业内外的联系。中层干部必须协调方方面面的工作，努力实现双赢和多赢局面，才能获得最大的支持。
- 授权能力：作为中层，必须要给下属机会，辅导下属成长。而给“权”就是给“事”，给“事”也是“责任”。信任他人不仅可以成就他人，同样可以成就自己，更主要的是分担事务，可以使自己有时间和精力做重点工作。
- 判断能力：方案的执行，在于一路执行、一路纠偏、一路改进。随着客观情况变化，中层管理人员要准确判断、冷静处理，及时调整并将结果向领导汇报。这需要中层人员洞察先机，未雨绸缪。这需要中层有全局思想，能纵横沟通，理清因果关系。这也是进一步提升中层领导能力的重要一环。
- 创新能力：只有不断创新才能促进工作效率成倍提高。而在执行决策的时候，要善于发现新问题，研究新问题，解决新问题，创新工作方法，将会让工作速度更快，力度更大，效果更好。

10.2.2 中层培训的一般内容

一般来说，作为中层人员，面对部下应站在经营者的立场上，用领导者的声音说话；面对经营者应站在反映部下呼声的立场上，用部下的声音说话；面对直接上司应站在部下和上级辅助人员的立场上说话。

要提高上述各项能力，要进行中层培训，内容如下表所示。

中层培训的内容

<table>
<tr><th colspan="2">培训模块</th><th>目标</th><th>内容</th><th>培训要点</th></tr>
<tr><td colspan="2">政治素养</td><td>提高对信息的鉴别能力</td><td></td><td>政治素养及理论知识；宏观政策及企业的发展战略</td></tr>
<tr><td colspan="2">专业知识</td><td>知识更新、传递信息，提高专业能力</td><td></td><td>企业主体业务涉及的基本全面知识、专业知识、专业管理技能</td></tr>
<tr><td rowspan="9">管理能力</td><td rowspan="4">自我管理</td><td rowspan="4">提高管理水平</td><td>角色分析</td><td>对中层管理人员的要求；中层管理的角色认知与定位</td></tr>
<tr><td>时间管理</td><td>时间资源的利用率分析；常见的时间管理问题及对策</td></tr>
<tr><td>有效沟通</td><td>如何建立有效沟通的渠道；如何与上级沟通、水平沟通、下级沟通</td></tr>
<tr><td>礼仪形象</td><td>商务礼仪、社交礼仪及其他场合的礼仪</td></tr>
<tr><td rowspan="3">绩效管理</td><td rowspan="3">搞好绩效管理，并注重绩效指导</td><td>目标管理</td><td>SMART 原则，如何与下属设定目标、如何与上级设定目标、目标对话与目标的跟踪检查</td></tr>
<tr><td>有效激励</td><td>掌握下属需求，做到“四知一跟”；激励方法、激励原则与激励环境</td></tr>
<tr><td>绩效评估</td><td>绩效评估的要素；中层在绩效管理中的角色和作用；如何进行绩效考核等</td></tr>
<tr><td rowspan="2">团队管理</td><td rowspan="2">提高团队管理能力</td><td>如何授权</td><td>授权类型、授权原则、授权技巧</td></tr>
<tr><td>领导艺术</td><td>个人影响力的建设重点；树立自己的领导风格；构建自己的凝聚力文化</td></tr>
</table>

续表

培训模块		目标	内容	培训要点
管理能力	团队管理	提高团队管理能力	团队建设	员工正确选择与作用的关键；如何培养与维护员工的团队精神；如何调动员工的工作热情和提高其自觉性

10.2.3 中层培训方式方法

在对中层干部进行培训时，由于中层人员对业务及综合素质的要求相对较高，在培训方式的选择上，需要区别于新人或一般基层人员，如下图所示。

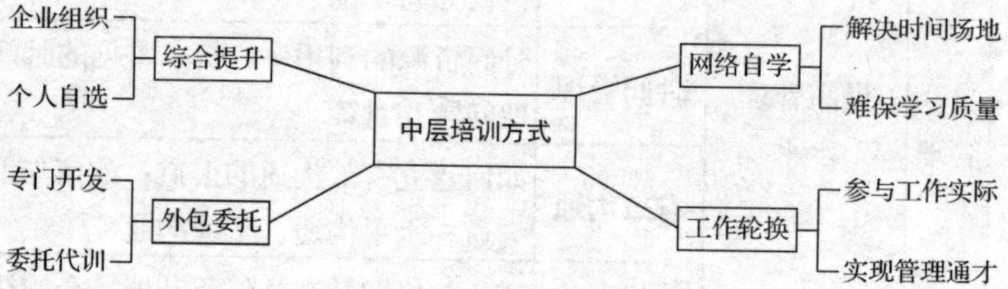

中层培训方式

1. 综合提升培训

这样的培训首先是由企业完全依靠自身力量组织的自主培训。通过一定的理论与实际操作的传帮带起到培训作用。而个人自我提升培训，则是中层人员素质提升的需要，由中层人员自行选择培训课题，申请参加社会教育机构的有关知识和技能培训。这种培训方式针对性强，易获得好的培训效果。企业需要提供培训时间的支持并可以视情况给予一定的费用支持。

2. 外包委托培训

根据企业对现有中层人员的能力缺陷分析培训需求，提出培训目标，由培训机构开发培训课程，组织师资进行培训，企业对培训效果进行评估。企业也可提供场地作为相应培训机构或学习的实验基地等。这既利用了高校、社会培训机构科技、人才、信息的优势，也利用了企业的基础设施，同时提高了企业的培训水平。

3. 网络自学培训

在互联网上开展培训具有灵活性，能有效克服工作与学习时间的矛盾、人员集中难等诸多问题，同时可降低培训成本。但也存在自我控制较差的问题。

4. 工作轮换培训

欲培养一名全面的高层管理人员，要定期调动中层管理人员的工作岗位，让他们到各个部门去实践，以丰富其工作经验，扩大其对企业各个工作环节的了解。这样做可以使中层管理者更好地相互理解，改善部门之间的关系，提高合作效率。要让受训者以实际参与人的角色定位，参与到所在部门的工作中并实际考核。通过实践来了解所在部门的业务，包括销售、生产、财务及其他业务，使单一专能管理人员"通才化"。

总结：中层是企业最坚实的一环，很多中小微企业却往往忘记他们提升的需要。关注中层成长，才能实现企业的美好发展。

10.3 管理层培训

管理层提升管理能力，实现从业务专家到管理能手的转变，必须要转变他们对自己的认知，才能谈如何提升管理技能的问题。

10.3.1 参与管理的实现通道

企业在选拔管理者的时候就应该明白，有的人适合做业务专家、做业务能手；而有的人适合做参谋、做管理者，这本就是不同的职业生涯通道。参与企业管理的实现通道如下页图所示。

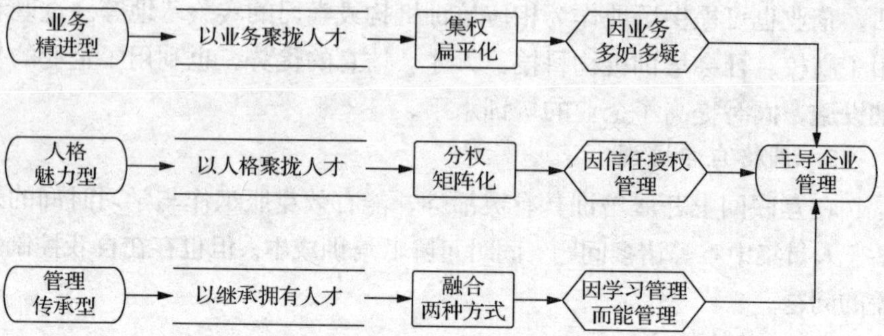

参与企业管理的实现通道

1. 从三国英雄看企业管理

曹操喜欢集权、扁平化的管理模式，甚至会带兵亲临一线，冲锋陷阵，喜欢听话的人，不喜欢挡其光芒的人。

刘备采取分权型的矩阵式管理，将打仗的事交给专业人才，所以凝聚了核心人员，以补其所短。

孙权仗余荫，善权术，懂分权，能驾驭各方面的人才，集曹刘管理上之长，所以旗下有周瑜、陆逊能各当一面。

从三国三主，我们可以看到参与企业管理的三条通道，一是从业务上实现管理，二是从用人上实现管理，三是从传承管理上实现管理。

能力不同的领导，参与管理的手段区别很大，在培训的需求上区别也就很大。

2. 业务转管理要从角色上做起

很多中小微企业中的中高层管理者，大多数是从业务能手晋升而来的。

业务型人员更在乎业务的完成，对人的管理往往过于疏忽。而企业领导对业务型人员只是赋予职责，却对其管理技能没有多加考虑。

要实现这样的角色转变，需要教会业务型管理者从角色到思维等方面进行转变，要让他们将工作重心由专心做事转变为专心育人带团队。

10.3.2　业务型管理易犯的错误

管理层培训只有从需求出发，才会有针对性的培训。对于从业务中选拔出来的中高层管理者，一般不需要做过于仔细的培训需求调查。他们大多对基础的管理能力、系统的管理认识有所欠缺。

针对他们的培训，要基于管理的共性进行主体设计。针对个性培训需求，建议主要以自行学习提升为主。

要想管理层培训设计有针对性，必须从业务型管理者常犯的管理错误方面做起。一般业务型管理者常犯的错误通常是由角色不明、主次不清引起的，如下图所示。

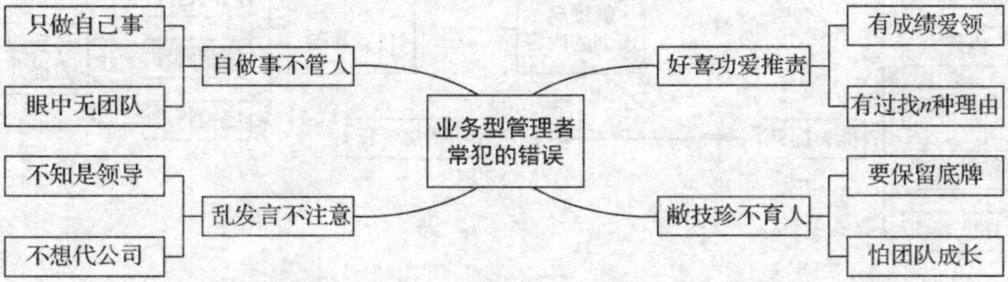

业务型管理者常犯的错误

- 只管自己做事，不管员工如何。有的人甚至觉得让员工看到自己做得很好，会有成就感。这是主次不清的问题。
- 随意发言，说话不注意。有的人在某些方面对公司或更上层领导具有一定的代表性，其言论会造成下属对公司的误解，让员工以为这就是公司的意见。这是角色不明的表现。
- 好大喜功，推诿卸责。有时部门做出一定的成绩，有的管理者总认为是自己的功劳，与下属争功。而在工作出现问题时，常把问题推给下属，让下级承担责任。这是没有团队意识的表现。
- 挟技自珍，不培育人。怕教会员工自己就没了饭吃，想给自己留一张底牌。不知众人划桨开大船，一浆难渡汪洋海。

10.3.3 管理层培训的内容设计

对于管理层的培训，除基础管理性质上的内容外，还应具有独特的个性。根据不同的需求确定不同的培训方向。针对共性需求进行分析讨论，如下图所示。

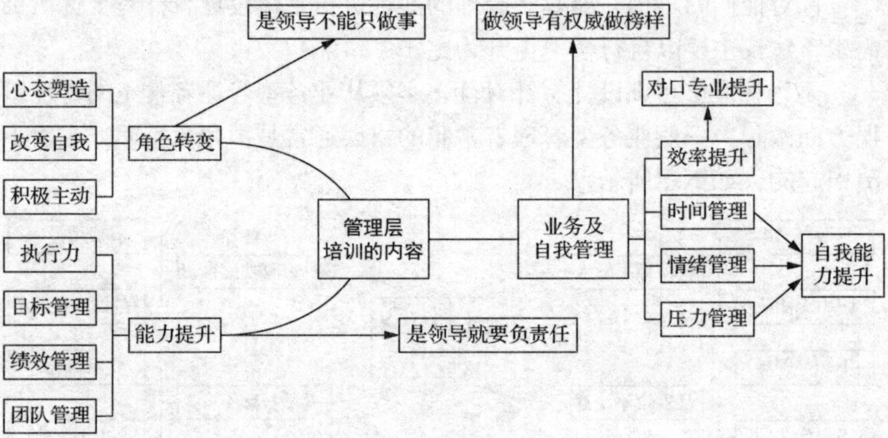

管理层培训的内容

首先，角色转变课程——必须认识本身。要想做好一个高层管理者一定不能忘记自己的责任。要谨记：公司让你成了领导，那么分派给你的权责范围内的所有事务都归你管。不要只想着自己把事做好就行，你还必须培养下属，为企业做事。

一名优秀的管理者所需要的技能组合，与一名优秀的独立贡献者所需要的技能组合是完全不同的。首次走上管理岗的技术、产品、市场和销售主管会发现，大部分时间用在了解决杂事上面，无法再像之前那样专注执行实际工作，好像一夜之间就有数不清的问题和麻烦。

其次，管理能力提升课程——必须谨记责任。从现今企业看，专业与管理是两个不同的职业通道。但如果领导将管理责任分配给你，你就要谨记自己的管理责任。

要知道，各型人才都可成为管理者。但管理者之间有共同点，即各扬己长，以己之长处来聚人做管理。

最后，业务及自我管理课程——必须做榜样。现代企业领导的威望更多的是靠过人的本领及待人的诚恳来树立的。所以要在业务上精益求精，并能辅导、教导自己的属下，就要对工作有全面、清晰的认识。这样才能更好地体现领导的一专多能，才能更好地领导下属。

业务及自我管理课程包括两类课程：一是针对所学专业的对口提升培训课程，将所擅专长进一步深化提高；二是自我管理类提升课程，主要针对自我的学习提升能力。要知道企业的战略会随着社会的进步而进步。现在管理理论的迭代更新速度，让人眼花缭乱，应从业务、社会等方面加强学习。

建议课程如下。

- 时间管理与效率提升课程：依据有效性和紧急性确定多项任务的优先顺序。
- 情绪与压力管理课程：保持积极情绪，了解有效管理压力的方法与策略，提高特定情境下的应用能力。
- 企业文化：提升个人影响力，塑造企业学习型组织。

其他的学习传承及转化考核等则按培训体系相关规定即可。

小结：管理层培训要从共性出发组织，个性需求以派出学习及自学为主。讲师必须有一定的权威性，培训才会有效果。

第 11 章 Chapter 11

薪　酬

人都有趋利性，而所有人围绕企业这个平台，同样是受利益的驱使。专用车事业部成立以后，阿东和小柯就一直在为专用车事业部的薪酬伤脑筋。

事业部属新部门，即使是从通用车厂调剂使用人员，对于专用车项目来说同样是新岗位。有的人并不情愿加入这个自己并不是很了解的部门，有的人却奔着新项目有新待遇的想法加入这个部门。

11.1　如何设计薪酬战略

薪酬设计方向不能脱离薪酬的本质核心——激励性。

薪酬是员工以自己的劳动成果换取的报酬，它在交换过程中隐藏着一个重要的作用：激励员工，提升员工工作的积极性，以此提高工作效率，最终促进企业发展。

薪酬战略的设计就必须在实现企业盈利的同时，让员工实现以薪酬为体现的自我价值。

11.1.1　薪酬激励目的要清晰

做任何事情都必须有明确的目的，只有这样，才能有针对性地设计行动方案与措施，以支撑目的的实现。要进行薪酬战略的设计，同样要目的明确，有效地发挥薪酬的激励作用。薪酬的激励作用如下图所示。

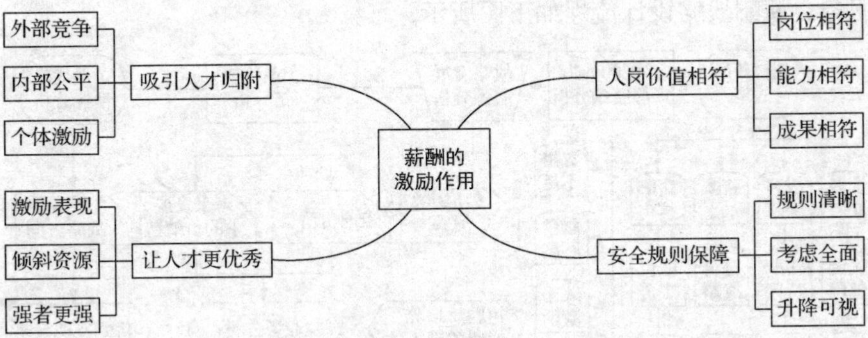

薪酬的激励作用

- 遵守市场规律，增强人才吸引力，让人才归附。薪酬战略设计时必须把握外部竞争、内部公平、个体激励三大原则。在人的趋利特性下，必须保证薪酬福利在市场上处于中上游水平，再结合企业的平台特性，让薪酬具有吸引力。
- 通过实施薪酬战略，让优秀人才更优秀。
- 薪酬战略设计必须要基于岗位价值，让人有所值。要让员工在薪酬战略中感受自己的付出与收获的匹配性，这必须使岗位的价值贡献、人才与岗位的匹配程度等相互关联。
- 在薪酬战略中体现获得薪酬的安全保障、有获得收益的规则。我们常说要让工作有标准，而薪酬也一样，特别是在可变动薪酬的设计中，我们必须保证变动部分的薪酬，其规则应清晰、明确。让员工对薪酬的获得有安全保障，特别是在提成类的薪酬方面，如计件、计时、提成等，可以签订相关的薪酬契约，颁布薪酬制度、商务政策等。只有制订清楚的薪酬规定，有让员工看得见可能的收益，员工才会愿意为企业努力工作。

11.1.2　薪酬战略设计流程

薪酬的激励性的最终目的是实现劳资双方共赢，薪酬战略自然需要围绕双方的赢取路线进行设计，也就是要让薪酬战略为企业的发展战略服务。薪酬战略设计流程如下图所示。

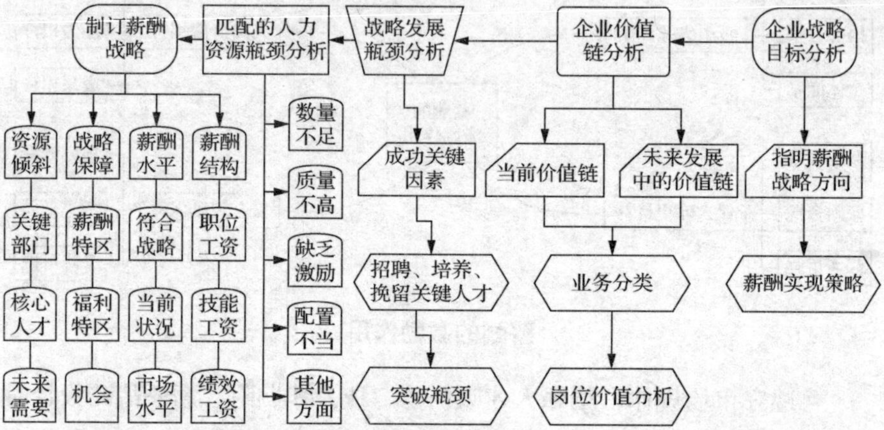

薪酬战略设计流程

根据上图，我们可以看到，薪酬战略设计是一个系统的工程，其中应包含很多子系统。

- 对企业和发展战略进行分析。
- 对实现战略的内外条件进行分析。
- 对实现战略的环节进行分析。其中包括架构及部门、岗位等设置及职责、价值等赋予评估。
- 对实现阶段性目标中的关键点进行分析。匹配相应的人员与质量要求。

在上述内容完成后，才能真正地进行薪酬战略设计。

进行薪酬战略设计，我们要把握以下四个方面。

一是资源倾斜。必须向企业的关键部门、核心人才、未来发展战略中需要的人才倾斜。

二是战略保障。要吸纳、挽留与激励战略性人才，一定要有制度性的保障：薪酬、福利、机会。

三是薪酬水平。符合企业战略定位、企业当前状况、市场薪酬水平。

四是薪酬结构。薪酬主要构成中的职位工资、技能工资、绩效工资等要完整。同时，要保证内部的公平性，进行人岗匹配、岗能匹配。

总之，薪酬战略设计必须具有良好的前瞻性、对内具有公平性、对外具有持久竞争力。

11.2 提升薪酬工作价值

某天，小柯说做薪酬工作似乎没有什么难度，每个月只核算工资体现不了什么价值。她认为从事招聘和培训的工作可以有很多内容汇报，在薪酬工作方面，却不知道该汇报什么。

阿东告诉她，薪酬专员要想体现自己的价值，必须要深挖薪酬价值，只有发现它的价值所在，才会有更多的激情做好薪酬工作，才会在薪酬这项工作上得到真正精进——业务精进、素质精进。

11.2.1 深挖薪酬工作价值

在企业经营管理中，工作的作用有大有小，任何工作都不可或缺，当然也包括薪酬工作。

薪酬管理，除了对薪酬进行核算以外，还要对薪酬工作进行深挖。而要深挖薪酬工作价值，就必须对薪酬有详细的调查了解，对薪酬有关理论进行学习，提高企业的薪酬体系设计能力，如下图所示。

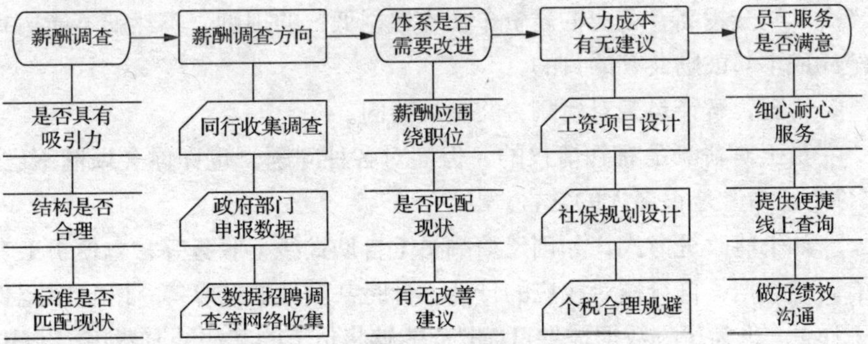

薪酬工作价值深挖

提升薪酬工作价值需要明确以下几点。

第一，将企业的薪酬状况与行业（市场）薪酬进行对比调查，了解企业的薪酬是否具有吸引力。

薪酬并不是越高越好，只有具有合理的吸引力才是企业之福。要从企业的发展规划与人才需求状况、现有人才状况，薪酬的结构与标准方面，了解企业是否具有吸引力。

第二，明确对薪酬的对比调查方向。

在薪酬调查中，通过与区域同行交流、人才网收集信息、收集招工宣传单、掌握政府部门发布的薪酬数据等方式，可以对薪酬情况做出较为客观的评判，从而向企业提出对薪酬的一些看法。

第三，明确企业薪酬结构体系的设计是否有需要改进的地方。

工资系统设计的思路和方法是：工资的系统设计要围绕职位系统的设计展开，工资结构和工资标准应针对职位制订。对企业来说，职位体系是其基本支撑体系，一个公平合理的工资体系应具备职位设置、职位类型、职位标准、职位要求、职位体系。应该对此进行学习了解，并为下一步能参与到薪酬的体系设计打下基础。

第四，为企业人力成本的节约提供建议。

奖金的设计也是节约成本的一种手段，这需要恰当的奖金比率。一般来说，奖金越高，薪资本钱越低。而企业在进行奖金描绘时，必定要契合“奖金越高，企业的薪资单位本钱越低”的规则，不然就不能达到节约成本与鼓励共存的目的。

第五，解释员工对薪酬、奖金的疑问。

员工对薪酬是有知情权的，但面对各种问题，也许你会烦恼不已，“你自己看”是很多人的常言。

如果能改进方式，如创建薪酬员工自助式线上服务等，方便员工查看薪酬数据，自行核对相应的计件、计时甚至绩效核算等，既可以减少工作量，也为薪酬数据提供可靠性。能够将员工的某些补充费用、薪酬、奖励等通过网络等及时地体现，会增加你在员工心中的满意度。同时，员工对自己的薪酬心中有数，薪资或奖金的鼓励作用才得以发挥。

对绩效核算的理解，更会让你逐步深入企业的各项业务中，使你由从绩效专员那里获取数据，转变为你与他同样对企业的全面经营管理有深入了解。

11.2.2　做好薪酬工作汇报

人力资源、行政管理等是与人打交道的工作，与销售、生产等有更加明确的利润、产量等指标的部门不同。在进行薪酬工作汇报的时候，我们必须注意几点，如下图所示。

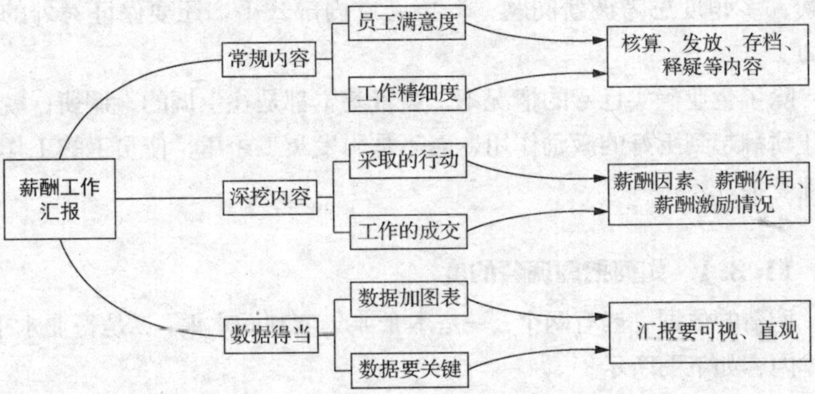

薪酬工作汇报

常规内容：简述在薪酬管理工作中，有关薪酬核算、发放、存档、释疑等内容。这主要是针对员工满意度、工作精细度的汇报，也是对工作量的汇报。

深挖内容：总结汇报其实就是对工作的梳理，将对企业中影响薪酬的因素与业务内容、经营管理中薪酬起到的作用等有进一步的了解，并对如何让企业薪酬起到越来越好的激励作用，做到心中有方向。

数据得当：做总结汇报，要明白字不如表、表不如图的道理。只有直观地将想表达的内容呈现给领导看，他们才会对你的汇报有印象，你的工作价值才会得到领导的认可。

总之，很少有人去检讨检查沿用多年的薪酬体系是否可以改进，薪酬福利激励员工的效果怎么样，可否更好，而这正是薪酬专员应该做的事情。

11.3 如何做好年度调薪

每当财务年度末期，企业中大部分人会期待调薪。大家都会关心今年的调薪政策，自己有没有可能涨薪，会涨多少？自己是否有提升的可能？而这个时候HR要调查、平衡、申报，按预算、按匹配结果等多因素、多角度思考调薪问题，既要考虑内部公平，还要保证对外的竞争力。

除了企业确实巨亏的情况下，薪资基本都是往上调的。调薪，就是要让薪酬起到更好的激励作用，而不是引发员工矛盾，使员工的工作积极性受损。

11.3.1 如何把握调薪的度

调薪的依据一般有两个：一是本企业年度利润水平；二是行业水平。具体内容如下图所示。

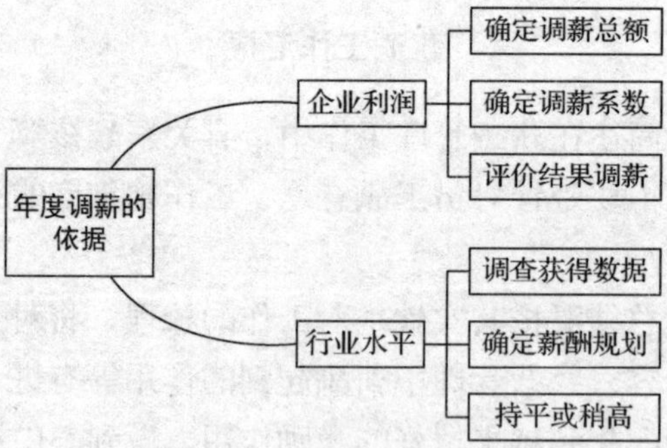

年度调薪的依据

1. 根据利润来调薪

我们需要对企业各部门、人员的贡献度进行测算、评价，然后以系数进行倒推，确定人员的薪酬涨幅。

例如，以部门在企业中的业绩效能为主（占比 70%），以个人业绩效能为辅（占比 30%），主要体现集体精神的重要性。

额定总数的 90%，进行平均涨，其余 10%作为贡献突出特别奖励或必须挽留人员的活动经费。

按全员考虑，设定平均基数，此基数合计在上述 90%的 80%左右。最后在基数上按贡献与失误、绩效考核的差评等进行加减。

加：以当年部门价值系数、考核系数、岗位价值系数、个人绩效系数，以及平时的奖励或通报次数等按超标准比例在剩余的 20%额内的加奖金。

减：考核部分的系数比例低于标准部分的，按比例进行减奖。

2. 根据行业水平调薪

需要我们对市场行情、同行业、异行业、同岗位、异岗位、竞争对手等的薪酬情况进行综合评价。

可以对行业公布的薪酬大数据、地区各行业的薪酬调查、政府统计等部门的数据调查、人才市场中的薪酬询问情况等进行有意识的收集、分析。

通过完整的基础数据，保证调整薪酬能在市场上保持一定的竞争能力，从而保证人员流失降低，增加人才吸引力度。

11.3.2　调薪注意事项

在企业管理中，我们必须严格遵守现有的劳动、人事的法律法规，并依据规章制订企业相关制度。只有调薪有制度保证（如制订调薪管理办法），才会执行有序。

在调薪过程中，我们必须做好痕迹管理，并让所有依据具有合理性、合法性，如下页图所示。

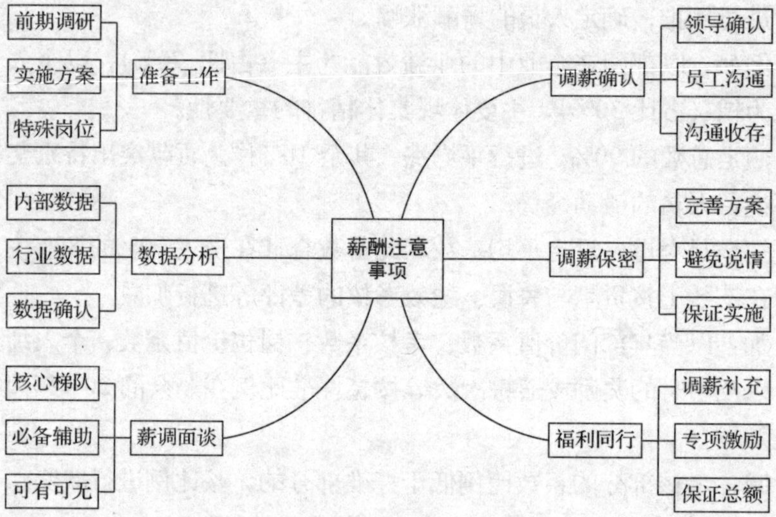

调薪注意事项

准备工作：前期的调研、实施方案的签批、领导特批人员的审核。

数据分析：要分析准确，相关数据由各部门签字确认。

薪调面谈：对高尖人才、坚实中干及高层管理者，必须事先沟通到位，并将面谈内容记录、留档。

调薪确认：无论是调薪比例，还是最后核算的增薪导致的人工成本增加等均需要与领导沟通确认。

调薪保密：没有将结果公布出来前，做好保密工作是必要的。

福利同行：薪酬调整并不能让所有人满意，甚至引起矛盾，那么做好备用安抚方案是必需的，福利上的补充就是一个可行的举措，同时要对心存不满的员工做思想工作。

一般的福利可以有以下内容。

- 就餐质量数量；提供宿舍。
- 劳保用品增加：卫生间增加卫生用品、生产用品，女性可增加月历费用等，但一定要有增长比例标准。
- 福利增加：班车、生日福利、生日聚餐、员工子女父母生日福利及通信、交通等福利逐级增加。要避免一次性增加后员工的不满足。

● 开发可奖项目，给其晋级机会等。

小结：在做好年度调薪中，必须要保证薪酬的激励性与公平性，同时总体额度要符合企业生产经营水平。区别人员梯队，调薪可以有高有低。

11.4　如何做好薪酬分析

薪酬管理是企业管理中的基础管理，要想一直保持企业薪酬水平具有对外的竞争力和对内的激励作用，必须定期做好薪酬分析。

11.4.1　企业哪些付出是薪酬

企业具有逐利性，为获得发展，需要员工为企业提供需要的劳动成果，而企业支付的各种形式的报酬，就是劳动薪酬。

人们在生活中有两种需求：物质需求与精神需求。所以企业的劳动报酬支付一般也会分为两类，如下图所示。

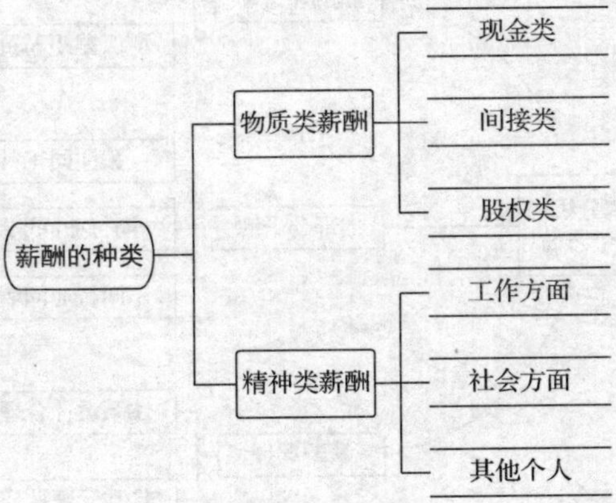

薪酬的种类

第一，物质类薪酬。

● 现金类薪酬，包括工资、福利、奖金、奖品、岗位津补贴等。

● 间接类薪酬，包括养老、医疗、失业、工伤、生育等社会保险，住房公积金、食宿提供、交通补助、通信补助等。

- 股权类薪酬：企业股权作为薪酬形式的一种也可分配给员工，如股权、股票、期权等。由于企业经营有一定的不确定性，所以股权的价值并不确定，有高有低。

第二，精神类薪酬。

这是企业对员工劳动尊重的体现，也是员工体现自己成果的需要。

工作方面包括工作成就、工作挑战感、责任感等；社会方面包括社会地位体现、个人成长机会、实现个人价值等；其他个人方面包括同事间的友谊关怀、舒适的工作环境等。

11.4.2 薪酬分析方向及数据

在薪酬分析中，一般通过薪酬递进率、内部公平性、薪酬管理三个方面来确定公司的薪酬激励是否到位，管理是否跟得上，具体内容如下图所示。

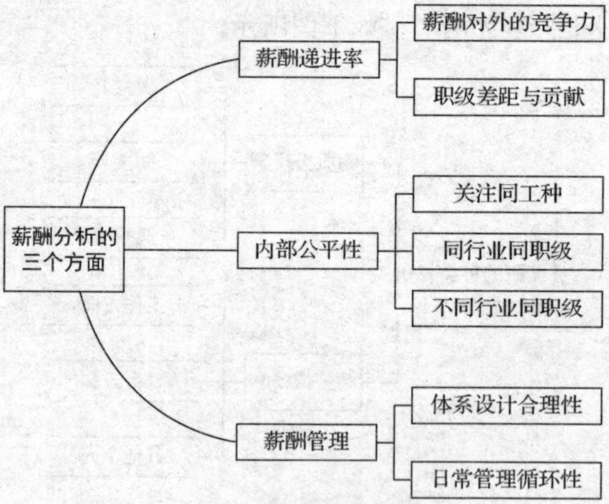

薪酬分析的三个方面

1. 薪酬递进率分析

薪酬递进率指的是企业中薪档上一级别与下一个级别相比，薪酬提升的比率。公式：薪酬递进率=（上一级别的薪酬÷下一级别的薪酬）-1。

有的员工认为跳槽就能涨工资。外部企业若缺人，他们会很愿意花更多的钱来招聘人才，也省了培养的精力和成本，公司可以用主管的中位值水平来付薪。这也就部分地解释了企业员工总抱怨，内部薪酬低而外部薪酬多则翻倍，少则 50%涨薪的现象。所以在企业内部，要注意员工升级时是否能获取与外部相匹配的职级工资。

一般情况下，薪酬递进率随着职位的上升，差距会越来越大。专员一般在 30%，而高级管理者会达到 90%，甚至更多。

2．内部公平性分析

薪酬内部公平性非常重要，因为当员工在比较薪酬时，第一个参考的就是他们身边做同样工作的人；第二个参考的是同类企业从事同样工作的人；第三个参考的是其他行业的差不多职级的人。当然公平性是责任、岗位价值的对等薪酬，主要对象是基本工资。对因绩效水平、公司增长性、年功工资、职能部门等的不同的差异，要控制在一个范围内。

3．薪酬管理分析

薪酬管理分析主要指对员工薪酬支付原则、薪酬策略、薪酬水平、薪酬结构、薪酬构成等的确定、分配和调整的过程管理进行的分析。其主要内容包括薪酬体系设计、薪酬日常管理两个方面。

薪酬体系设计主要是薪酬水平设计、薪酬结构设计和薪酬构成设计；薪酬日常管理是由薪酬预算、薪酬支付、薪酬调整组成的循环。

如果薪酬水平、薪酬结构、薪酬构成等方面有问题，企业薪酬管理不可能取得预定的激励目标。薪酬预算、薪酬支付、薪酬调整工作是薪酬管理的重点工作。

小结：公平、公正、公开永远是薪酬激励的基石。只有使员工体会到相对公平、企业内部公平、企业外部公平，才能真正发挥薪酬的激励作用。

企业管理中要实现合理的不公平。合理的不公平更能激发员工的上进心，促使员工潜力的提升。

11.5 如何做好提成设计

专用车事业部的产品已经研发成功并试产成功时，事业部总经理向阿东提出，如果专用车事业部的工资在提成方面按照通用车营销设计，就体现不出专用车在设计、营销上与通用车的区别。他希望人力资源部做出新的提成设计，并尽可能将提成的面设计得广些，让为专用车做出贡献的员工都要享受到研发专用车产品成功的奖励，同时也要通过提成的方案再次激发研发和营销人员的工作积极性。

阿东认为，薪酬的提成板块必须依据市场对产品的需求情况来进行设计。

11.5.1 提成涉及的岗位种类

要进行提成工资设计，一定要了解在薪酬内可以加入提成工资的岗位，具体内容如下图所示。

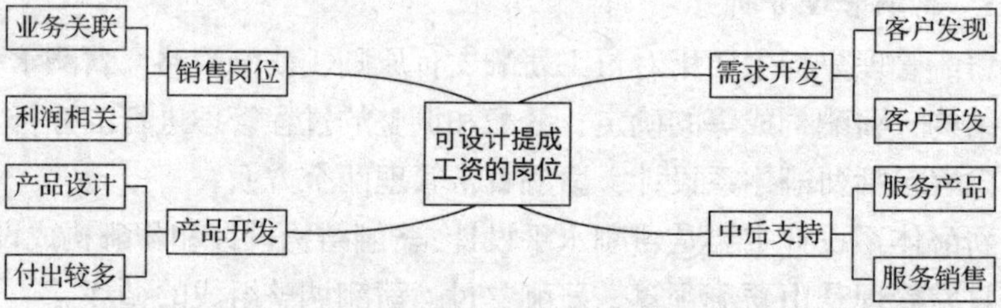

可设计提成工资的岗位

可设计提成工资的岗位一般有以下几类。

一是销售岗位与提成有最直接的关联。销售岗位与企业产品的销量直接挂钩，也是企业利润的源头，市场做得好不好除与产品相关外，与业务市场人员也有很大的关系。企业层层营销人员在宣传、业务、管理上都与销量相关，但具体在销售这项工作上的贡献力度需要评估与测算。

二是产品开发设计人员。产品的功能设计、外形设计的需要技术研发人员来创新，只有不断拓展，企业的市场才能不断发展。

三是产品需求开发人员。这是技术开发的源泉，在市场上，有的企业会有专门的调研员。首先调查消费者某些方面的消费需求，其次开发、引导消费者的需求。当然消费需求有时也是由营销人员发现的。通过调研，确定这样的需求是否能形成一定的市场，做出决策后再决定是否由技研人员进行开发。

四是中后支持人员。有人会问难道其他如采购、生产、人力、财务等部门就不与产品相关了吗？当然相关。这些部门工作服务于销售，其服务也影响营销人员和产品销售。其他部门的工作基本是循环式的，用绩效来管理效果会更好些。

11.5.2　需求与提成的关系

市场需求对产品销售的影响巨大，同时对市场竞争力也有很大的影响。为此，在设计销售提成时，必须考虑市场需求的因素，如下图所示。

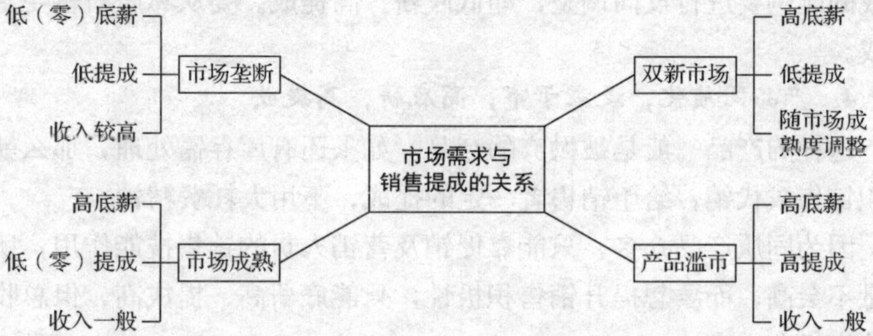

市场需求与销售提成的关系

1. 产品垄断时，低（零）底薪，低提成

这种情况下，只要生产跟得上，生意会一直都很好，直到饱和。薪酬模式可以是低底薪甚至是零底薪，低提成。这时企业并不会在销售上多费心，反而会对生产、采购上心，重视配件质量，保证生产效率，使产品质量让客户持续满意。这时对销售人员的要求会变低，对其他支持人员的要求会较高。但由于产品的垄断性，销量高，低提成，收入也不会少。

2. 市场成熟，需求平衡，高低薪，低（零）提成

在一个成熟的市场，各种销售已形成较为稳定的模式。有产品卖就有人买。这时对营销的需求也不是很高，主要是维持老客户，开发一点新客户，更多的是做销售管理，供货补货。

需求平稳，销量平稳，收入基本处于平衡状态，可以给予变动不大的高底薪。这样的销售对于追求卓越的营销能手来说，是没有挑战性的，整体收入基本达到中等水平。

3. 新产品，新市场，高底薪，低提成

一个新产品需要由营销人员引导客户消费，改变客户消费的观念。

这种情况下营销人员的作用很大，需要高回报。而由于市场的初开，大家对陌生产品的不信任，销量低，在提成工资上收入较少，因此要以高底薪以保证岗位的吸引力。但随着市场的开发、产品的熟悉，底薪与提成的比例要进行反向调整，即低底薪，高提成。要从靠底薪转变到靠提成。

4. 产品同质化，泛滥于市，高底薪，高提成

这样的产品一般是被抛弃的产品。如果还有库存需处理，那么就招兼职销售或代销，给予销售者一定的提成，不用太耗费精神。

因为同质产品众多，只能靠促销及营销人员的销售技能作用，所以销量不会高，而要想提升销售积极性，只能底薪高，提成高，但总收入往往也不会很高。

11.5.3 如何让提成更具激励作用

薪酬的本质其实是一种对员工的激励，这种激励一般分为两种：一种是固定的部分，就如人的吃穿需求一样，是一种常规的、必需的激励与需求；另一种是变动的部分，需要随着一定的条件变化，如绩效工资、提成工资、计件计时工资等。本节主要讲述销售上的提成工资，其他可参照实行。

1. 提成工资的本质

有时我们将提成工资也说成产出激励工资，即随着员工劳动产出的变化而变化的工资，具体形式有计件工资、销售提成等。

提成的本质是公司将员工为企业销售产品产生的收益按照一定的分配比例提拨给员工的一种激励方式，以促使员工多产出多得的同时，让企业多产出多得。

当然，除了销售提成，生产员工的计件工资其实也是提成的一种，同样以多劳多得的形式让企业与员工实现双赢。

2. 如何设计提成

核算提成之前必须要对单位产品的利润有较为清楚的认识，并与高层领导就分配比例进行沟通确认。而这样的确认往往又与产品的预期销售规模及利润测算有很大的关系。这都是提成比率或系数核算的主要根据。无论单位产品利润多高，如果只是一次性的生意，那么必须要考虑双方分配比例的问题，如果预期规模宏大，则考虑又不同。

所有的提成比率或系数，必须在企业给出的可提成利润包里分享，如下图所示。

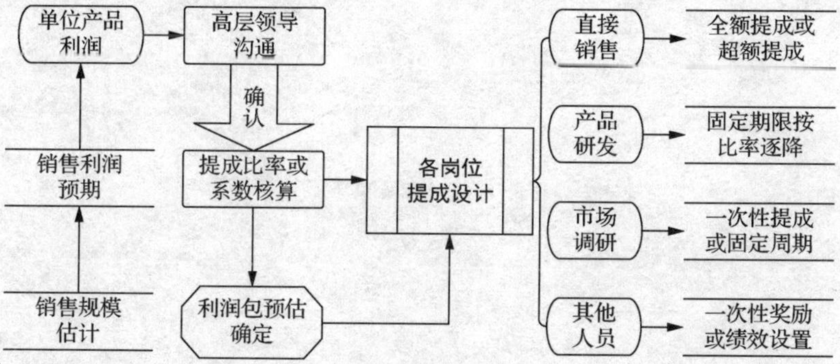

各岗位提成设计

销售人员：直接销售人员可分为全额提成和超额提成两种：全额提成是完成多少任务，就用多少任务进行提成；超额提成则是有一个保底任务量，超出保底任务的部分再计算提成。

研发设计人员：作为产品的设计者，可以为他们设计一种 1～2 年随市场的发展提成比率逐步降低的利润共享提成方式。

产品调研人员：可以为他们设计一次性的产品提成比率，可以是奖金，也可以是固定数量或固定时间段的产品销售提成比率。

其他人员的提成设计：其他平台人员在产品销售及平时工作上循环服务，其工作内容、工作对象的变化有一定的规律，在提成上可一次性奖励，也可以将绩效考核与企业利润挂钩。

小结：提成工资的设计要依据产品、利润，还要依据人员岗位的工作性质。同时，所有工资的总计必须与市场工资水平相当。

第 12 章
Chapter 12

福　利

企业希望只靠薪酬来达到留住人才、激励人才的目的，那是远远不够的。所有的企业都会以一定的福利作为员工收入的补充。

大部分企业在常规性的福利政策上会采取同样的标准，职务有高低，岗位却无贵贱，福利政策标准应该是一样的。但完全一样的福利又会失去其激励的本质作用。有的企业将管理人员或干部等与基层员工的标准设置的不一样，如休假、补贴等，这又激发了干群矛盾，导致员工怨声载道，认为不受重视。那么该如何做好企业福利政策的优化及推行呢？

12.1　企业福利政策的优化推行

为了激发专用车事业部员工的工作积极性，公司决定在与通用车事业部福利投入标准一致的情况下，给予专用车事业部新的福利政策，以期起到更好的激励作用。

阿东和小柯也意识到只有在员工间让福利如薪酬一样有差异化、适应员工能力化，才能更好地激励员工。这其实是福利作用的激励本质决定的，只有差异化地实施福利，满足员工个性化福利的需求，才能更好地发挥其激励作用。

12.1.1　差异化福利设计基础

要做好福利政策的设计，必须清楚福利发放的目的，知道企业的意图。要多追问为什么，知道什么是福利，为什么会形成不同的福利政策，为什么有的员工会不认可而怨声载道。

在进行福利政策设计时，必须考虑当前的背景和激励的需要。既然是政策，那么无论如何差异化，都必须具有一定的公平性、合理性，至少在获得相应政策的机会上一定要公平。要告诉大家，所有人都是有机会享受这些政策的。在设计福利政策时至少需要做准备与铺垫，如下图所示。

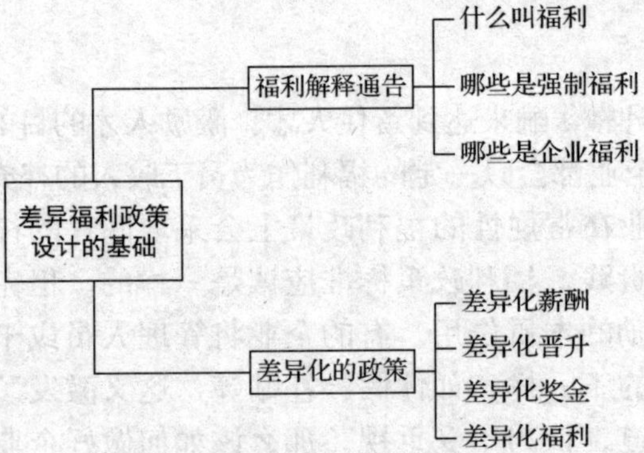

差异福利政策设计的基础

1. 企业福利的解释通告

很多时候，员工并不一定能理解什么是福利，只认为给予他们的，都是他们应该得到的。其实有的福利是国家强制的，有的是企业自行设计给予的。如果没有对员工说明，福利政策就不会起作用。

企业福利，就是工资以外的各种补充性报酬和服务。比如，企业为员工提供的防暑降温用品、班车、免费旅游、福利分房、节日福利、生日礼品等，是企业为满足职工的生活和工作需要自主设立的在工资收入和法定福利之外，向雇员本人及其家属提供的一系列福利项目。

2. 差异化政策的表现

一是实行差异化的薪酬制度。在满足不同需求的层次上，将福利、带薪培训等奖励方式有机地纳入薪酬体系中，使员工、管理者、经营者能各得所需，使薪金有更大的灵活性。

二是实行差异化的晋升制度。对管理人员而言，晋升是重要的激励因素。因此，建立通畅、差异化的晋升制度，是留住优秀人才和核心员工的重要手段。

三是实行差异化的奖金制度。奖金的分配基数和比例必须制度化，奖金的发放建立在严格的考核制度基础上。激励的范围不能只限于企业紧缺人才和核心人才，对普通员工、工作表现突出的员工，也应该设计奖金制度。奖金设计要随着员工岗位调整及工作业绩的变动而变动。

四是实行差异化的福利制度。不同的员工和同一员工在不同的时间和环境下，会有不同的需求，因此对员工的激励要因人因时因事而异，要做到激励手段的多样化和差异化，以求激励效果的最大化。差异化福利可以是晋升、培训、物资、机会，也可以是一次性的帮助。

12.1.2 差异化激励福利的设计

差异化激励的出发点是最大限度地满足员工精神和物质上的需求。只有设计出多种多样的激励方式，灵活地掌握和运用，才能使其发挥出最大的激励效果，如下图所示。

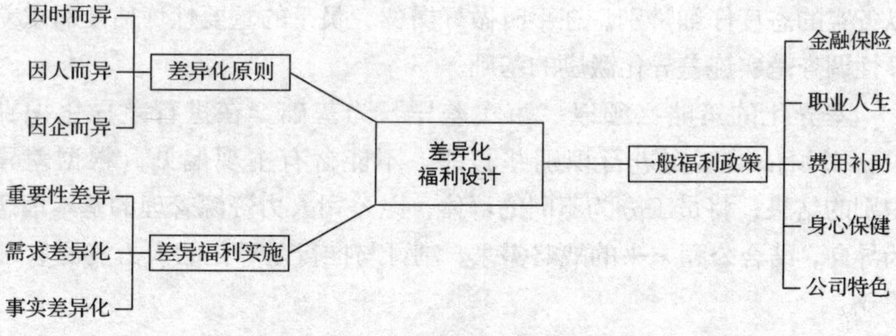

差异化福利设计

1. 实施差异化激励的原则

因时而异的原则。员工在不同时期有不同的需求，并且同样的激励方式在不同时间对员工的激励效果也是不同的，因此激励方式需要因时而异。从心理学和人的习惯性方面讲，如果一个人反复得到相同的激励，那么这种激励的效果会逐渐递减。因此必须适时地、有针对性地调整激励方式。

因人而异的原则。每个人都希望得到奖励，但同样的奖励对于不同的员工很难发挥出最大化的激励作用。

因企而异的原则。一般来说，企业的激励方式大同小异，但如果能做到你无我有、你有我优、你优我增的福利政策，那么福利政策还会成为人才的凝聚源。

2. 如何实施差异化福利

要做好差异化福利的实施，必须要确立和识别员工的重要性及差异化需求。重要性差异的识别，一般包括贡献价值、市场化程度、资源稀缺性、补充速度、能力潜质等。贡献价值大、市场化程度低、资源稀缺性高、补充速度慢、能力潜质要求高的就属于核心人才（如企业的项目经理和市场开发人员），企业就应该采取措施调动他们的工作积极性。需求差异的识别，一般包括价值观、理想追求、教育背景、家庭背景、生活环境等。不同个体的不同阶段，其需要是不一样的，价值观也是不一样的，有人追求知识，有人追求财富，而有人追求事业有成。这些需要以务实的态度仔细辨别。在平时做好岗位、员工的重要性评估及需求差异性调查是实施差异化激励的基础。

差异化的策略必须以“事实差异”为基础。在进行差异化识别中，必须依据事实进行识别并验证，不能含有主观偏见。根据差异识别的结果，将员工分为不同的群体，以公司人力资源管理的基本理念为导向，结合公司未来的战略需求，制订与推行差异化的人力资源管理策略。

锦上添花易，雪中送炭难。只有我们真正意识到员工的需求，找到他们的需求痛点，差异化福利政策才会让员工满意。

3. 企业自行设计的福利

- 金融保险：团体意外险或个人险、团健险、房贷、车贷、互助基金。

- 职业人生：退休计划、职业生涯规划、培训计划、晋升计划。
- 费用补助：租房、住房、生育、交通、通信。
- 身心保健：体检、健康顾问、健身卡、美容卡、图书、日用品。
- 公司特色：奖金、职位津贴、特岗补贴、冬季取暖费、夏季降温费。

小结：

（1）本节没有具体讲述如何优化福利政策、如何推行差异化激励，只有掌握人性、满足需求才能实现真正的激励。

（2）完善的员工福利体系可以满足员工多样性、多层次的需求。完善的意义并不在于福利的大小和金额的多少，而是企业是否立足现状了解员工的真正需求，建立适合自己的福利体系，让员工感受到公司入微的关怀。

12.2 预算少的福利如何做好激励

在经营状况并不是很好的时候，大部分企业会忽略福利的发放，但如果能在企业预算不多的情况下，更好地对福利进行设计，则能将激励作用发挥到最大。

福利政策在专用车事业部开始运行，在没有营收的情况下，事业部的福利预算很少。对通用车事业部几年的福利分析发现，不痛不痒的人均主义福利，是难以起到有效的激励作用的。

12.2.1 自设福利不笼统，先进后进不一样

有的企业条件非常好，会在正常的强制福利下自行设计其他福利，例如，下午茶、节日游等各种活动，但在激励努力工作的效果上，全公司共享效果会大打折扣。如果能按工作表现情况，进行员工差异化激励分享，效果将大不一样。企业福利分解使用如下页图所示。

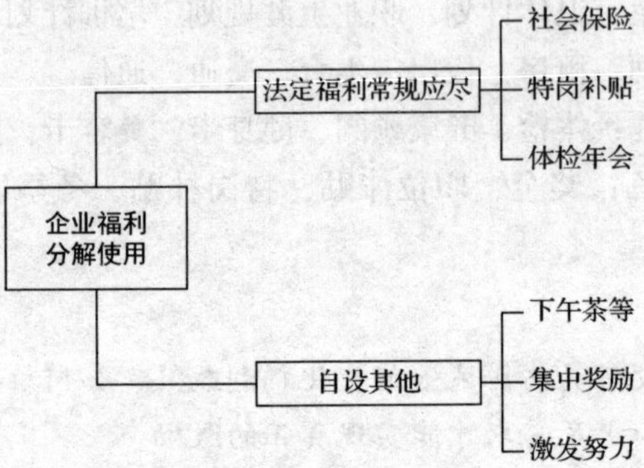

企业福利分解使用

一是要将公司法定福利和应尽义务费用与福利费用进行分列。有的企业将社保、体检费用、年度总结会、表彰会等会议及活动费用也当作福利费用，其实这是不对的，这些应该作为企业的基本费用。按照国家相关法规，企业为员工定期体检，对特殊工种进行职业健康体检都是应尽的义务。

二是自行设计的福利费用要按工作优劣情况进行激励。有的员工会通过努力，将工作做得更完善，从而获得优厚的福利待遇。有的员工会由于不甘心但又不努力而越来越差，甚至离开员工队伍。差异激励也能起到优胜劣汰的作用。

12.2.2 福利激励要贴合员工兴趣点

要想做好激励，钱还不能多花，自然需要将有限的福利用到员工的痛点上。

1. 员工激励点探索方向

搞清楚员工的激励点，一般可以考虑以下方面。

- 员工内心想要什么、希望在哪方面获得成功。
- 以积极态度对待员工可以激发员工的积极性。
- 考虑员工的情感、愿望，关心、理解员工也是一种激励。

- 愿意与员工沟通，倾听员工的呼声同样是激励。

当然，物质激励也是非常重要的一种。

2. 员工激励需求调查

做好员工的激励需求调查是非常必要的一项工作。基本内容一般应包括性别、年龄段、婚姻状况、工作年限、学历等内容；其他调查，可以设置成量表题，一般可有以下内容。

- 公司为员工设置公平的晋升机会和渠道。
- 领导对每一位下属都一视同仁，不存在偏袒行为。
- 讨论事情时，领导鼓励每个员工都提出自己的想法。
- 公司注重为员工提供学习和成长的机会。
- 公司会针对员工的特点进行合适的培训。
- 领导会关心员工工作过程中出现的困难。
- 领导对员工完成的任务表示赞赏。
- 领导重视员工的福利情况。
- 员工能感受到工作伙伴的关心和支持。
- 员工完全可以与团队中其他成员很好地配合。
- 绝大多数员工以公司利益为重，愿为公司更好的发展牺牲个人的某些利益。
- 员工希望学会适时调整自己的职业发展方向。
- 员工将自己看作公司的一分子。
- 公司鼓励员工参与日常决策制订。
- 员工对现在的工作是满意的。

开放型题：你觉得公司吸引员工的地方还有哪些?

3. 工作生活中花费不多的激励手段

- 适当时间对人的关怀，如员工或家属生病、孕期。
- 具有特殊意义的礼物，如母亲节礼物、父亲节礼物等。
- 让员工的工作充满挑战性的刺激，如给工作完成记奖励积分，实现积分制管理。

- 颁发荣誉奖状，如参加学习、外培、竞技等。
- 领导和员工共同进餐、共同劳动、共同学习等，部队上讲究的“五同”在企业一样可以施展，员工有时也会很珍惜与领导接触的机会。
- 给员工制订工作目标的机会，让员工当家做主。
- 推动员工之间的竞争，让竞争自觉进行。
- 薪酬是一个人的价值体现，将可改用途的福利投入作为基层的加薪奖励。

在激励管理上，一般将职工激励需求分为七个层次，如下图所示。

职工激励需求的七个层次

12.3 其他福利

民以食为天，企业最重要的福利之一就是用餐。有的企业提供用餐服务，但只是叫外卖，如果能给员工提供食堂，往往会让员工放心很多。

各人口味不一样，食堂不可能按所有人的口味提供就餐。那么，就需要做好员工的统一教育，少数服从多数。食堂工作人员也要用心服务，提高服务满意度。

12.3.1 食堂工作质量考核

企业食堂是为员工服务的地方，具有后勤保障、激励员工的部分作用。为提高工作质量，对食堂工作人员的工作质量进行考核管理，就很有必要。

一般制订食堂工作质量考核办法，应包括如下内容。

(1) 考核目的。工作质量以就餐环境、食物质量、工作及服务态度等予以体现。通过有效的质量考核机制，食堂工作人员的收入与工作业绩挂钩，从而提高他们的素质、能力和工作热情，进而有效地控制成本，提高就餐质量。

(2) 考核周期。以自然月为考核周期，考核计算时间为下个月5日前。

(3) 考核人员的组成（伙食管理委员会）。由行政副总经理、管理部长、制造部部长、工会主席、直接人员代表（3人）、间接人员代表（2人）9人组成（相应代表要轮流组成，要具有代表性）。

(4) 检查考核范围。包括伙食质量、服务质量、卫生标准、食堂管理及员工满意率等。每月至少检查考评1次（调查1次），次月5日前由管理部后勤管理员对上月度考核情况进行统计。

(5) 主要考核指标。《食堂人员工作质量考评细则》60分/人；《满意度调查表》直接针对食堂，每人直接40分，合计100分（100分制，相应分数代表相应满意度，满意度低于60%为差，60%～75%为不合格；达75%为合格；达90%以上为优秀）。

(6) 考核结果使用。在月度考核中，公司将根据检查考核结果，进行相应考核（其他福利参照直接人员标准执行），每月从工资中划出500元作为工作质量考核工资。

- 满意度低于60%的人员，差：直接扣除当月考核工资，如连续两个月为差，直接解除合同。
- 满意度在60%～75%的人员，不合格：当月考核工资领取50%。
- 满意度达到75%～85%的人员，合格：当月考核工资领取100%。
- 满意度达90%以上人员，优秀：当月考核工资领取130%。

(7) 在日常监督检查中，如发现有违反卫生管理规定及考核办法的行为，情节较轻的，限期整改；情节较重，有以下情形的，实行一票否决。

- 发生轻微食物中毒（5 人以下），认定为当月食堂人员考核“不合格”。
- 发生严重食物中毒或食源性疾病的，除按《中华人民共和国食品卫生法》规定进行处罚外，解除责任人劳动合同并追究相应责任，其他相应责任人员按情处置，直接扣除考核工资并施以 100～1000 元的罚款。
- 《食堂满意度调查表》当月结果不满意率大于 30%，直接认定为当月食堂人员考核“差”。
- 发生就餐时与员工发生抓扯等影响恶劣行为的，直接认定为当月食堂人员考核“差”。

(8)《食堂满意度调查表》。由工会组织，每月初抽取与上月调查的不同人员对上月度食堂满意度进行调查。每次抽查直接人员不少于 10 人，间接人员不少于 5 人。

作为办法的附件《食堂相应人员职责》《食堂人员工作质量考评细则及实施表》《食堂人员工作质量考评统计表》《食堂满意度调查表》应根据管理实际进行设计。

小结：作为重要福利的食堂，必须进行专项管理，只有对食堂按正式员工标准进行工作质量考核，才能保证工作顺利进行。

12.3.2 职工住宿管理

当小柯知道公司要为专用车事业部新聘请的技研领导安排租住公寓，为外地员工安排职工宿舍时，就对宿舍的安全风险产生了担忧。

要想加强管理、降低企业提供住宿房屋中的员工安全风险，必须明确以下几个问题。

企业为员工提供的住宿一般有三种来源，三种住房对提供方与入住方都有不同的安全义务要求，如下页图所示。

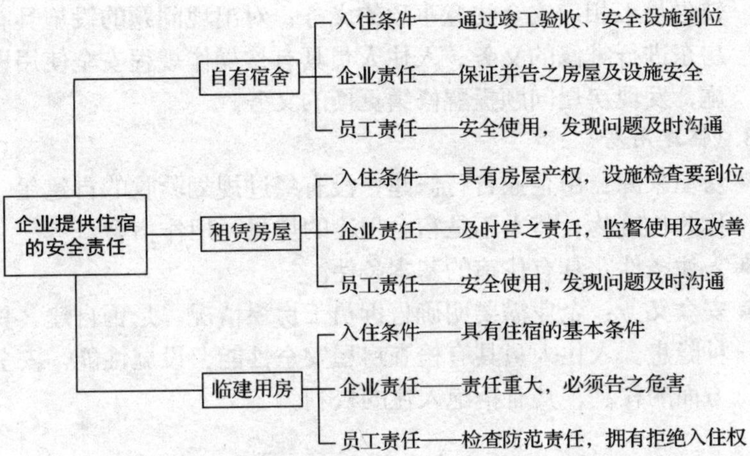

企业提供住宿的安全责任

1. 自有宿舍

- 房屋来源：公司自有住房。
- 入住条件：必须符合安全建设规定。通过规划其房屋用途为宿舍，通过竣工验收为合格，经过消防验收为安全等，方可提供住宿。
- 安全义务：企业在员工住宿期间负有履行房屋的维修义务，确保房屋和室内设施安全的义务，告之房屋及设施的安全使用的义务。
- 入住人员：具有必须按照规程安全使用设备设施，发现房屋问题提醒修缮更换的义务。

2. 租赁房屋

- 房屋来源：为吸引人才，企业还会将外租装修较为有档次格调的房屋提供给员工住宿。
- 入住条件：具有签约合同方名字的房屋产权证（表明是通过验收才能办证）等。
- 安全义务：房东对企业具有房屋的维修义务并确保房屋和室内设施安全的义务，须告之企业出租房屋可能存在的安全隐患，提醒承租人如何正确、安全使用房屋，注意避免危险发生。企业具有转告员工相应安全注意事项的义务；对出现问题的设施具有通知房东进行维修的义务。入住人员具有按操作规程安全使用设备设施，发现房屋问题提醒修缮更换的义务。

3. 临建用房

- 房屋来源：由企业自行修建，没有经过规划验收的自建屋，也可称为构筑物；将本不是宿舍用途的房屋，用作宿舍。
- 入住条件：具有住宿的基本条件。
- 安全义务：企业需要明确告诉员工房屋情况，是否自建，具有何种隐患。入住人员具有检查房屋安全性能、设施性能、安全环境方面的权利，具有拒绝入住的权利。

12.3.3 私车公用管理

企业在交通工具的使用中，一般采用乘公交车、自驾车、打出租或公车使用等方式。

随着经济条件的改善，很多员工有了自己的车，在公干出行上有了更多的选择。如果企业为公干设置公务车辆，不仅需要驾驶人员，还需要为车辆服务。公司的公用车辆较少，个人私车办理公事就成了常事。这为企业减少了费用，提升了效率，但要对私车公用进行补贴管理。

12.3.4 个人车补先看油耗

在对个人车辆进行补贴时，首先应该考虑的是油耗。由于车辆高低档次不同，发动机、车自重、车辆性能等的差别，车辆油耗也不同。如何解决这一问题呢？有人建议依据车辆档次来定，有人建议按车辆买价来定，其实无论什么方法都没有绝对的公平。按目标地点远近再结合车辆档次确定是较好的方法。

第一，出近差（一般在距离公司地点20千米以内）。首先，对于没有常规补贴的车辆，可进行统一规定补贴，如2元/千米（不再有车损、油补等），基本与出租车价格差不多。由公司后勤管理员进行办公里程的核定，然后在每月底统一进行申报并制表发放，如下页表所示。

个人车辆公务审批单

部　门		驾驶员	
车牌号		车型/品牌	
前往地点		外出时间	
公务事由：			
审批事项（请在对应事项处打“✓”）			
不享车辆补贴的私车外出办理公务享受 2 元/千米补贴			
起程里程表数		回程里程表数	
实际公里数		票据金额	
补贴金额		部门领导审批	
分管领导审批		管理部审核	
备注			

对于有车辆常规补贴的车辆，使用时其补贴减半较为适用。

第二，出远差（超出 20 千米）。由于行驶距离较远，一般采用油费实报实销，但应对车损核算给予一定补贴。

- 根据车辆档次按 1 元/千米、1.5 元/千米、2 元/千米进行车损补贴核算（档次简单分为 15 万元以下、15 万～30 万元、30 万元以上）。
- 出发前至业务结束后，用手机拍照里程表，以此为计算里程标准。
- 在出发前将油箱加满油拍照，同时给里程表拍照，出差回来后，再次加满油拍照。根据首尾加油，中间的油消耗就是实际发生的出差耗油量（以中间时间的加油票为准，手机拍照要能显现拍照具体时间）。

12.3.5　车辆常规补贴管理

为充分激发企业人才及各层级领导的工作积极性，应根据部门使用车辆频率及树立企业形象来满足用车需求。对长期需要使用个人车辆的领导或特殊人才按档次进行月度车补。

车辆补贴系统如下表所示。车辆补贴基数可以用一个公车试行统计 1～2 个月的出差月耗油、车辆维修保养等的费用进行测算。例如，公司测算基数一般为 800 元/月，而其他部门根据使用频率进行评估。

车辆补贴系数表

岗位	补贴基数（元）	系数	补贴标准（元）	
管理层（副总经理级）	800	1.5	1200	
管理部部长级	800	1.3	1040	
资财部部长级	800	1.3	1040	
品牌管理部部长级	800	1	800	
品质部部长级	800	1	800	
工艺装备部部长级	800	1	800	
制造部部长级	800	1	800	
采购部部长级	800	1.3	1040	

注：根据人岗匹配，专业技术通道员工一般与部长级相当的为专业岗的主任师级别人员，而副总级及以上则为总工、首师、总监级人员。

12.3.6 车辆使用责任管理

车辆使用难免伴随违规、车祸等风险，使用私人车辆也是降低风险的一种方法，既能方便员工使用，又能降低公司风险。

私车公用，必须在车辆使用办法中对车辆使用的安全、违规等使用风险进行明确的规定，如下图所示。

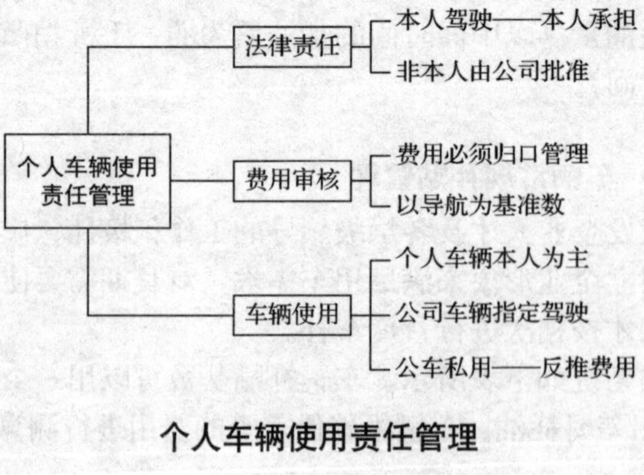

个人车辆使用责任管理

1. 法律责任

私车公用时，本人驾驶车辆过程中所产生的法律责任由车主个人承担；非本人驾驶（未经公司书面指派或同意）在驾驶车辆过程中所产生的法律责任由车主个人承担。

2. 费用审核

确定一个部门对车辆使用费进行归口管理。一般可由行政办公室负责个人车辆行驶费用的核算与控制。行驶里程的核算应以导航为基准数。对不按规定或弄虚作假核销车辆费用的，公司应视情况扣减和取消车辆有关补贴。

3. 车辆使用

自购车辆应由本人自驾使用，不应为节省车辆补贴费而使用公司车辆，否则，公司应视情况扣减和取消车辆补贴。

若公司公务用车辆繁忙，个人车辆应能支援短距离的公务使用，可由公司指定技术良好的人员驾驶办公。

对于公车的使用，一般只需要确定公务车辆的管理责任人、用车必要性、公车驾驶的法规要求、车辆维护使用要求等。而对公车私用的费用问题，为方便员工个人，一般反推私车公用的费用结算。

附：

车辆补贴实施办法

1 目的

为提高工作效率，规范公司车辆管理，制订本办法。

2 适用范围

本办法适用于部门负责人以上自购私家车，并且本人会驾驶且有驾驶证，可以私车公用的人员。

3 补贴标准

3.1 车辆补贴按照岗位工作需要及车辆使用费测算情况设定补贴基准为800元。

3.2 根据岗位工作性质，参照岗位工作外部关联度等因素，由管理部设定补贴系数，车辆补贴为补贴基数×补贴系数。

4 补贴方式

4.1 车辆补贴以油费的形式发放，由管理部车辆管理人员给享受车辆补贴的车辆办理只限本车使用的加油卡，每月定期分别按标准充值。每月油卡按标准额度有节余的，下月只充值补贴标准差额部分。

4.2 每月油卡未超过标准额度的差额部分，可核销差额部分费用但仅限于当月本车发生的过路过桥费票据和不超过标准额度10%的停车费（仅限于公务用停车费），维修保养费、保险费等其他车辆费用不予报销。

4.3 车辆使用费以月度为节点报销，不得跨月度累计报销。

4.4 每月由管理部车辆管理人员到加油站打印油卡清单明细并进行审核登记油卡余额；享受车辆补贴的人员每月将上月车辆费用单据按照路桥费、停车费分类汇总后交公司管理部后勤审核，未超过油卡余额的车辆费用按实际登记核销，超过的部分不予登记核销。

4.5 违章罚款的票据公司不予报销。

5 相关规定

5.1 享受车辆补贴的车辆实行私车公用，即日常业务在资阳市区内往返用车，公司不再安排商务用车。

5.2 因业务需要到前条所述区域以外地区公出私车公用的，须填报《车辆办理公务审批单》，经部门领导和分管领导审批同意，管理部（指定车辆管理部门）登记起止里程并按照1元/千米的标准给予补贴，路桥费据实报销。

5.3 享受车辆补贴的私车车主因出差或其个人原因等影响私车公用的，按受影响的时间折算扣减当月相应补贴金额。

5.4 有私车公用车辆的部门如需申请公务用车或安排本部门其他私车公务，必须在私车公用车辆另有工作安排或出现故障的情况下，经管理部确认属实后才能派车。

5.5 不享受车辆补贴的私车外出办理公务，须填报《车辆办理公务审批单》，经部门领导和分管领导审批同意，管理部（指定车辆管理部门）登记起止里程并按照2元/千米的标准给予补贴，路桥费据实报销。

5.6 不享受车辆补贴又无私车的员工在市区内办理公务，原则上公司不再安排公务用车。员工填报《车辆办理公务审批单》，经部门领导和分管领导审批同意，管理部（指定车辆管理部门）登记起止里程并按照1元/千米的标准给予交通补贴。

5.7 私车公用时，本人驾驶车辆过程中所产生的法律责任由其车主个人承担；非本人驾驶的（未经管理部书面指派的驾驶员），在驾驶车辆过程中所产生的法律责任由车主个人承担。

5.8 管理部为车辆使用费的归口管理部门，负责费用的核算与控制。对不按规定或弄虚作假核销车辆费用的，公司视情况扣减和取消车辆补贴。

5.9 自购车辆主要由本人自驾使用，不得为节省私车公用时的车辆使用费而影响公务，否则，公司视情况扣减和取消车辆补贴。

5.10 人员岗位发生变动后，自变动次月始相应调整岗位车辆补贴。

5.11 新增车辆补贴人员，需填报《车辆补贴申请表》，车辆补贴从批准生效时间开始计算。

6 其他

本办法由管理部负责解释。

第13章
Chapter 13

员工关系管理

某天，小柯对阿东说，她这段时间感到很烦恼，事业部是新组建的团队，有通用车部的老同志，有从学校招来的新员工，也有外部聘请的高级技术人才，她总感觉同事之间存在一些隔阂，没能将个人能力形成合力，而是形成了一个又一个的小团体。她觉得这样对事业部的整体战斗力养成是不利的，但她又不知道该如何处理这样的员工关系。阿东告诉她，员工关系是企业稳定发展的根本。而员工关系管理不仅是人力资源部的事，也是各部门领导、员工的事。

13.1 员工关系管理基础

在专用车事业部，由于所有员工对专用车都有些陌生，没有形成部门或团队的绝对权威，造成了员工关系的复杂化。

阿东决定同小柯一起，将事业部的员工关系从头到尾梳理一下，希望将事业部所有人员揉成一个具有融洽关系的整体。然而，员工关系总是给人一种模糊的感觉，让人感觉每个问题都与员工关系相关，似乎又无关。

员工关系无处不在，要想做好员工关系管理工作，必须搞清员工关系到底是什么，怎么解决基本的关系管理等问题。

13.1.1 员工关系的内容

本书仅就狭义的员工关系管理工作内容进行探讨。在员工关系管理中，除了我们首先想到的劳动关系，还包括许多其他内容。特别是随着企业的业务发展，企业规模越来越大，员工增多，各种关系越来越复杂，员工关系管理的内容也会越来越多、越来越复杂。

一般的员工关系管理的详细内容如下图所示。

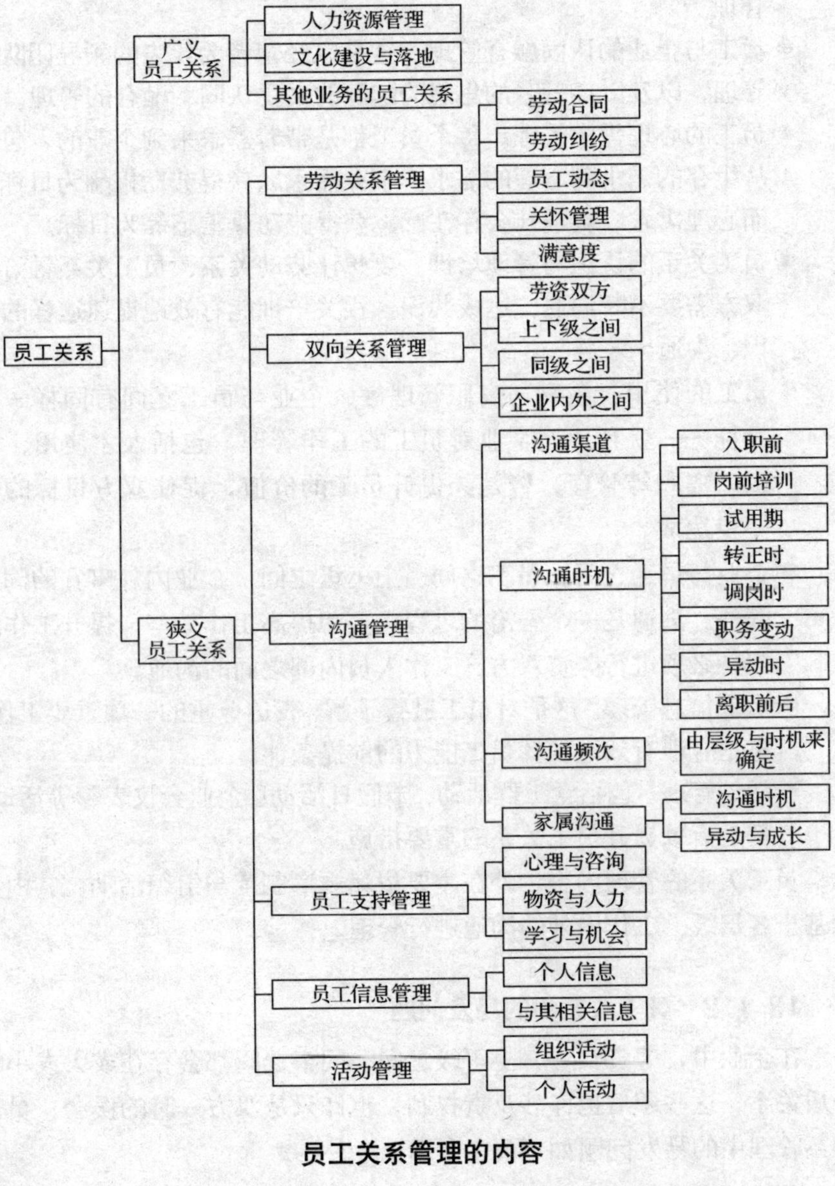

员工关系管理的内容

中小微企业一般将员工关系管理工作整理为下列八个方面。

- 规范劳动关系的规章制度、流程、标准。从劳资关系、职责义务、工作标准、劳动报酬、入职离职等多方面进行规范，明确制度化管理。
- 员工与企业的认同融合管理。这是以经营者为代表的领导团队的管理，以及以经营者的思想为起源的文化认同、融合的管理。
- 员工的心理需求管理。每个员工都是带着需求来到企业的，包括从生存的需求到心理的需求。生存需求以获得劳动报酬为目标，而心理需求以实现社会存在感、获得劳动尊重感等为目标。
- 员工关系的认识与管理培训。要想让劳动关系、员工关系融洽，双方需要不断沟通、达成共识。相关培训能有效地提速这样的认识、沟通。
- 员工的使用、激励与离职管理等。企业与员工之间有同样一个目标——获利。而企业对员工的工作管理，包括人才使用、激励、离职等管理，皆是为提升员工的价值，促使双方目标的进一步达成。
- 企业与员工之间、员工之间、上下级之间、企业内外事宜的沟通管理。沟通是一个融洽的过程，要想提高工作效率，提升工作绩效，必须进行劳资双方、工作人员内部之间的沟通。
- 员工信息管理。这是对员工进行了解、表达尊重的一项重要工作，也是合理有效地发挥员工能力的前提条件。
- 活动管理。包括党工群活动、节假日活动、企业会议表彰等活动，都是有效提升员工关系的重要措施。

员工关系的管理内容，外在主要依赖规章制度与组织活动，其内在则基于各层级、工作内外的沟通进行管理。

13.1.2 员工关系中的易发问题

在企业中，劳资双方、上下级之间、同事之间都会存在或大或小的矛盾关系，这些矛盾也许涉及责权利，也许只是双方一时的误会。员工关系管理中的易发问题如下页图所示。

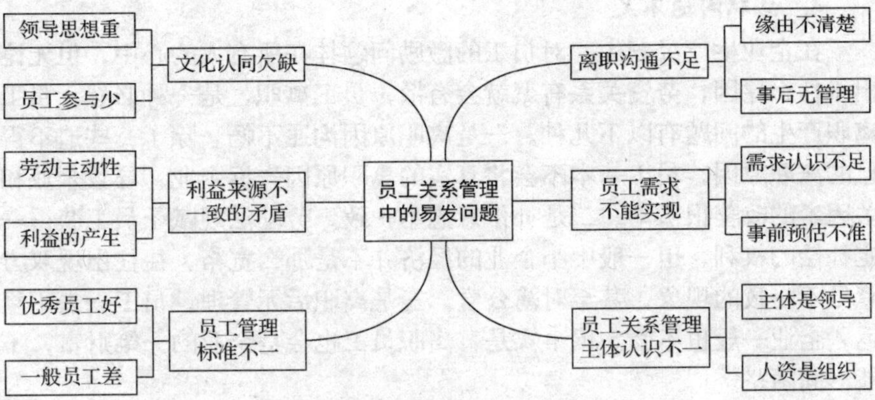

员工关系管理中的易发问题

1. 文化认同欠缺

企业文化往往代表企业的最高意愿。但在文化的提炼中，很多企业，特别是中小企业往往是从经营者的思维出发延伸得来的。很少有企业在文化的提炼中真正邀请员工广泛参与的。这样的文化倡导的共同目标，往往在落地和执行中缺乏基础。因此，企业与员工间的愿景不一致的矛盾就出现了，导致双方前进的步调不一致。在提炼文化、确定愿景等事宜上，让员工广泛深度参与是一种好方式。

2. 利益来源不一致的矛盾

员工为企业服务，企业为员工提供平台，服务和工作平台，目的都是要双方盈利。而在对劳动成果的交换上，劳资双方很难达到完全认同。

不同的思想观念，会对员工提供劳动的主动性与劳动质量有影响，同时也影响着企业对员工的态度与利益分享的观念。

为此，要在管理上倡导双方共同促进，只有文化融入内心才会让双方步调一致。

3. 员工管理标准不一

现在是一个双选时代，但事实是大多数人还是被企业挑选。这是一种潜意识的管理心态，导致企业对普通员工的管理存在随意性，而对看重的人才具有偏移性。

如果企业没有普通员工，只是有限的人才，生产经营也会出现大问题，所以在员工管理中要体现公平与尊重。

4. 离职沟通不足

在企业生产经营中，对员工的激励问题挂在所有人的心中，但无论出于什么原因，劳资关系有聚就会有散，员工离职，是一种必然。员工离职产生的问题有以下几种。一是离职原因沟通不畅。除了一些迫不得已的离职原因，员工基本不会将真实的离职原因告诉企业，导致企业相关因素的改善很被动。二是补偿意愿不一致。劳动法规赋予员工获得一定补偿的权利，但一般中小企业的经济并不是那么宽裕，往往出现双方意见不一致的现象，甚至对簿公堂。三是离职后无管理。员工一去不复返，企业一般也不管。但事实是，离职员工也会是企业的一笔财富，不能形同陌路。

对员工的使用、激励、晋升、承诺兑现等要尽量标准清晰、公平合理，要让员工有不舍得离去的遗憾心理，以便在某些时机获得双方再度合作。

5. 员工需求不能实现

员工有一定的需求才会来企业工作。随着工作时间的推移、了解程度的加深，员工需求会发生变化，而且期待企业能满足自己的需求，所以员工会尽量提供自己的劳动。这是美国心理学家施恩提出的心理契约所产生的作用。大部分企业管理人员对心理契约的认识还很浅层面，没有足够的重视，导致更重视合同、协议等有形的契约，而对员工个人心理的认识程度较低，需求认识也不足。

企业没有理解员工的需求，满足程度自然较差。双方的心理需求定位与实现程度出现了矛盾，对员工关系来说会产生很大的影响。

积极引导员工需求，在满足企业需求的情况下引导员工设定自我需求，才能有较高的需求实现程度，达到心理契约的有效性，促进员工关系的融洽。

6. 员工关系管理主体认识不一

就好像认为招聘培训等工作只是人力资源部的工作一样，大部分业务部门并不认为员工关系管理是自己的职责。这其实是员工关系管理责任人的定义没有明确的原因。每个人的直接上级都应该是员工关系管理的责任人。

人力资源部只是人力资源工作的组织部门，其最大的职责就是组织开展相关工作，进行管理过程中的协调。

这样的认识差异，导致很多企业员工关系管理模糊，管理没有效果。强化责任意识，加强员工关系管理培训是很必要的。

小结：要做好员工关系管理，除了外在制度流程管理，还应对员工心理活动进行把握，同时做好沟通，并实现双方需求的一致性。

13.2 劳动关系的管理

在所有的员工关系中，最重要的就是劳动关系，劳动关系的管理是员工关系的基础。在劳资双方的关系中，包括多种关系，如劳动关系，适合劳动合同管理；劳务关系，一般签订劳动协议；兼职、劳务派遣等的劳资关系。

13.2.1 企业劳动的不同关系

在企业生产经营中，一般会与正式员工签订劳动合同。正式员工属于为企业长期、固定服务的人。

但在正式员工的劳动之外，出于劳动成本、劳动风险等考虑，企业可能还会有其他补充性质的劳动关系，如劳务合同、内部承包合同、劳务承包合同、劳务派遣合同、兼职员工等，如下图所示。

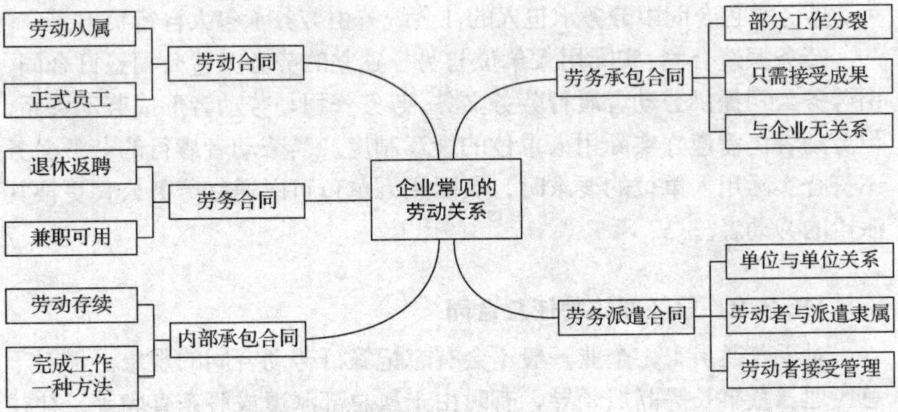

企业常见的劳动关系

劳动合同：劳动从属关系，签了劳动合同，就是企业正式的员工，属劳动法、劳动合同法管理。劳动者工作出现的问题责任主体为企业，而企业还应为其购买相应的社会保险及其他福利。劳动者除了受一般民事法律保护外，还受劳动法的特别保护。

劳务合同：双方是平等的，属民事法律管理。用人单位支付劳务报酬，无须提供保险、福利等待遇，不存在人身管理的隶属关系，一般涉及的是违约和侵权等民事责任。如果劳动者受伤，适用《中华人民共和国侵权责任法》，双方根据各自的过错承担相应的责任，单位有较大的好处。

注：在劳动合同关系中，劳动力的支配权归掌握生产资料的用人单位行使，双方形成管理与被管理者的隶属关系；在劳务合同关系中则由劳务提供方自行组织和指挥劳动过程。

内部承包合同：劳动者在与企业劳动关系存续期间履行劳动合同义务的具体途径和方式，与经济合同有着本质的区别，而与劳动合同的性质最为接近。所以，企业内部承包合同理应受劳动法管理，而不能适用经济合同法。

劳务承包合同：实际用人单位将一部分纯劳务性质的工作安排给劳务承包人（或劳务承包单位），劳务承包人（或劳务承包单位）不必遵守实际用人单位的规章制度，只要履行符合用人单位要求提供的劳务成果即可。劳务承包合同中劳务承包人的社会统筹由劳务承包人自行负担。

劳务派遣合同：实际用人单位与另一独立的劳务派遣公司签订合同，由劳务公司提供劳动者履行劳务义务，劳务公司与劳动者形成劳动关系，但劳动者仍需遵守实际用人单位的规章制度。当劳动者履行的劳务义务不符合实际用人单位的要求时，实际用人单位可以通知劳务公司更换其派遣的劳动者。

13.2.2 总经理的聘任及合同

对于普通员工，企业一般不会有忘记签订劳动合同的现象。但对于总经理、董事长等高层领导，有时由于属总部派遣或股东直聘等，往往人力资源管理者会出现选择性遗忘，或出现以聘请文书代替劳动合同的情况，如下页图所示。

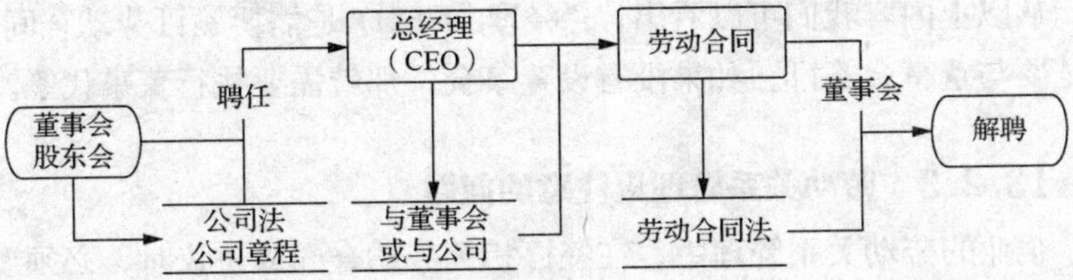

总经理的劳动关系

1. 法律条款规定了总经理的聘任

在企业进行工商登记时，有个不可或缺的高管，即经理的聘任问题。

法律链条。《中华人民共和国公司法》第四十七条和第五十条，有限责任公司设经理，由董事会聘任或者解聘。

公司成立时，会在章程中规定总经理（CEO）的聘任方法。一般由董事会或股东会聘任，而工商注册登记的部门都会认可。

虽有法定聘任规定，总经理仍然属于单位的劳动者，签订劳动合同的义务与其他员工是一样的。

2. 总经理（CEO）的劳动合同的签订

在企业管理中，由于总经理（CEO）往往拥有较高的权力，管理着公司的印鉴与劳动合同签订等，因此总经理的劳动合同不能直接与公司签订（但部分公司也一样与企业签订）。

《劳动部关于全面实行劳动合同制的通知》（劳部发〔1994〕360 号）第四条第一款规定：关于厂长、经理签订劳动合同问题。厂长、经理应与聘用部门签订劳动合同。实行公司制的企业厂长、经理和有关经营管理人员，应根据《中华人民共和国公司法》有关经理和经营管理人员的管理规定与董事会签订劳动合同。

《实施〈劳动法〉中有关劳动合同问题的解答》的通知（劳部发〔1995〕202 号）第一条规定：关于厂长、经理签订劳动合同的问题，按照劳动部劳部发〔1994〕360 号文的规定，厂长、经理是由其上级部门聘任（委任）的，应与聘任（委任）部门签订劳动合同。实行公司制的企业厂长、经理和有关经营管理人员，应根据《中华人民共和国公司法》中有关经理和经营管理人员的规定与董事会签订劳动合同。

从以上内容我们可以看出，总经理（CEO）是需要签订劳动合同的，只是要与董事会签订。如果没有设董事会，那就需要执行董事代签。

13.2.3 劳动关系管理应注意的问题

企业的劳动关系管理中，在签订相关劳动合同或协议时，必须要关注以下几个问题，如下图所示。

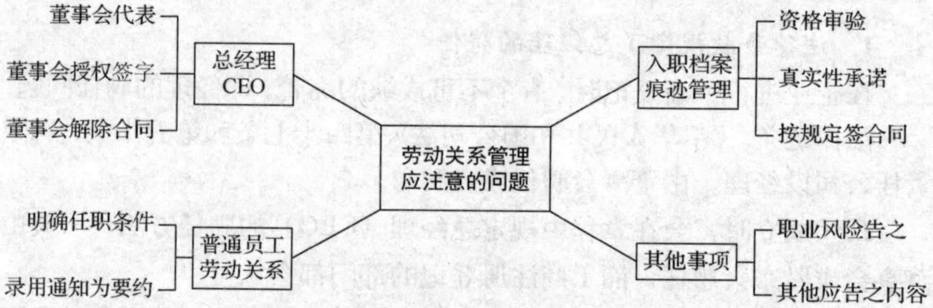

劳动关系管理应注意的问题

1. 由董事会代表签订劳动合同

董事会代表的合法性。出具董事会决议授权董事长或法人代表与总经理（CEO）签订或解除劳动合同。在签订的劳动合同被授权人签字的地方一定要签字并加盖公司印章。

由于总经理（CEO）掌握公章的使用，如果没有授权人的签字，往往在法律上并不认可合同的有效性。

在解除合同时，也要由董事会出具解除劳动合同的文书，同时附上有效的授权签字人进行签字并盖章。

对于该授权的董事会决议一定是在双方的劳动合同上同时附有，并严格保存。

2. 普通劳动关系中需要注意的问题

- 在发出应聘录用通知（Offer）时，必须列清楚任职条件。
- 录用通知书是一份向对方发出的要约书，当对方应约，就具有了劳动关系，企业就负有录用劳动者的义务。

- 录用通知书应明确的内容。对于应聘方来说，应用对企业具有法律效力的录用通知书，一般包括报到时间、报到地点、报到手续、报到需提供的材料、报到注意事项、工作岗位、工作地点、劳动报酬、劳动期限、其他事项。
- 要向员工明示录用条件。对方如果接受通知，就表明必须符合条件，否则就可以不录用。而对方接受就表明要约生效，若其持生效的通知而来，企业却单方反悔，会给应聘者造成损失，如果对方追究，企业往往要承担赔偿责任。

3. 做好入职档案的痕迹管理

在员工正式录用入职时，必须对员工证件、劳动资格等进行审核，要与任职资格要求相符，清楚员工的身体状况，特别是职业病情况。

资格审验。在入职时，企业必须对新人的资格如劳动关系、技能证件、身份证、毕业证等进行详细的审验，要求其提供的材料签字，并进行真实性承诺。有假证、假经历等情况的，企业可无条件辞退；给企业带来损失的，还可以追究损失赔偿。

审验时应注意的问题。在员工入职当天企业可审验员工相关材料，如居民身份证、户口本原件、毕业证书、学历证明、其他资质证明、近期体检报告、离职证明、竞业限制或保密协议等，并建立入职档案。

合同签订应关注的问题。

- 按时间要求签。不要等到了一个月还没有与员工签合同。
- 合同内容要全面。在合同签订时要注意合同内容是否全面，按劳动合同法的规定，项目要全，特别是应急联系地址与联系人。
- 告知内容要签字存档。这是应特别注意的，一定要让入职人员清楚应知的内容并签字确认，如岗位职业病危害、应遵守的规章制度等。

4. 其他事项

企业中总是会有很多不方便形成书面文件的或其他要明示的内容，必须一一说明。作为引导入职的人力资源或部门人员，必须对注意事项讲解清楚，明确权责。

小结：劳动关系必须要注意成立的必要条件，符合任职资格要求，而在合同管理中必须做好痕迹管理，完善相关手续。

13.3 兼职人员的管理

在专用车事业部的设计版图中，有部分工作内容是公司内部无法解决的，公司拟对外聘请兼职设计人员，以解决这部分的设计问题。

为了减少公司的成本，对某些不是长期存在，或不需要长期关注的工作，可聘请兼职人员来协助或独立完成，或将工作分包外部专人负责，这也是现代化企业管理的一种管理常态。这样的管理，可以有效减少企业在工资、社保、离职及其他方面的成本。

13.3.1 兼职人员劳动合同的签订

一般兼职人员签订非全日制劳务协议或劳动合同，《中华人民共和国劳动合同法》的第三节条款对非全日制用工有详细的规定。

兼职用人可以订立口头协议，且无试用期，可随时通知对方终止用工且无补偿。从事兼职的劳动者可以兼职多家单位，在签订兼职的相关合同或协议时，必须让其明确身份性质。

签订非全日制工作合同，与正常的全职合同差别不大，需要关注几点，如下图所示。

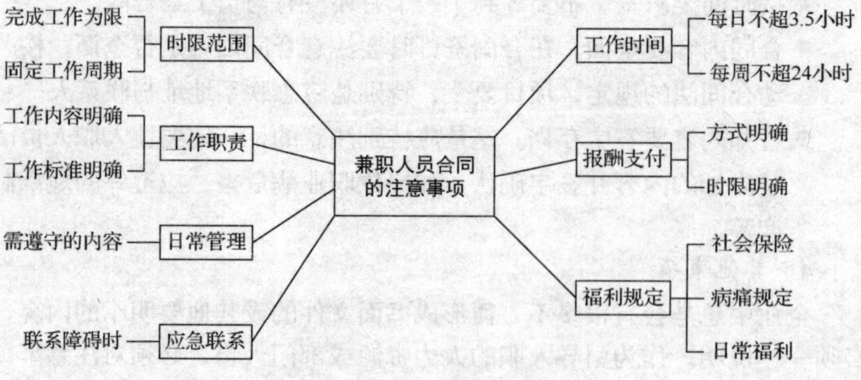

兼职人员合同的注意事项

- 注意劳动提供的时限范围是以完成任务为限还是固定时间周期。
- 明确工作内容和职责，要对应做的工作内容、工作标准及流程有明确规定。
- 注意工作时间不要超过劳动合同法规定的时间，折算平均每日工作不超过 3.5 小时，累计每周不超过 24 小时。
- 注意报酬的给付。支付方式及结算支付周期最长不得超过 15 日。
- 福利内容。对社会保险等必须明确，受伤、病痛等要劳动者自行负责也必须明确。
- 日常管理。是依照公司规章进行管理还是接受部分管理等。
- 紧急联系。对联系障碍状态的联系方式等的明确。

13.3.2　兼职人员的管理

在兼职员工的管理上，一定不要把兼职员工当“外人”，只有尊重才能换来对工作的负责。

有的企业在有节假日福利时往往会选择性忘记兼职服务的员工，在对兼职人员的管理上，要按内部员工对待，只是在制度管理上有选择。

兼职员工的管理如下图所示。

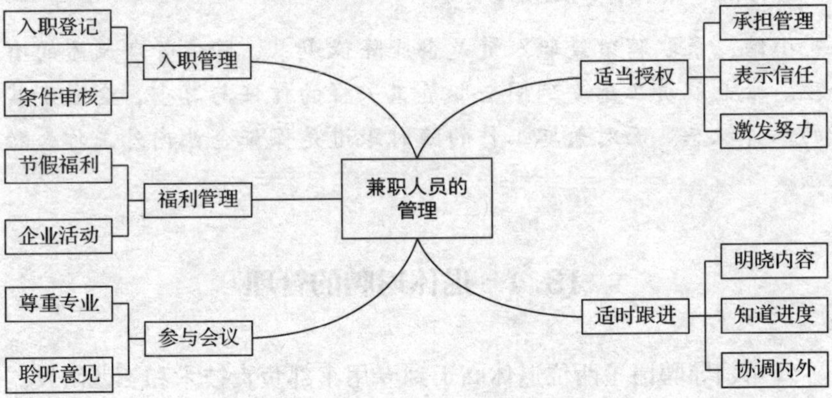

兼职人员的管理

- 入职管理。依照正式员工的入职办法管理，对入职登记、证照等进行要求。

- 福利管理。过节物资、假日活动等要将兼职员工考虑在内，热情邀请其参加，营造良好的沟通交流的环境，并积极融洽其与内部员工的关系，增进了解，促进工作的进展。
- 参与会议。公司的管理由领导指导，而在某些专业决策，涉及兼职人员专精业务时，要能积极邀请其参会并征求其意见，在有不错的收获的同时，也会激发其内心代入感，起到付兼职薪酬收获全职贡献的作用。
- 适当授权。一般来说，兼职人员对企业的感情与忠诚度都不会深厚，要想真正获得兼职员工的信任和忠诚，就要对他们适当地授权。很多公司领导不会让兼职人员承担管理工作，认为对兼职员工放权会有风险。其实这有认识上的偏差，兼职与全职对工作的管理实质是一样的。我们赋予兼职员工管理的职责，员工会感受到企业对他的信任和尊重，也会由于负责而表现出积极和感恩，从而带来完美的结果。
- 适时跟进。对兼职人员所负责的事项，在公司内部管理中，要不断跟进，避免由于兼职员工不常在公司而对工作进度不了解，工作的不合拍，或延误工作。

小结：采取聘请兼职人员是企业降低成本、降低管理风险的有效手段。让兼职员工感受到同全职员工一样的信任与尊重，会激发其更好的工作状态。而对兼职工作的随时跟进是保证企业内外工作合拍的基础。

13.4 退休返聘的管理

公司领导聘请了两位退休高工到专用车部负责技术和工艺研发。但小柯不知道该如何对退休返聘人员进行管理才既能降低管理风险，也能更好地做工作。阿东告诉她，对退休返聘人员，主要要做好有关病痛管理与风险防范。

13.4.1　退休返聘管理应关注的情况

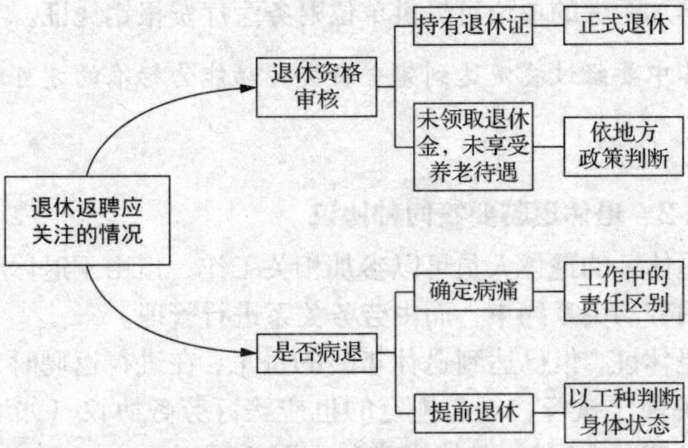

退休返聘应关注的情况

1. 退休资格条件

- 确实达到社保及年龄标准。
- 经劳动管理单位认可的工种，如高空、特殊工种、繁重体力（简称高特繁工种）等可以提前 5 年退休。
- 患有较为重大的疾病且经有关机构鉴定确认的。

而对于招聘未能满足领取养老金或未能享受社会养老待遇条件的超过退休年龄的人，则一般不将其看成退休返聘。

2. 返聘入职时要进行伤病确认

对于退休返聘的员工，企业必须在其入职前了解其身体状况，确认其所患病症是否影响工作，明确其在参加企业工作后所发生病痛的责任划分。

- 一般类疾病住院出院后满 1 年。
- 恶性肿瘤、尿毒症、肢体瘫等难以康复的严重性疾病住院出院后医疗期满。
- 精神类疾病住院出院后年满 5 年，且有 5 年系统治疗诊断记录。
- 职工在申请病退鉴定报名时须提交《病退鉴定申请表》《病退鉴定须知》、本人签字的申请书、正规住院病历和住院医疗费报销凭证，以及市、县两级医保中心医疗保险费支付单。需要注意的是，如个人存根丢失，可提供医保中心存根复印件并加盖医保中心印鉴，未参加医保的单位可提供单位财务医疗费报销凭证。

注：其中要经过鉴定达到完全丧失劳动能力标准的才可以办理因病提前退休。

13.4.2 退休返聘要签何种协议

持有退休证的退休人员可以参加相关工作，但由于退休原因，原则上不能再用劳动关系约束，而由劳务关系进行管理。

没有退休证，但已达到退休年龄的员工，在进行返聘时，一般要参照当地有关规定执行，没有规定的也应签订劳务协议（如地方政策规定必须签订劳动合同）。具体内容如下图所示。

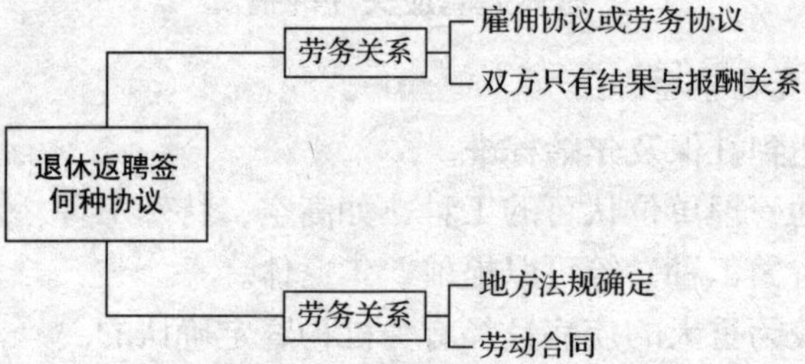

退休返聘签何种协议

1. 劳务关系的确认与双方之间的义务

拿到了退休证后，退休者与原单位已经没有了劳动关系，在与企业签订平等的劳务协议之后，双方之间只是劳务委托关系。双方主体之间只存在财产关系，即经济关系，彼此之间无从属性，不存在行政隶属关系，劳动者提供劳务服务，用人单位支付劳务报酬，各自独立、地位平等。

注：劳务合同指以劳动形式提供给社会的服务民事合同，是当事人各方在平等协商的情况下达成的，就某一项劳务及劳务成果所达成的协议。从狭义看，劳务合同仅指一般的雇佣合同，它是确立雇主和劳务人员相互之间法律关系，各自的权利、义务和职责的重要文件，是受到法律保护的。

劳务合同只是一个经济合同，由合同法来调整，即委托单位将一定的任务交给被委托方，被委托方在合同规定的时间内完成任务或者提交结果，委托方支付给被委托方劳务费，除此之外，委托方没有其他义务。被委托方与某个用人单位签订了劳务合同，完全可能再与另外一个单位签订劳务合同，双方要遵守的更多的是劳务合同中规定的内容。

单位只需要为其完成的任务按双方约定提供劳务报酬即可，并不存在其他的义务。

2. 退休返聘员工与企业是否会有劳动关系

退休返聘者为企业劳动，而企业也按劳动付给了劳动报酬，那么双方会不会产生劳动关系?

根据劳动法、劳动合同法等条款，判定劳动关系必备的三大标准如下。

- 用人单位和劳动者符合法律、法规规定的主体资格。
- 用人单位依法制订的各项劳动规章制度适用于劳动者，劳动者受用人单位的劳动管理，从事用人单位安排的有报酬的劳动。
- 劳动者提供的劳动是用人单位业务的组成部分。

持退休证人员是不具有法规规定的劳动主体资格的，在发生有关退休返聘人员的经济纠纷时，双方将不能按劳动关系处理。

根据《最高人民法院关于审理劳动争议案件适用法律若干问题的解释（三)》(法释〔2010〕12 号）第七条规定：用人单位与其招用的已经依法享受养老保险待遇或领取退休金的人员发生用工争议，向人民法院提起诉讼的，人民法院应当按劳务关系处理。

对于未享受养老保险待遇的超龄人员返聘，并没有法规规定不能作为劳动关系。在有的地方政策中，退休返聘人员是可以签订劳动合同的，属于劳动关系管理。

13.4.3 退休返聘员工伤病风险管理

退休返聘员工也是伤病等易发群体，为降低经济风险，必须做好相应的管理措施，如下页图所示。

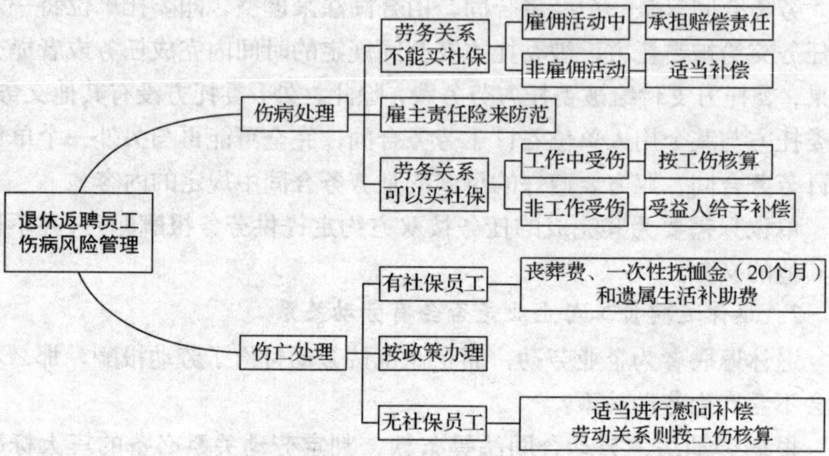

退休返聘员工伤病风险管理

1. 因伤病的处理

返聘员工为劳务关系，也就是一种雇佣关系，如果受伤，企业不用按工伤赔偿责任负责。

如是没有退休金可领的超龄员工，按地方规定签订的是劳动合同时，则必须按工伤处理。如果是在雇佣活动中受伤的，那么，企业（雇主）还是要承担赔偿责任的。企业也可为返聘人员购买雇主责任险。

如果不是在雇佣活动中受伤的，而是在雇佣活动中因自身身体机能而生病的，雇主需要给予适当的经济补偿。

《最高人民法院关于贯彻执行〈中华人民共和国民法通则〉若干问题的意见》指出，当事人对造成损害均无过错，但一方是在为对方的利益或者共同的利益进行活动的过程中受到损害的，可以责令对方或者受益人给予一定的经济补偿。

因此，企业要为退休返聘员工购买疾病保险以降低风险。

2. 因工伤（病）亡的处理

企业退休职工死亡待遇一般由丧葬补助费和抚恤金（救济金）、供养直系亲属定期生活困难补助构成，全国尚无统一规定，一般由各省、直辖市、自治区规定，同一省市执行同一政策。

丧葬补助费一般按所在省市上年职工平均工资计算或按定额支付，

抚恤金按本人基本养老金计算，供养直系亲属定期生活困难补助按当地政府规定生活困难补助标准计算，唯一不同的是按本人基本养老金计算抚恤金。

返聘员工非因工死亡，可以获得丧葬费、一次性抚恤金（20 个月）和遗属生活补助费（10 个月），这些将由社保支付。

对于没有退休金的员工，在有关伤病中，要按所签合同进行处理。如果是劳务合同则基于情义出发，可以适当进行慰问补偿。如果是劳动合同，要按工伤待遇进行核算。

小结：对退休返聘员工，要在入职中做好资格审核，明确其身体伤病状况，要为其购买雇主责任险以降低企业风险。享受养老待遇的只能是劳务关系，没有享受的可以是劳动关系（按地方法规），也可协商一致为劳务关系。

第 14 章
Chapter 14

绩效管理基础认识

说起企业管理一定会提到绩效，似乎没有绩效管理，企业的生产经营就不能走上正轨。当专用车事业部总经理向阿东提出在事业部引入绩效管理，以提升事业部的业绩时，阿东觉得事业部才组建不久，在管理、产品研发、市场开拓、营销管理、财物运作等方面都还需要继续加强，要进行绩效管理，必须有一定的管理基础。另外，从总经理到普通员工都要对绩效管理有一定的认识，才能有效推行，绩效管理才能发挥其提升业绩、提高员工素质的作用。

14.1　从当前问题着手绩效实施

很多中小微企业也在使用绩效管理，想靠此解决所有问题，但大多数企业使用的结果是只增加了各部门的工作量。

不少经营者觉得实行绩效管理，对企业效益的提升似乎没有什么效果，就是让各部门看起来稍微忙了一点儿，而绩效考核的结果也就是用来给员工加钱或扣钱。

让工作有序，用结果衡量报酬，这本是绩效管理的功能之一，但不是绩效管理的本质作用。

其实这样的结果，是由于企业各级人员并没有真正搞懂绩效管理，走入了绩效的误区，没有着眼于企业当前问题的解决，而让绩效管理成了形式，不能真正着陆企业，起到推动作用。

14.1.1　绩效管理常见的误区

企业绩效管理的实施中，很多经营者将绩效管理当成了企业管理的万能药，能治企业百病，这是对绩效管理的认识偏差造成的。绩效管理中常见的误区如下图所示。

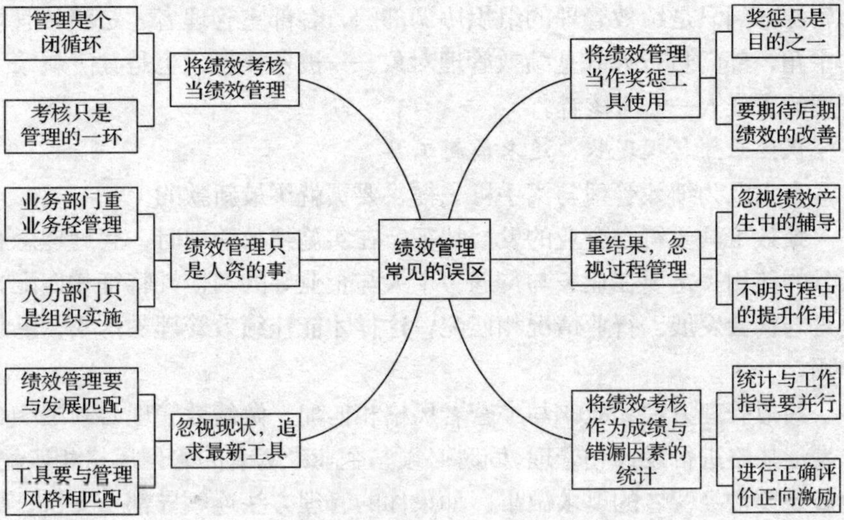

绩效管理常见的误区

误区一：将绩效考核当绩效管理

很多人并没有深入地学习研究过绩效管理，以为进行了个人或部门的绩效评估，对部门或个人评价打分，就是绩效管理了，实则这只是其中的一部分，一个考核环节而已。

绩效考核指在公司总体目标下，运用设定的工作标准和指标，对员工一段时间的工作行为及取得的成绩进行考核评估，并以评估结果对员工的后期工作行为进行正向引导，以产生良好结果的过程和方法，是绩效管理中的一个动作环节。

绩效管理指为了达到组织目标，各级管理者和员工共同参与包括绩效计划、绩效实施、绩效考核、绩效沟通与反馈、绩效结果应用、绩效总结评价、绩效目标提升的绩效循环。其目的是持续提升个人、部门和组织的绩效，达到劳资双方共赢的目的。

误区二：绩效管理只是人资的事

大部分业务部门都只专注本部门的业务推进，而认为很多管理手段、规章制度，包括绩效管理都是过场，是在耽误他们的工作时间，而且认为绩效管理就是人力资源部的事。

事实上，绩效管理不是为 HR 服务的，而是为整个组织服务的。人力资源部门只是绩效管理的组织协调部门，各部室管理者才是绩效管理的主角，部门负责人既是绩效管理对象——被考核者，也是其下属绩效管理的责任人——考核者。

误区三：忽视现状，追求最新工具

有人以为绩效管理与买手机一样，要买就买最新款的。

绩效工具要符合企业的发展特征，在实施绩效管理时，管理理念和工具的使用一定要在业务与待遇、个人与企业等的习惯性特征相匹配，还得与社会发展、行业情况相匹配，这样才能让绩效管理易落实，易起作用。

绩效管理方式和战略与经营者风格相匹配。做绩效管理必须围绕企业发展战略进行设计和管理，同时必须与企业经营者的管理风格相匹配，也就是要按经营者的要求做事，如果你的管理方法连领导都不支持，那么更没人支持你做绩效管理了。

考核者与被考核者都要懂绩效管理工具。当员工只能接受你给的考核结果，却无从辨别绩效考核结果是否公平、对错与否时，你的绩效考核在员工心里是没有可信度的。对各级管理者和员工进行绩效管理，有关工具、方法、技巧的培训很有必要。

误区四：将绩效管理当作奖惩工具使用

大多数企业将绩效考核的结果运用到企业资源在部门的分配上，如员工的淘汰、升迁、奖励、处罚等，将绩效管理简单地当成激励工具、奖惩工具使用。这样做当然不无道理，但绩效管理不是单纯为奖惩员工而开展的，它应当成为提升企业整体绩效和员工个人绩效的原动力。如果只是为了给奖励和处罚找到理由，就没必要开展绩效管理。

要明白绩效管理的作用是正向改善，使管理在后期有更好的组织及个人绩效呈现，这比只将其作为奖惩工具更加重要。

误区五：重结果，忽视过程管理

在绩效管理中，在设立指标后，不再对绩效进行管理，年初设指标，季度或年末看结果，这是很多经营者和管理者所持的态度。他们觉得下达了指标，员工就该按指标去完成，但他们不知道绩效管理最重要的作用是在绩效实施过程中，指导员工更好地开展业务，以达到或超越绩效目标。

通过对绩效实施过程的管理，对绩效计划的执行环节进行有效监督和控制，及时发现存在的问题，引导部门和个人的工作回到围绕实现企业目标上来，以避免出现不应有的错漏及损失，这才是绩效管理的重点。

误区六：将绩效考核作为成绩与错漏因素的统计

做绩效考核要把握通过绩效管理指导工作开展的目的。在考核中考评者必须发挥主观能动性，要根据工作开展的实际情况变化，不仅对被考核者的工作成绩、影响成绩的因素等进行统计，还要对被考核者进行工作指导，并对其现有绩效状态进行客观、公正的评价，以激发其工作积极性，更好地完成组织对他的绩效期望。

由于不懂绩效管理导致的误区有很多，做好绩效管理的辅导与沟通，会减少绩效管理误区。

14.1.2 解决问题的方式

绩效管理在常规操作中都是将企业的年度生产经营目标任务，作为首要的绩效管理指标。事实上企业的年度目标不仅有利润指标，还应该有管理指标。而只有与企业发展、部门目标、个人目标切实相关的问题，才能引发企业与员工个人对自身岗责完成情况的重视。

绩效管理作为管理的一种手段，只有从解决现有问题着手，才能引起公司各层级人员的重视。所以，将解决管理中实际出现的问题作为绩效管理落地的抓手，是最易立竿见影的，也是最能获得员工认可的。

无论任何管理手段，如果没有能够落地解决问题，最终都是无用功，只能是多个管理形式，浪费资源和人力。因此，没有发挥任何作用，绩效管理自然也会无人问津，只能是流于形式。绩效管理解决问题的方式如下页图所示。

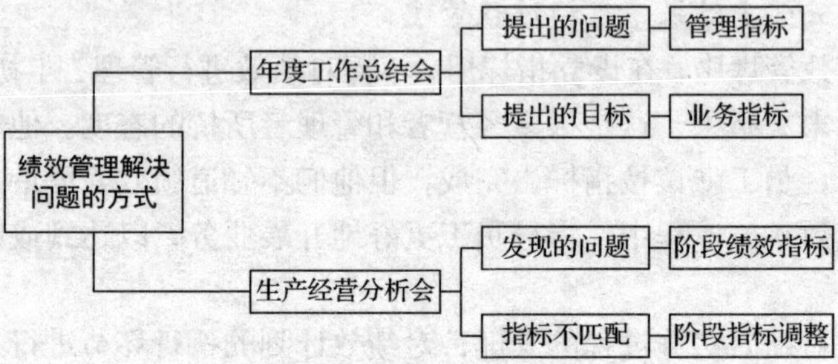

绩效管理解决问题的方式

1. 年度工作总结会

企业管理中需要解决的问题，我们可以从上年度的工作总结中获取。

工作总结内容不仅包括成绩，还包括需要的解决的问题。将总结中真正需要解决的问题设置成我们的绩效管理目标，将是一个明确的绩效指引。问题解决后也会是一个效果明显的管理成就，可以极好地提升绩效管理，促进绩效的改善。

2. 生产经营分析会

企业的目标达成、生产经营、营销情况、财务、人资等工作在年度计划中的实施，总是需要不断进行调整部署的。生产经营分析会中所发现问题的解决办法，就是我们月度、季度、半年度的绩效指标了。

在生产经营中由于客观条件的变化，会出现年初制订的阶段指标与实际状况出入较大的情况，需要对阶段业务目标适时调整，才能有效地应用到员工的绩效考核中，因而也带来了业务指标的调整。

14.2 绩效评价

在企业中，实施绩效管理，对各部门、员工进行绩效考核后，也同样要对绩效管理的实施、绩效考核的进行等工作进行评价。

通过对绩效管理工作的评价，能够告诉企业是否需要坚持进行绩效考核或坚持按这种方式进行绩效考核。

14.2.1　绩效实施常犯的错误

在接触绩效考核不久的企业中，特别是中小企业，对绩效管理总是要加入自己主观的理解，同时在听过两堂绩效管理课后，总是冲动地夸大绩效管理，以为“一考绩效治百病，二搞管理解百问”，却常常将绩效管理搞成了四不像。

殊不知绩效管理也只是企业各种管理工具中的一种。在施行绩效管理中，往往会由于主观原因而犯下各种错误。

- 绩效考核常追求大而全，没有重点，考等于无。
- 被考核的都是中低层，高层只负责考核。
- 重考核、轻管理、图结果、无跟踪，更谈不上改善与维护。
- 目标制订没有基础，找不到指标，有的目标很高，无论如何都无法完成；有的目标又很低，不用费力都能很容易完成。
- 绩效考核变成自我考核，不知道自己服务的对象是谁，应该由谁来实施考核。
- 考核求和谐，各部门互相沟通考核过程，吃大锅饭其乐融融。
- 绩效考核就是为了管理赶时髦、跟形势，增加管理项目，其实不懂使用，与个人利益匹配不合理。让绩效考核使用不下去或毫无意义，对效能提升反而起到阻碍作用。
- 考核实施任性、无规划，频率太高或时间跨度太长，对目标的实现过程没有正确的认识。

14.2.2　绩效评价的作用

绩效管理是一个不断计划（Plan）、执行（Do）、检查（Check）、整改（Act）的 PDCA 循环过程，体现在所有的绩效管理环节中，包括绩效管理目的的确立，绩效指标的设定，绩效要求达成，绩效实施修正，绩效面谈与沟通，绩效检查、评价与改善的循环，是一个不断发现问题、改进问题的过程。其最终目的是实现个人效能与组织绩效的共同提高。

绩效评价实则是绩效实施中的一个环节，是为了更好地让绩效考核管理实现个人效能与组织绩效提高的目的，是对阶段性绩效管理工作的一个总结和提高的过程，如下页图所示。

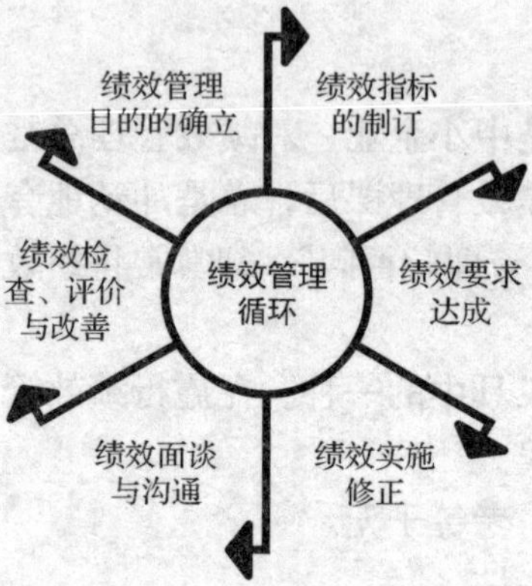

绩效管理循环

绩效评价只是绩效管理循环中的一个环节，评价有两个作用。一是让我们的绩效管理技术更加成熟，确认目前的绩效考核管理是否起到应有作用或是否匹配企业发展阶段。二是针对绩效考核结果进行评价，让考核依照评价情况进行更好的设计，以期产生更好的组织激励效果。

这其实是一个通过现象看本质的过程，即我们在绩效考核管理的过程中通过对实施环节中的绩效组织、考核工具、指标与标准的匹配度、员工的绩效状态、考核结果是否客观等数据的收集分析，来评价在绩效考核管理中所涉及的组织、资源、人员、结果、使用等是否达到价值最大化。

绩效评价最终的作用是更合理地调配使用人力资源，衡量各岗位人员胜任度，并进行合理提升。最后通过人员效能的提升，促使组织绩效的提升。

14.2.3 绩效评价工作的开展

凡是工作一定要有目的，而绩效评价工作的开展，必须围绕上述两个作用进行，即通过绩效评价让绩效管理技术更成熟，让绩效结果运用得更好，最终产生良好的组织激励效果。

绩效评价可以从两个方面进行，如下图所示。

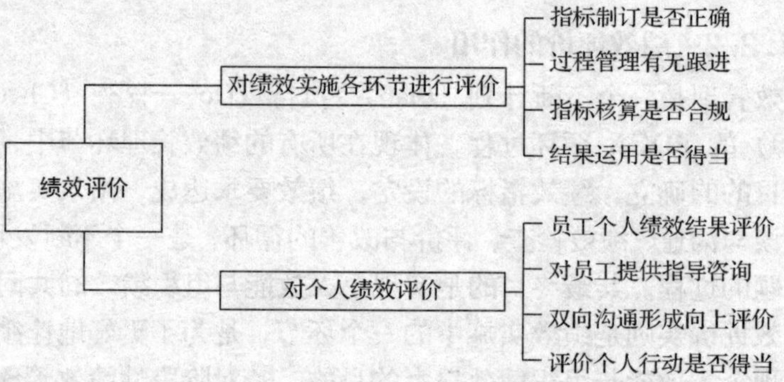

绩效评价

1. 对绩效实施各环节进行评价

绩效考核是否只是流于形式，需要通过实际效果，即个人业绩与组织绩效来看。一般我们对指标设定一个目标下限，低于下限就一致否决。

绩效考核制订的体系是否完善、流程是否健全，可以从绩效管理的基础是否扎实来判断。一般包括部门职责、岗位职责、工作流程、业务流程几个方面，还要考虑绩效考核推进是否正常、是否明确了组织机构、运转是否正常、在实施过程是否有具体的推进计划和改进调整方案，以及改进方案是否纳入绩效管理过程。

绩效考核的有效性可以从以下几个方面评价。

- 指标制订是否正确。是否与经营目标相关联、指标是否是关键事项。
- 绩效实施过程管理。有无跟进、有无分析、有无解决措施，对这些跟进过程有没有记录、有没有对改进效果的评估。
- 指标考核与测算是否合适。所采用的指标与核算方法是否符合岗位特点、结果是不是能够准确反映员工的业绩表现、考核的导向是否正确、是不是能够通过考核引导员工为公司经营目标的实现和业务活动开展服务。
- 考核结果的使用。只是流于形式还是真正应用在了员工的业务培训、薪酬激励、职业发展等方面。
- 考核工具是否符合企业发展。工具的使用是否与企业发展阶段相匹配、公司员工对绩效考核的理解与认同程度等是否匹配，一般情况需要从外部聘请专业人员进行培训后员工才能有效认知，要集中、统一培训，准确掌握考核方法和尺度。

2. 对员工个人的绩效进行评价

有效的绩效考核总要落实在员工本身。主角是员工，我们要在绩效考核中实现对员工的技能、绩效、个人综合素质的提升，从而指导员工规划未来发展方向。

- 一是评价员工。针对员工过去的绩效表现做出具体的评价，并根据评价结果判定是否应给予适当的奖酬，如调薪或是职务升迁等。
- 二是指导员工。对员工未来的发展提供必要的协助与咨询。例如，有哪些地方需要改进、是否有专长没有完全发挥、员工未来在组织内的生涯发展该如何规划。

- 三是建立向上评价。达成双向的沟通，从员工的角度了解领导与员工之间的互动情形，借这个机会为自己与员工之间的关系进行一次检查。
- 四是考量员工达成目标的措施是否得当。帮助员工达成绩效，并在过程管理中，围绕目标达成考量员工达成目标时所表现的行为或是采取的行动是否恰当。

14.2.4 绩效评价中应注意的问题

在对绩效管理进行评价时（主要是个人绩效评价），受某些因素影响，容易产生个人主观评价，如同情心、同理心等。为此，在进行绩效评价时，我们一定要注意一些问题，如下图所示。

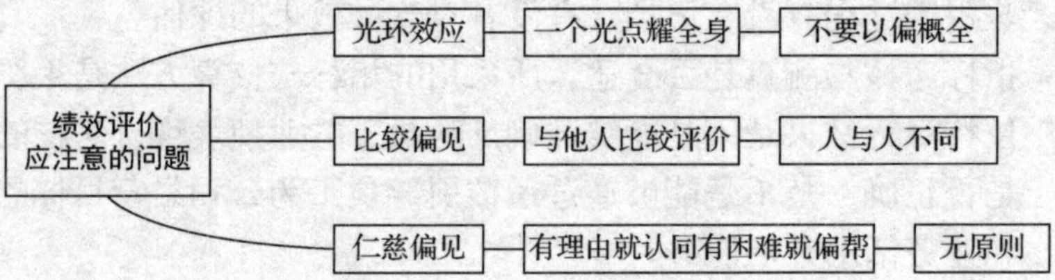

绩效评价应注意的问题

- 光环效应：单凭员工在某方面表现优异就认定他在所有方面都表现不错。
- 比较偏见：进行评价时常常会比较不同员工之间的表现，以此判断员工的表现是好是坏；或是在与员工的讨论过程中提及某人有不错的表现希望员工也能达到相同的标准。
- 仁慈偏见：鉴于员工有困难或客观理由等，尽管员工的表现并不优秀但也会给予不错的评价。

只有客观地评价才能真正找到绩效管理中的问题，并帮助员工提升个人绩效与个人综合素质。

总之，认真进行绩效评价有利于绩效管理的完善，有助于真正实现企业效益的增长，实现员工绩效的提高与个人综合素质的提升。在绩效管理中，认真进行绩效评价是不可缺少的一环。

第 15 章
Chapter 15

绩效考核工具

现实情况是许多人连基本的 KPI、BSC 等绩效考核工具都不了解，更别说用来绩效考核了。

为此，阿东觉得有必要向公司领导建议在公司内普及一下绩效管理的基础知识。

15.1 考核工具的选择

企业都是从无到有不断发展壮大的，企业发展的各阶段对事业的追求不一样，因此实施绩效考核应选择的考核工具也应随企业发展阶段有差异，只有适应企业发展，才能有助于绩效管理。

现有绩效管理的工具多种多样，考核方式各不相同，工具推出的时间有早有晚，考核重点也各不相同，这些工具没有优劣之分，只有适宜与否。

15.1.1 了解考核工具

要想做好绩效考核，让绩效管理实施有效，在选择考核工具时，必须依据企业所处的发展阶段，具体如下页图所示。

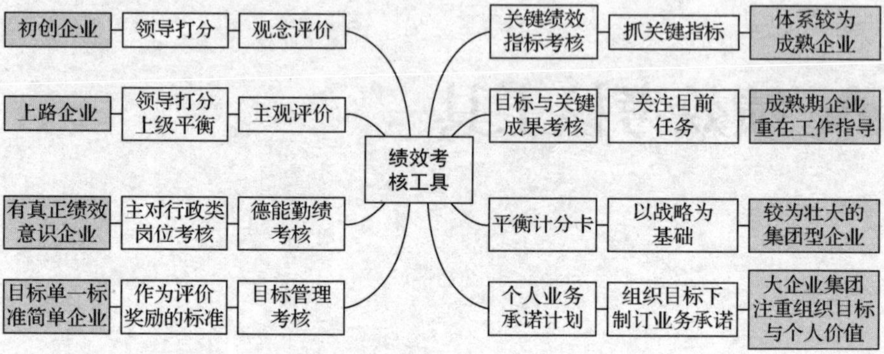

绩效考核工具

一般的绩效考核方式，有以下几种。

- 观念评价。观念评价一般情况下指经营者根据自己的印象，认为谁好就是好，多给奖金即可——适用于初创企业。
- 主观评价。主观评价指由经营者根据自己对所属人员的了解进行评价，再由上级进行稍微平衡——适用于创立后已基本步入正轨的企业。
- 德能勤绩考核。德能勤绩考核一般针对文职类。这时的企业已有绩效管理意识，但尚未到精细化程度。一般由相关部门的服务部门、领导等接触较多的部门进行测评打分——适用于有意识进行绩效管理，但还处于生存打拼阶段的企业。
- 目标管理考核。目标管理考核，即 MBO（Manage By Objectives）考核。根据一定时期的总目标来决定上下级的责任和分目标，并把这些目标作为经营、评价和奖励每个单位和个人贡献的标准。主要在于考核的量化与目标的达成考核——适用于只有一个目标需要达成的企业。
- 关键绩效指标考核。关键绩效指标考核，即 KPI（Key Performance Indicators）考核，将绩效的评估简化为对几个关键指标的考核。这个指标必须符合 SMART 原则：具体性（Specific）、衡量性（Measurable）、可达性（Attainable）、现实性（Realistic）、时限性（Time-based）。KPI 考核能保证企业的正常运行和主要目标的达成——适用于体系较为成熟完善的企业，KPI 主要强调对人事的高效组织和结果的达成。

- 目标与关键成果考核。目标与关键成果考核，即 OKR（Objectives and Key Results）考核，是为确保达成企业目标关键结果的分解与实施，更有效率地完成目标任务，并且依据项目进展来考核，其重点不在考核某个团队或者员工，而是时刻提醒每一个人当前的任务是什么——适用于处在成熟期的企业，OKR 重在工作指导。
- 平衡计分卡。平衡计分卡，即 BSC（Balanced Score Card）考核，是以战略为基础的绩效考核，可以从财务、顾客、内部过程、学习与创新四个方面对企业进行全面测评，从而对实现企业的发展战略，创造全面的条件——适用于较为壮大的集团型企业。
- 个人业务承诺计划。个人业务承诺计划，即 PBC（Presonal Business Commitment）考核。PBC 考核是一个业绩管理系统，它需要将集团、部门的工作目标逐级分解到每一位员工。每个员工都要在充分理解公司的业绩目标和具体的 KPI 指标基础上，在部门经理的指导下制订自己的 PBC，并规划出来年为了实现各个方面的目标所需要采取的行动，相当于立下一个一年期的"军令状"。制订 PBC 时，需要个人与其直属经理共同商讨，这样可以使个人计划与整个部门计划融合，以保证其切实可行——适用于大企业集团，注重集团目标实现与员工价值实现。

15.1.2　要看需求选择工具

面对功效不一的考核工具，企业如何辨别自己适用于哪一种，这需要企业有清晰的战略目标，明白当前自己关注的对象是什么，例如，是要主抓企业的规范管理，要着眼于销售业绩的突破，还是想通过各层级人员素质提升，提升组织整体水平等。

在工具选择上，首先应明白企业现阶段发展的需要，再结合现状确定采取何种方式进行绩效考核，具体办法如下页图所示。

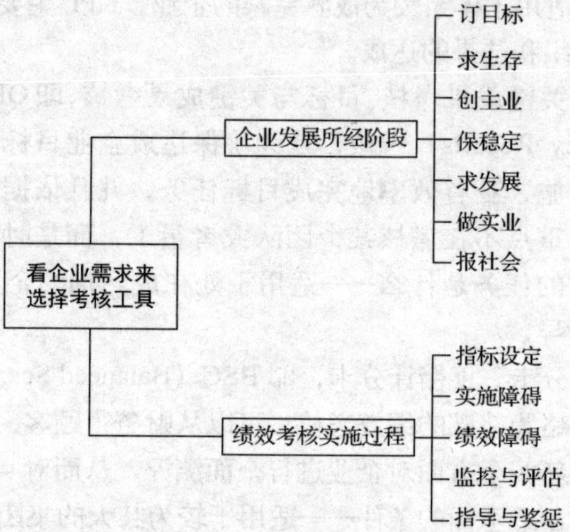

要看企业需求来选择考核工具

1. 企业发展所经阶段

每一个企业往往都要经历这样的发展过程：订目标——求生存——创主业——保稳定——求发展——做实业——回报社会。

- 一是确定进入的行业与项目，这是企业为之奋斗的最初目标，也是创业的契机。
- 二是如何在行业与项目上获得市场以求存续，这是先生存后发展的必要前提。
- 三是确立主打产品。想让企业一直有市场，就必须有自己的主要利润来源。
- 四是发展必须在运行中有稳定。边选择边做强，稳定自己的市场，稳步累资本。
- 五是发展的车轮不能停下。企业只有发展才能生存，只是一味守成，终将被淘汰。
- 六是企业做大做强，成为集团企业。有自己的发展系统，不太需要过于关注竞争对手，做自己的发展就好。
- 七是企业必须回报社会，才能在社会中获得支持。这时的企业财富对于经营者也只是锦上添花，更多的应关注社会民生，为社会发展、国家发展服务。

选择何种考核工具，应当结合各考核工具的作用，可以使用一种，也可多种方式并行。

2. 绩效考核实施过程

在绩效考核的实施中，必须全程进行绩效辅导。要让管理者与员工明确绩效工作的实施缘由、实施中潜在的障碍、解决问题的办法措施。分析实施中存在的问题，找到原因，寻求公司或领导的帮助。

绩效管理的实施是一个针对目标不断执行、检查、评价、改善、调整的循环。

- 绩效目标的设定。绩效考核的目标设定要可考核、可量化、有改进、有监督，并形成一个 PDCA 循环。
- 在实施过程中必须确认各种障碍的存在。没有一开始就十分完善的考核体系，经常会出现如流程不顺、预算体系不全、绩效理论不懂、分配制度不合理等问题。
- 克服绩效障碍。进一步完善组织结构、职位说明书、工作流程等。
- 在实施过程中必须做好监控与评估，以把控实施的效果。
- 考核结果的实施——指导与奖惩。考核结果必须切实有效，在考核实施中必须注重考核的有效性，以及证据的充分与存续性，必须使用考核结果，且公开、公正、公平。

小结：绩效理论的辅导学习，在于为企业打下管理的基础，为实施做好铺垫。考核工具的使用在于企业发展的需求，而发展的评估在于企业领导与 HR 的共同诊断。只有适宜的考核工具才能更好地为企业服务。

15.2 KPI 的应用

在绩效管理中，一定要对组织及个人的绩效进行考核。KPI 考核适用于绝大多数企业。这是由于大多数的中小企业在管理时，往往只需要抓住关键的几点，就能让企业较为有序、有效地运转。为此，阿东建议专用车事业部使用 KPI 进行考核。

15.2.1 KPI普适考核工具

要说KPI，就要说到关键结果领域及20/80法则，只有找到企业的关键领域中的关键工作，确定该工作的参考标准，才能制订KPI指标，并进行KPI考核。KPI的理解如下图所示。

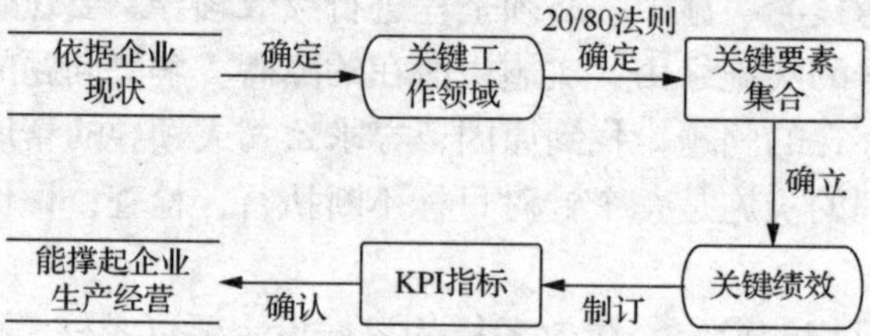

KPI的理解

KRA（Key Result Areas，关键结果领域）是某部门或某岗位的主要职责，是对企业来说最有价值的部分，也是企业希望该部门或个人一定要完成的任务，是企业对其的期望所在，是取得成功的关键要素的集合。

而KPI是从KRA中提炼出来的关系整体工作的最关键的绩效，是根据20/80法则确定支撑企业运转的最关键的20%的员工，是我们必须要关注、保留的骨干员工。企业生产运行中，一般也只有20%的工作是必不可少的，是我们必须要特别重视且坚决要完成的工作。

KPI代表每个组织单元的工作重点和花费时间最多的工作内容，KPI考核指标，是我们从最关键的工作中提炼出的，代表该重要工作所要完成的标准。该指标是对组织或个人绩效状况的衡量和评价的参考，是我们从企业、部门、业务板块、个人的关键成果中提取出来的主要工作目标，是为该组织、部门、个人进行绩效衡量的重要指标。

KPI指标不要求全面，却要求能支撑企业生产经营管理整体框架，对各层级的重点工作具有指导作用。无论企业大小、创建的时间长短，每个企业都有在该时间段所关注的最重要的那几项工作。

KPI考核适合大多数求生存谋发展的企业，是一个普遍适用的绩效考核工具。

15.2.2　KPI 指标的设定程序

考核指标的设定应满足可衡量、可达到、具备一定挑战性的要求。一个没办法量化的指标会流于形式，也不可能确保考核的公正性，一个没有可达到性的指标是不会对受众有激励作用的，一个没有挑战性的指标更会误导员工，使其觉得工作很简单，不需要努力就能完成，会让他们安于现状、没有冲劲。

在设定公司及各层级部门、科室、个人的指标时，要将各层级指标纳入一个体系进行考虑。要在一个大的范围内，始终围绕总体目标进行，或如销售直指目标，也可如后台支持螺旋前进。就像篮球赛一样，无论是前场、中场，还是后场，都要力促进球。KPI 指标的设定程序如下图所示。

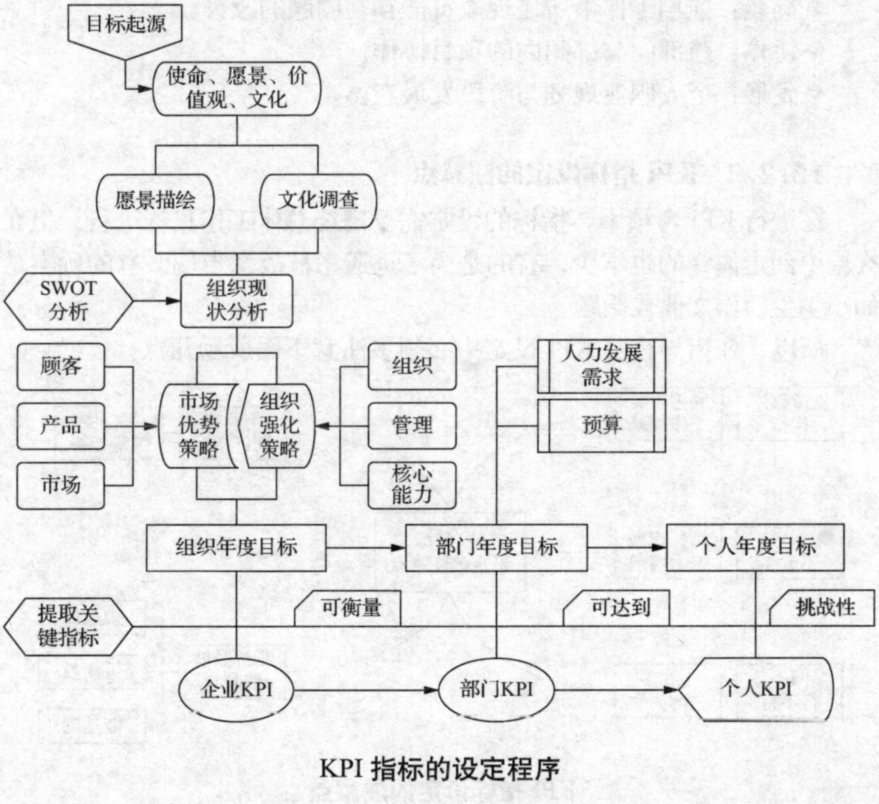

KPI 指标的设定程序

组织年度目标源于为企业的愿景目标实现的奋斗阶段目标，这与组织的现状与市场策略、发展策略有关。

部门年度目标则为组织年度目标服务，是所有部门围绕企业组织目标达成而进行的任务分解。

个人年度目标同样围绕上一级目标的实现进行设计，同时加入促使个人综合素质提升，促使效能提升的指标。个人是为企业发展服务的，但同时每个人也更着力让自己得到更大的提升，以换回更多的报酬。

个人 KPI 既要为企业发展服务，还要为个人的岗能提升、个人素质提升服务，其设定要考虑下列因素。

- 职责：个人岗位说明书。
- 目标：组织、部门年度目标，上期未完成的目标。
- 问题：前期工作中所显现或可能存在问题的改善。
- 协作：跨部门与部门内的项目协作。
- 发展：个人职业规划与阶段发展意愿。

15.2.3 KPI 指标设定的注意点

在进行 KPI 考核中，指标的设定需要围绕总体工作目标进行。但在实施中剑走偏锋的也不少，有的是为了逃避考核故意走偏，有的确实是如小学生写作文般爱跑题。

所以，在指导进行 KPI 设定中必须多注意下图所示几点。

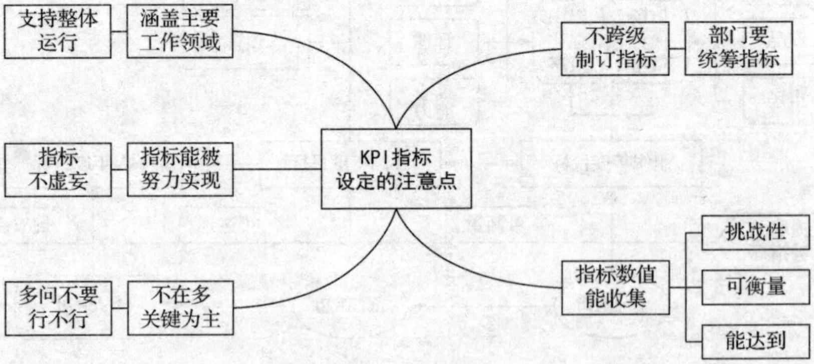

KPI 指标设定的注意点

- 指标应涵盖考核对象的主要工作领域，能支持整体工作运行，并能客观反映考核对象工作质量的高低。
- 指标应为考核对象所能控制，考核对象不能通过自身努力达成的指标，无论怎么考核都没有意义。
- 实施考核者应能够获取证明指标实现情况的客观数据，纯粹需要考核者进行主观判断的指标不宜选取。
- 指标数量不宜多，以关键为主。之所以称之为关键绩效，就是说非关键的指标无须纳入。设定时，应多问问，这个指标可不可以不要？工作中没有它是否会对公司造成大的影响？
- 不要越级制订绩效指标。各层级指标要有机结合，员工绩效需要转化为部门绩效，之后才能达到推动公司整体绩效提升的终极目标。

在设定各级指标中，不要忘记部门绩效指标，跨过部门直接对员工进行 KPI 考核，往往由于没有部门领导的统筹、没有部门的目标，而在实施过程中毫无章法。这样的绩效考核，往往会让绩效管理失去推行的土壤。

15.2.4　KPI 实施应注意的问题

在 KPI 的考核实施中，我们必须确定谁是考核的实施者，谁是被考核者，谁是考核所需信息的提供者，谁对考核的指标、方法、结果具有解释说明的义务。KPI 实施应注意的问题如下图所示。

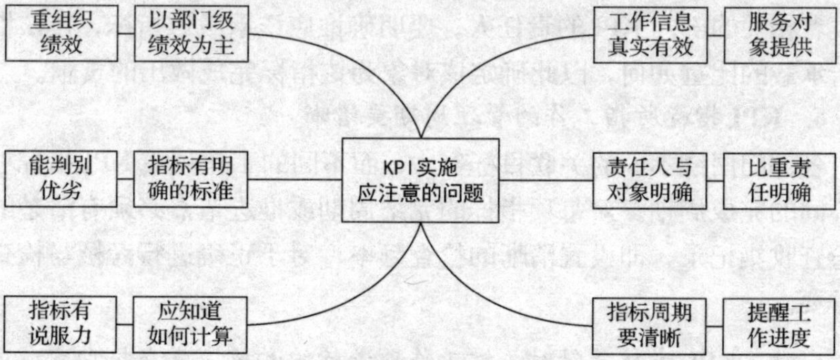

KPI 实施应注意的问题

1. 考核成绩以部门级的组织绩效为主

在综合考核成绩的计算上，员工考核成绩以部门考核成绩为主，以个人成绩为辅；部门领导的考核成绩以公司业绩为主，以部门业绩为辅。企业需要的是一个充满战斗力的团队，而不是个人英雄。绩效考核是一种激励员工努力工作并指导其工作方向的管理手段。

2. KPI 指标的达标标准及评级标准

在指标达成的优劣性评估中，我们要确定该标指是越高越好，还是越低越好，还是保持在一个范围内最好。必须说明指标的指向性，并明确核算出 KPI 得分后的成绩优劣标准。

3. 实施时必须明确 KPI 成绩如何计算

不清楚如何计算 KPI 就是乱考核，会让人因理解不同产生歧义，导致没有任何说服力。计算该 KPI 相关公式如下。

总资产周转率=销售额÷[（年初总资产+年末总资产）]÷2

通过计算将工作中的成绩转换为被考核者的评估分数。要说明 KPI 数值达到什么程度，被考核者应得到什么样的分数。

4. KPI 指标背后的工作信息必须真实有效

KPI 的信息提供者一般为 KPI 项所针对的服务对象，即生产为销售服务，售后服务为销售服务，而销售为技术提供设计方向及渠道方向，质检为生产服务等。所有 KPI 考核所需的信息不能由被考核者自己提供。

5. KPI 的责任人要明确，承载指标的人即被考核者

KPI 的责任人可能是一个部门，也可能是一个人，甚至可能是几个人或者相关的部门 KPI 的责任人。要明确谁应该承载该指标，在该指标中所承载的比重如何，以此确定该对象为该指标完成做出的贡献。

6. KPI 指标所指工作的管理周期要清晰

各部门围绕不同的关联目标努力，而不同的工作项或 KPI 指标项具有不同的完成周期。对每项指标的完结周期或推进节点必须有清楚的书面检查收集记录，即设置清晰的检查频率，对于正确进行考核与检查非常重要。

小结：KPI 考核是针对关键工作项进行的考核，意在推动完成主要工作目标。以框架托起组织的前行，但并不是说就不注重其他血肉的丰满，只是关注点与完善的进度问题。

15.3　360 度的使用

在公司推行绩效管理时，小柯找到了阿东："部长，你说绩效考核在结合公司发展阶段而选定绩效考核工具时，可以结合其他工具共同进行考核，对吧？"

"对啊，怎么了？"

"今天我说，要在我们的 KPI 某些项目的考核中，加入 360 度考核，他们说 360 度考核其实没有什么用，这是为什么呢？"

"360 度考核当然有用，而且应用在定性类的指标考核中最适合。"

在绩效管理中我们要尽量少设定性指标，就算要设定性指标，也要通过 360 度考核，在多角度、多层级上，通过量变实现质变的评价，尽量将评价的主观性转化为较为客观的评价。

15.3.1　360 度如何有效实施

360 度评价在日常的工作中对普通员工最常用的评价角度一般都是德、能、勤、绩四个方面。当然，也可对其他的定性指标进行评价，具体如下图所示。

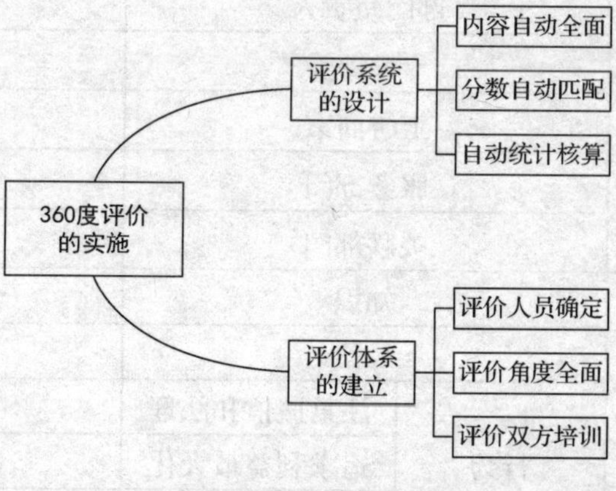

360 度评价的实施

1. 评价系统的设计

(1) 内容全面。将表格中的评价人与被评价人自动匹配与填充。选择一个被评价人，要能自动显示其基本信息。

(2) 信息自动。在进行系统设计中要注意自动化的项目设置、分数匹配与统计，这样才能减轻 HR 的工作量。做好操作培训，就可以不用集中一起进行考核评价了，可在 OA、电子邮件中进行评价发送。

(3) 纸质版存档。每个人必须保证评价的客观性，纸质版要打印签字交 HR 存档，如下表所示。

员工评价表

<table>
<tr><th>评价人</th><th></th><th>评价人签名</th><th></th><th>评分权重</th></tr>
<tr><td>被评价人</td><td></td><td>出生年月</td><td></td><td></td></tr>
<tr><td>现所属部门</td><td></td><td>原岗位</td><td></td><td></td></tr>
<tr><td>汽车或相关行业工作年限</td><td></td><td>最高学历</td><td></td><td></td></tr>
<tr><td>专业</td><td></td><td>专业技术职称</td><td></td><td></td></tr>
<tr><td>参加工作时间</td><td></td><td>公司司龄</td><td></td><td></td></tr>
<tr><td rowspan="6">评价人</td><td colspan="2">直接上级</td><td></td><td></td></tr>
<tr><td colspan="2">部门负责人</td><td></td><td></td></tr>
<tr><td colspan="2">专家评委</td><td></td><td></td></tr>
<tr><td colspan="2">上游商家</td><td></td><td></td></tr>
<tr><td colspan="2">服务部门</td><td></td><td></td></tr>
<tr><td colspan="2">关联部门</td><td></td><td></td></tr>
<tr><td rowspan="5">要项评估得分</td><td colspan="2">知识</td><td></td><td>10 分</td></tr>
<tr><td colspan="2">经验</td><td></td><td>20 分</td></tr>
<tr><td rowspan="3">行为</td><td>注重诚信和法理</td><td></td><td>6 分</td></tr>
<tr><td>追求利益最大化</td><td></td><td>6 分</td></tr>
<tr><td>客户至上</td><td></td><td>6 分</td></tr>
</table>

续表

评价人		评价人签名		评分权重
要项评估得分	行为	跨职能协作		5 分
		创新意识		4 分
		挑战高目标		3 分
	技能			40 分
评价总分				
评价结果				

小提示：员工评价表可以在 Excel 中设计。在该表中评价人、被评价人要设为固定选项，确定被评价人如出生年月、入司工龄、所属部门等情况能自动显示，避免同一个被评价人出现不同的信息，造成评价的标准不一。

2. 要注意做好 360 度评价体系的建立

为使 360 度评价结果既易于统计，又节约成本（物资、人力），往往需要 HR 进行一整套评估实施设计。

- 对评价人员要进行确定，如公司、部门领导是谁，专家评委有哪些，同级、下级又有哪些等。必须要从其工作的来源与服务的对象等有工作关联的人员中进行选取。这都要求对每个被考核人逐一确定。
- 对评价的角度要进行确定。有关一个人的成绩可以是直接的成绩，也可是人们的主观评价（成绩不一定看到，但口碑皆知）。
- 必须对被评价人、评价人进行评价方案的培训。前者要知道自己要接受哪些方面的评价，需要提升哪些方面的能力。后者要知道如何操作 360 度评价表，指标代表的含义与分值的意义等。评价人必须保持对被评价人的客观态度。

3. 360 度评价体系的优缺点

（1）优点如下。

- 比较全面地进行评估，易于做出比较公正的评价，同时通过反馈可以提高工作能力，也有利于团队建设和沟通。

- 打破了由上级考核下属的传统考核制度，可以避免传统考核中极容易发生的光环效应、中庸趋势、报复评价、不负责评价等现象。
- 防止被考核者急功近利的行为（如仅仅致力于与薪金密切相关的业绩指标）。

（2）缺点如下。

- 考核成本高，要获得来自各方面的评估，工作量比较大。
- 组织评价不是很正式时会成为某些员工发泄私愤的渠道，影响评价的公正性。
- 考核培训工作难度大，还需要员工有一定的知识参与评估。

15.3.2 360度评价指引流程

在进行评价的实施时，评价人不一定都在公司，但只要组织者通知到位，还是可以通过电子邮件、微信、QQ等即时通信工具进行及时评价。

由于没有当面进行评价培训，因此在评价系统上必须做好评价的操作提示。有的公司操作提示如下。

- 评估人填写。填写评估人姓名（自动在下拉框里选取）。
- 选取被评估人。在后台做好所有被评估人的基本情况及主要业绩（为避免遗漏建议依次选取）。
- 开始打分评价。当被评价岗位出现岗位名称及对应的“评估人”一栏显示有您的姓名或“专家评委”字样时，请在该岗位黄颜色单元格内按照评分规则打分。
- 是否需要评价。当申请匹配的岗位为空值或该岗位对应的“评估人”一栏既未显示您的姓名也无“专家评委”字样时，表示该岗位不需评估打分，已有评估分数的请删除。
- 对被评价人的评价信息完成后必须单次保存。在确认全部填写无误后，点按右上方的“保存”按钮。
- 下一轮评价。在点按“保存”按钮后开始选取新的被评估人，并从第2步开始重复上述步骤打分至全部被评估人评估结束。
- 随时存盘。填写过程中及退出表格时，请注意存盘。

- 不能保存的解决方法。如果出现不能保存的情况，选择“工具→宏→安全性”命令，然后选择安全级别最低，之后存盘退出再次打开进入即可。

小结：360 度评价体系，虽然设计、操作皆不容易，而且费人工，但能得出较为客观的结果。

15.4 BSC 的实施

BSC 也是受众多企业认可的一项绩效考核工具。但对 BSC 比较复杂，在实施中需要较高的专业度、较为完善的组织流程，因而在很多企业中难以真正落地。

小柯想学习下 BSC，认为可以与 KPI 进行比较，相互论证有助于对绩效管理的认识。为此，阿东从 BSC 的基础到实施进行梳理，告诉她 BSC 考核的财务、客户、内部流程与学习和成长四个方面相互制约又相互促进，可共同提升企业组织绩效与个人绩效。

15.4.1 认识 BSC 的基本概念

BSC 是以战略为基础的绩效考核，从财务、客户、内部流程、学习和成长这四个方面对企业进行全面的测评和管理，同时由于管理的相互影响，形成各板块之间的业务交流，从而为实现企业发展战略创造全面的、有效的执行条件。

BSC 能通过测评和交流，清楚地将企业目标展示给各层级管理者，使管理者注意各项指标对企业未来工作产生的影响，能有意识地趋利避害，使企业各项资源得到最大化利用。

BSC 这种绩效考核办法，一般要有良好的管理基础，基本做到精细化管理的企业才能使用。而其绩效指标的设置，在以结果为导向的财务指标基础上，增加了非财务指标，包括客户、内部流程、学习和成长方面，如下页图所示。

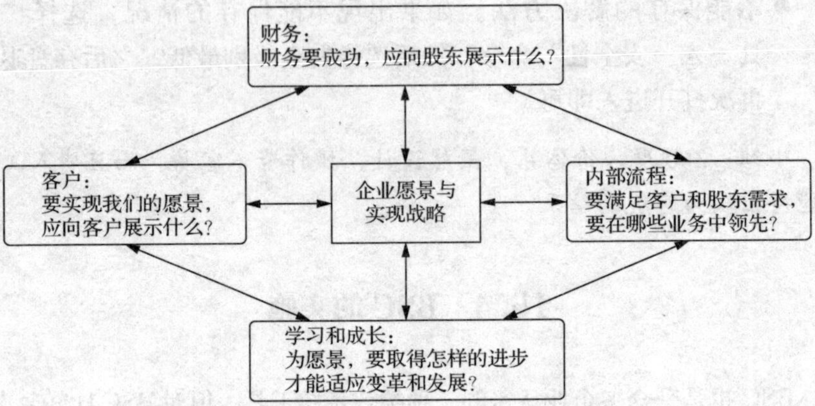

BSC 四个方面的影响与联系

从上图我们可以看到这四个方面以战略为核心，互相影响、互相支持，从而形成一个有机的整体，促使企业各方面均衡发展，最终实现企业的发展。

15.4.2 实施 BSC 的基础

任何一项绩效考核的实施都必须在企业有相应的绩效基础，一般包括企业的规划、培训、沟通、制度、标准与流程等，如下图所示。

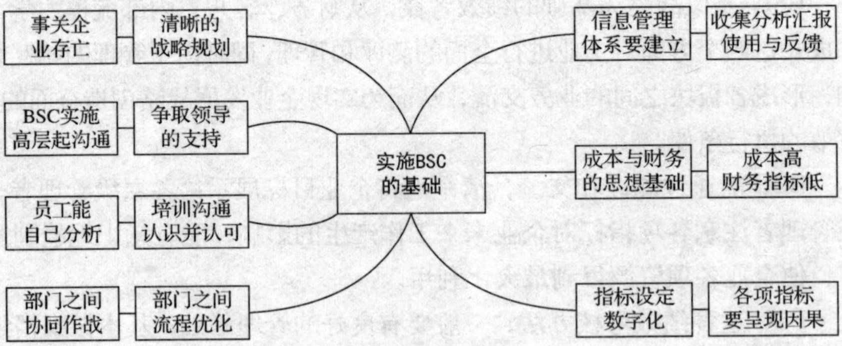

实施 BSC 的基础

1. 公司要有清晰的战略规划

我们要明白，一个企业最基本的要求是能生存下去，而战略决定企业的存亡。当生存有所保障时，才能考虑企业是否赚钱，才需要我们用管理来影响企业的盈亏；有了存在的意义与经济的基础，才能有机会考虑企业是否能成功的问题。

2. 要争取管理层的认可

平衡计分卡也必须要由高层主管全力主导整个导入过程，从总体上把握企业战略，与其他成员沟通公司的战略，对其他团队成员提供政策和资源配置方面的支持，这样才能确保平衡计分卡的构建不会流于形式或是半途而废。

3. 争取员工认可并进行培训沟通

经过培训，提高员工熟练运用平衡计分卡的能力，使他们能够把战略问题与自己的工作联系起来，收集到详细的企业运作数据，并加以分析，与公司其他成员沟通，并且发挥自己的特长来改善公司的业绩。在实施的前、中、后期都需要进行有效沟通保证考核的效果。

4. 管理、业务等流程必须优化，部门之间的目标设定必须沟通协调

大多数中小企业的年度计划和预算由人力资源部、办公室、销售部及财务部组织制订，在沟通协调上往往不足，导致在人力资源、业务支撑、制度管理、财务目标等方面都不能达到匹配的目标。

要实施 BSC 必须先对业务流程进行优化，以保证各部门的协同作战；同时，预算编制流程必须与战略目标相关联，且必须传递给整个公司，使员工的努力与其协调一致。必须想方设法完善管理流程，将 BSC 与预算、年度计划融为一体。

5. 信息采集分析管理体系的完善及构建

各类数据、信息在建立实施 BSC 的过程中起着极其重要的作用。中小企业在信息的精细度和质量上往往偏低，从而影响实施 BSC 的效果，导致所设计与推行的考核指标过于粗糙，或不真实，无法有效衡量企业的经营业绩。在信息管理体系中，必须明确信息来源、责任人、收集分析与汇报、信息的使用与反馈等。

6. 对实施 BSC 过程中初期阶段可能成本高与财务指标偏低的正确认识

BSC 四个层面是互相影响与制约的。要提高财务成果，首先要改善其他三个方面，要改善就要有投入，所以初期往往表现的是成本增加，导致企业短期财务成果减少，甚至投入与产出、成本与效益之间可能出现较长的时间差。往往会出现客户满意度提高了，员工满意度提高了，效率也提高了，可财务指标却下降的情况。对这种现象必须要有正确的认识，不要因为实施了几个月没有效果就失去信心，要将眼光放得更为长远。

7. 考核指标的设定要数字化

确定每月、每季、每年的业绩衡量指标的具体数字，并与公司的计划和预算相结合。注意各类指标之间的因果关系、驱动关系与连接关系。

内部沟通的方式要注意以下几点。

第一，做好实施 BSC 的动员会与专题会。

要实施管理改革，在前期的动员阶段，必须让大家具有一定的思想基础，在心理上有一个大致的认识会让人觉得不突然。通过管理层大会、中层干部大会、员工大会等专题形式的会议阐述实施 BSC 的重要性，可打下认识的基础。

第二，对 BSC 的重要性进行坚定地宣示。

利用各种不同沟通渠道如定期或不定期的刊物、信件、公告栏、标语、会议等让各层级管理人员了解公司的愿景、战略、目标与绩效衡量指标。只有这样，才能加深员工对绩效管理的认识，从而使绩效管理的动力更加强劲，传导更加畅通，保障企业的绩效管理制度符合各个部门及员工的实际情况，保障绩效管理的执行度和深度。

第三，在制订与实施中应征求员工意见，并对合理意见进行采纳。

偶尔采用员工的合理意见修正 BSC 衡量指标并改进公司战略，会增强员工对公司战略实施的坚定性，并自发地支持公司战略，使员工得到思想层面的满足感。

15.4.3 BSC 指标的建立

企业发展目标都要由企业的发展战略的实施来实现，而如何将战略转化为由四个业务角度组成的系统，就是 BSC 考核所需要完成的工作。

BSC 指标一般围绕四个方面分别设置，而指标之间要具有一定的因果关系，如下页图所示。

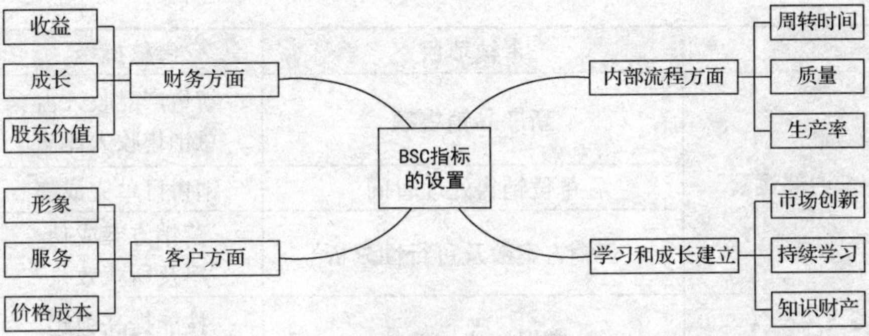

BSC 指标的设置

财务方面：我们应该达到怎样的财务目标？一般应包括收益、成长、股东价值等方面的指标。

客户方面：为达到我们的财务目标，需要向客户提供什么样的服务或多少产品？一般包括形象（产品）、服务、价格、成本等指标。

内部流程方面：为了使客户及股东满意，我们应该在哪些内部流程上进行优异运作？包括周转时间、质量、生产率等指标。

学习和成长方面：为达到我们的目标，我们的组织应该如何学习和创新？应包括市场创新、产品创新、持续学习、知识产权等方面的指标。

在 BSC 指标设置中，我们必须要明确衡量指标及目标值，并要有明确实现该目标的行动方案。

BSC 指标在绩效管理实践中，依据企业实际情况，每个方面一般可以设置 3～4 个指标。企业一般的 BSC 考核指标如下表所示。

企业一般的 BSC 考核指标

	考核项目	考核指标
财务	销售额	同期增加额
	单位销售费用	同期降低额
客户	顾客总量	市场占有率
	投诉处理成功率	客户退货次数
	一次销售成功率	重复购买率
	新顾客数	旧客户数

续表

	考核项目	考核指标
内部运营	新产品销售额	新售产品收入占总销售收入比重
	单位销售处理时间	销售订单完成率
	营销方案数及可行性分析	营销方案成功率及所获效益
学习和成长	掌握销售技能数	技能提高引起的销售增长数
	出勤率	受激励程度
	员工提建议数	建议采纳率
	员工培训时数	培训合格数

15.4.4 BSC的维护与改善

由于BSC指标总是从企业战略出发，并与企业战略紧密相连，相互之间具有因果关系，导致了BSC考核会因组织战略或结构变更而调整。

为保证BSC考核的有效，必须随时做好指标的更新与调整。而在调整中，我们必须注意两个方面的内容，如下图所示。

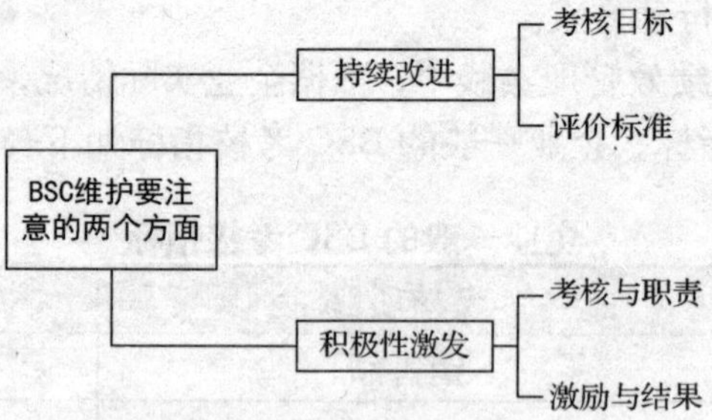

BSC维护要注意的两个方面

1. 考核目标与评价标准的持续改进

BSC的实施不是“一次性事件”，而是一个持续推进的过程。随着企业所处的经济环境的不断变化，如果改变了企业原有的业绩评价体系的存在基础，而企业的业绩评价体系却没有做出变更，那么企业的业绩将无法得到正确的评价，BSC 的实施也得不到预期的效果。企业应经常地结合各种环境因素对业绩评价体系进行重审，检查它是否仍然符合客观经济环境、符合提高企业经营业绩的要求，从而建立相应的改善机制。

2. 考核与激励必须匹配才能激发员工的积极性

使用 BSC 能使企业员工清楚企业的战略方向，有助于群策群力，使员工的工作更具有方向性，从而提高员工的工作能力和效率。因此，为了充分发挥 BSC 的作用，需将 BSC 的实施结果与薪酬、奖励等制度挂钩，把激励制度同实现 BSC 中的目标有机联系起来，在重点业务部门及个人层次上实施平衡计分，使各个层次的注意力集中在各自的工作业绩上，从而改善公司经营思想。

小结：

1. BSC 中有一些指标难以衡量，要由主观判定。

2. BSC 虽然能体现四个方面的联系与影响，但对绩效提高的指导性不强。如何才能提高绩效，还需另行设计。

3. BSC 指标要随战略而调整。实施和维护 BSC 需要时间和资源的长期消耗。

第16章
Chapter 16

绩效管理考核实施

小柯找到阿东说："关于绩效管理，我从管理基础到考核工具都学了不少了。但要用在专用车部切实实施考核，我还是不知道如何着手，这是怎么回事呢？"

绩效管理是很有用的管理工具，但正如不少 HR 说的一样：无论绩效管理的概念多先进，企业管理界各种考核工具如何盛行，真正在众多中小微企业中将绩效管理落地，并真正起到提升绩效作用还是太难了。

所以，有不少 HR 发出了让绩效管理报停、不要匆忙进行绩效管理的呼声。

16.1 绩效考核要按阶段管理

绩效管理要想落地，企业必须有较为丰富的绩效文化基础。要让员工明白绩效管理对平时的工作具有指导特性，他们才乐于接受。

但在绩效管理的实施中，不少企业经营者见风就是雨，看人家企业用绩效考核，自己也用，殊不知自己实施绩效管理的真正目的是什么都没有考虑清楚，忽视了绩效管理的真正作用，使绩效管理变成体现员工个人工作成果的工具。

16.1.1　绩效管理的认识误区

对于绩效文化并不是很浓厚的中小企业，要实现绩效管理的工作指导作用，还要把握绩效产生的阶段特性。

但由于企业经营者对绩效管理的认识偏差，企业在对待绩效管理上存在一定的认识误区，以至将绩效管理只用作绩效考核。认识误区如下图所示。

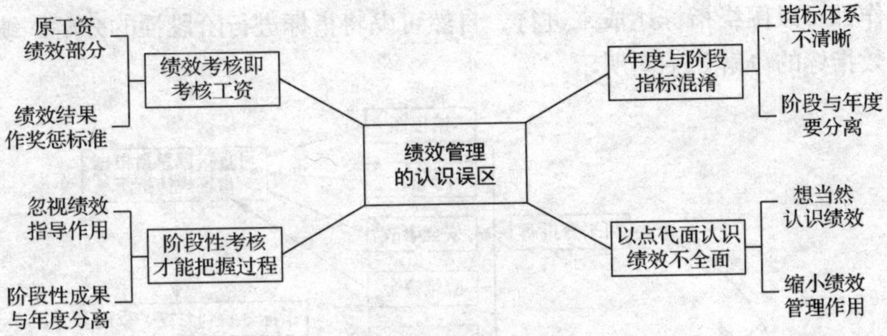

绩效管理的认识误区

- 绩效考核即考核工资。认为绩效考核就是将员工工资拿一部分出来考核，以此要挟员工努力工作。在这里，绩效考核成了考工资，绩效考核的结果只是用作指导绩效工资的发放额度。
- 阶段性考核才能把握过程。年度、季度、月度考核都是可以发挥工作指导、工作方向纠偏作用的。
- 年度与阶段指标混淆。绩效指标既然能有年度的指标，自然能分解成为月度、季度、半年度的指标。指标能分阶段，考核同样能分阶段。
- 以点代面认识绩效不全面。不少经营者，甚至 HR 都不能把握绩效管理的真正作用，往往将绩效管理的部分环节视为全部绩效管理，这是明显对绩效没有系统认识的体现。

绩效管理除了结果运用中的绩效工资外，还有其他的结果运用。同时，绩效管理更在于通过指标的实现过程，指导实现绩效的技能与个人素质的提升，从而实现组织绩效的提升，形成一个良性循环。

16.1.2 绩效管理的过程管理

在企业绩效考核的实施中，我们必须要注意有关指标设置、结果运用的问题。

1. 绩效指标的分解

既然公司目标可以分解到各部门、部门可以分解到个人，而所有工作都可以围绕指标达成来进行，自然可以将指标进行阶段性的分解。绩效指标的分解如下图所示。

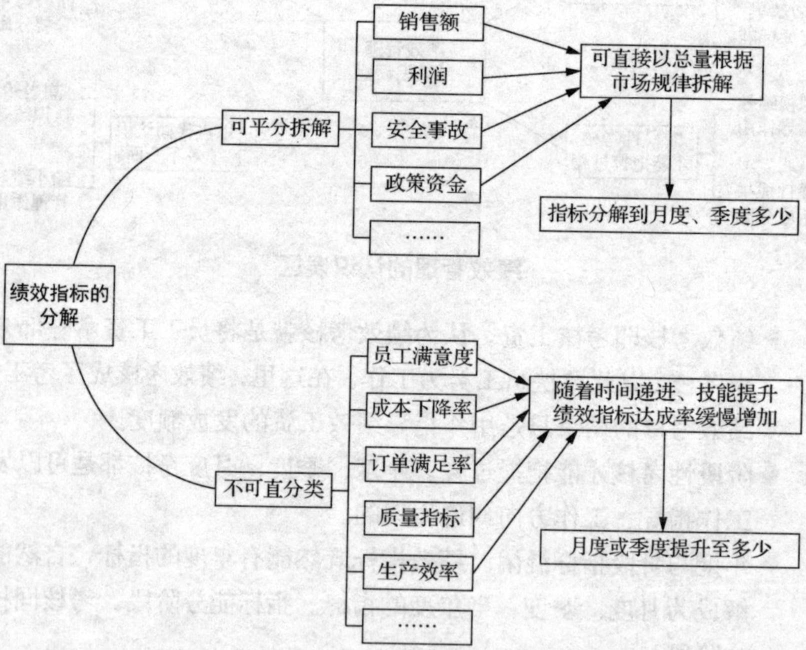

绩效指标的分解

所有指标都可以分为两类：一类是可以直接分摊的，如利润等；另一类是不可直接分解，但可逐步上升或下降的指标，如提升率、下降率、达成率等。对于项目类，则以实现环节的进度情况作为阶段目标，体现进度百分比。

通过制订阶段性的指标，促使年度指标小型化、可达成化，以此提升员工对实现指标的可视化信心，能有效、持续、稳步地向达标靠拢，以此督促员工努力实现完成阶段性的小任务等，从而帮助企业完成整体的战略规划。

2. 对绩效指标的分解要有标准

绩效目标的达成与否在于绩效要求达成的效果或标准的设定，设定环节或阶段小目标的论证过程，其实就是对绩效达标过程的一种推演，这是一个不断发现问题，并设计改进措施或改进计划的过程。

3. 对指标的阶段性管理

我们知道绩效考核也是发现问题和解决问题的过程，那么明确每个目标的信息来源（指标纠偏）及负责人、信息提供周期及统计者，就是一个很细致的绩效管理过程。我们要通过统计分析实现阶段目标过程中的数据变化，提醒信息来源人该指标的问题所在，从而提醒绩效责任人做好改进。

4. 对阶段性考核成果的使用问题

阶段性考核成果也可以运用到绩效工资的发放中。但有时会担心由于指标分解的问题导致可能阶段性目标达成，而年度目标未能达成的尴尬情形，出现绩效工资倒挂，将会导致年底时无工资可考。

避免以上情形的出现，有以下两种方法：一是可以将原本的绩效工资再行分划一部分，作为年度总体考核的预备工资；二是以分阶段目标直接考核，不再以年度目标进行绩效工资考核。

16.1.3 绩效管理的实施原则

绩效管理只有渗透到日常工作的每个环节当中，才能真正发挥提升组织绩效的效力。在日常的绩效实施管理中应遵循下图所示原则。

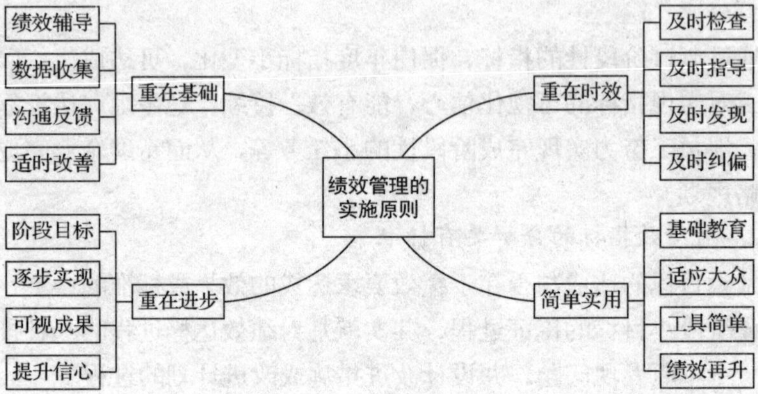

绩效管理的实施原则

绩效管理重在基础：只有从平时的绩效辅导、实施中的数据收集、沟通与反馈、适时改善等做好绩效管理的细节积累，才能打下绩效管理的基础。

绩效考核重在进步：设立阶段性的小目标，让员工逐步获得大大小小的阶段性成果，才可以让员工看到自己的进步，才会有充足的信心和前进的动力。

绩效指标重在时效：一定要及时发现、及时纠偏。阶段时间太长往往会忽视绩效实施中发现的问题，从而失去有效提升绩效工作的机会。应该就在问题发生的当下进行绩效指导。

绩效考核应简单实用：绩效考核是面向大众的，应尽量适应广大员工的情况，要通过由生到熟、由简到繁的逐步加深，在足够积累后，再使用较为复杂的绩效工具。

小结：无论是月度还是季度、年度，当绩效成为日常的考核项，那么就一定能发挥其管理过程中的指导作用。

16.2　激发绩效参与积极性

绩效管理实施之初，大部分员工都会下意识认为自己的工资要减少了，因此，其意识里的自我保护会抵制绩效管理的实施。

为此，小柯一直在思考如何才能让广大员工认同绩效管理，积极参与绩效管理。阿东告诉她，人总是有自私心理的，要想让员工积极参与绩效管理，就得让他们从绩效管理中有所收获，可以是薪酬，也可以是机会，还可以是能力的提升，甚至是对家人的帮助等。

16.2.1　流行的心理分析

如今的人具有明显的时代特色。60 后、70 后已在撑起职场后走下坡路，只能用自己的经验与不断学习来适应。80 后已正式成为时代的主角，在职场上，明显比 70 后走得更加轻松。90 后则更加自由奔放，他们在网络时代中成长，享受了太多过快的发展，幸福却也艰难，拥有了福利，却也少了一份锻炼。

我们要在绩效管理中挖掘出属于他们自己的利好，才能得到支持。没有认同的绩效管理，就没有参与激情。

16.2.2　绩效管理的实施准备

针对绩效管理，让业务部门、员工能在绩效管理中有所收获，才是激发他们积极参与绩效管理的根本。

要想取得群众支持，就要事前做好辅导与沟通，做好思想准备和技能准备。

只有通过辅导与沟通，才能让员工认识到参与绩效管理对他们在企业的发展有很大的帮助，员工才会认识到参与绩效管理、配合企业做好绩效管理的重要性。绩效管理的实施准备如下页图所示。

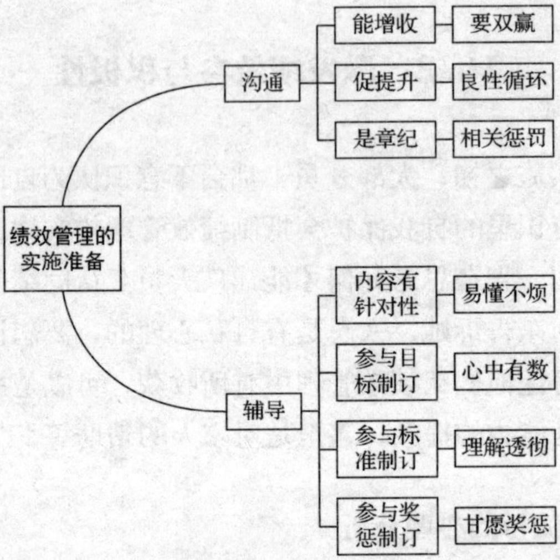

绩效管理的实施准备

1. 必须做好绩效沟通

没有人会喜欢做自己不了解的事，所以要调换角度来思考，以此设计、挖掘绩效考核能够带来的益处，适度放大也未尝不可。

一是通过绩效管理能增收。绩效管理是为了让我们在工作上做得更好，为组织产生更好的效益。锅里有了碗里才会有，只有通过企业平台创造更多的收益，企业才会提升员工待遇。

二是通过绩效管理促提升。绩效管理的落脚点是工作，对象是人，宗旨不是扣钱和降工资，而是为提升员工的岗位能力，从而促使员工为企业做出的贡献值不断提升，为公司和自己创造更高的价值。

三是不配合甚至阻碍绩效管理是违章违纪。绩效管理是一个企业的大举措，是企业提升效益和能力的一种管理手段，要将它列入制度管理。当企业符合合法程序地制订出有关绩效管理制度时，员工不配合、抵触，甚至是阻碍绩效管理实施就可以依据奖惩规定对其进行处罚了。处罚时，轻则罚款，重则解除合同，追究损失。

前两条是让员工主动参与，后一条是让员工被动参与并接受。

2. 必须做好绩效辅导

适当做好绩效辅导。至少要让员工知道绩效管理是做什么的、企业要采取的是什么样的管理、采用什么样的考核方式（工具）。绩效辅导时间不宜安排在休息日。如果自己做不好，可以外请讲师，只有生动，才能让员工学进心里。辅导的内容要针对绩效责任人的工作职责及绩效指标，具有指导性，做到易懂易操作。

组织参与绩效目标的制订。目标的制订一定要集思广益，在企业总体目标下制订部门目标、个人工作目标及个人提升发展目标。只有对自己参与制订的目标才会有自觉实施动作及实现的主动性。对个人的绩效目标，要以引导其向最可能靠近的职业通道等级所需能力着手。

组织参与指标完成标准的制订。共同参与绩效指标完成标准的制订，要从心底里明白指标的完成办法与标准，有标准才有参照。

让员工参与对绩效优劣奖惩的制订。绩效管理要时刻谨记群体的参与性。除了在进行绩效实施前的初期调查阶段让员工们提供信息、参与目标制订外，同样要在绩效奖惩的制订中邀请他们参与。

16.2.3　绩效管理实施中应注意的事项

在绩效管理的实施中，我们除了要激发员工的参与积极性外，还必须注意结合以往的管理内容进行设计，不宜让绩效管理显得太过突兀，如下图所示。

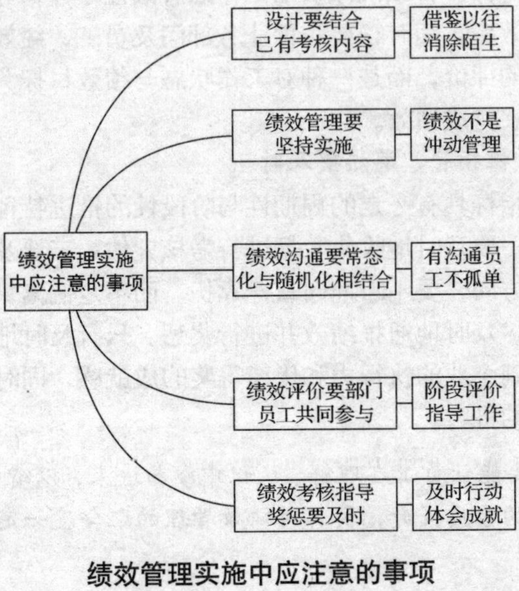

绩效管理实施中应注意的事项

1. 在制订绩效管理方案时，要结合现有有关考核内容

不要直接采取全新的模式，很多时候，公司其实已经在进行某些方面的管理，有的工具我们依然可以使用。

2. 绩效管理要能深入持续地开展

对员工来说，最糟糕的事情便是大张旗鼓地开始实施一套新的方案，但一段时间过去后，便消失并被遗忘。有的企业经营者会因一时冲动而实施一些方案，不久便失去兴趣，最后无果，这样的管理会适得其反。

3. 绩效沟通要常态化与随机化相结合

新的举措总是在沟通中推行的。正确的绩效沟通方式不仅应该在月度或季度考核结果出来之后对被考核者进行结果的面谈，还应该建立正式、常态的绩效沟通，定期对公司级、部门级和岗位个人的绩效达成进度进行评估，及时调整并对过程进行实时控制。同时，不能忘记对员工平时的绩效关心，只有你关心员工，员工才不会觉得他是在孤军奋战。

4. 绩效评价要部门、员工共同参与

在绩效管理实施开始后，不要停止与业务部门、员工的绩效沟通。要组织业务部门一起对关联指标达标状况进行分析评价，对组织及员工的阶段成果进行评价，以确保员工工作的有效性，并指导改进方向，衡量员工的工作效率。同时，要告诉业务部门及员工，绩效评价不是只对绩效考核结果的评价，而是一种对工作状态与绩效目标关联的评价，是为更好督促大家完成绩效。

5. 绩效考核指导、奖惩要及时

有的绩效指标具有一定的周期性与阶段性的推进特征。在进行绩效考核时，我们一要及时地收集数据进行考核评估；二要及时地指导员工工作中的推行方向，要不断地向目标靠拢，而不是偏离目标；三要在阶段性的考核后，及时地通报绩效并进行奖惩。只有及时地进行奖惩，员工们才会感受到企业的执行力和优绩得奖的成就感，同时绩效差的员工也会获得纠正的机会。

小结：只要能让员工在理解、认识中参与进来，以绩效促经济丰收，同时促进个人的素质提升，员工对绩效管理的配合度一定会提高。

16.3　双薪奖励改绩效考核

有不少公司年终奖励的时候都采用双薪政策，即在年底多发一个月工资作为年终奖励。这样的常规性福利，在员工看来近似于应该拥有，对工作激励来说毫无作用，无法起到表扬优秀、鼓励后进的作用。

因此，不如将年底的多薪奖励作为绩效工资参与到每个月度或季度的考核中来。在阶段性的绩效考核中，让员工感受到绩效考核带来的绩效工资的变化，这样的绩效才能起到激励作用。

16.3.1　月度或季度绩效让激励更有效

1. 增加激励性，易于随时调控奖惩

通过分派到月度或季度考核，激励将随时与员工的平时表现、工作业绩等挂钩，对员工来说有及时的警示作用。

2. 增加年终奖励或福利

年底作为一个总结性的月度，基于中国职场习惯，还是要对员工有所表示。如果从以前以一个月工资作为奖励，变为什么都没有，也会造成对员工的工作积极性的重大打击。所以在年底可以设置过节费、奖金，或是慰问品。另外，这样的额度可以控制在一个月工资的一半左右，激励性同样不可小视。

16.3.2　如何进行月度或季度工作考核

1. 考核范围

月度或季度考核的范围一般包括工作质量、工作数量、工作效率、独立性、成本意识、原则性、精神面貌、学习能力、创新精神和沟通能力等方面，涵盖业务开展、管理控制与自我提升。

2. 考核人员

参加考核的人员应该包括进行业务支持与平台支持的行政管理人员、技术研发与工艺设计人员、直接生产人员、营销人员、销售服务人员等，一般不含勤杂、保安等人员。对于生产人员还是建议以 QCD

（Quality、Cost、Delivery，即质量、成本、交货期）改善情况为主，且以设立质量奖的形式进行较好。

3. 考核内容

考核内容可以直接与绩效考核 KPI 完成情况挂钩，也可以与每个季度的工作计划完成情况挂钩，甚至可以两项综合考虑。在企业一般将平时考核与工作计划和临时的工作完成情况挂钩，如下图所示。

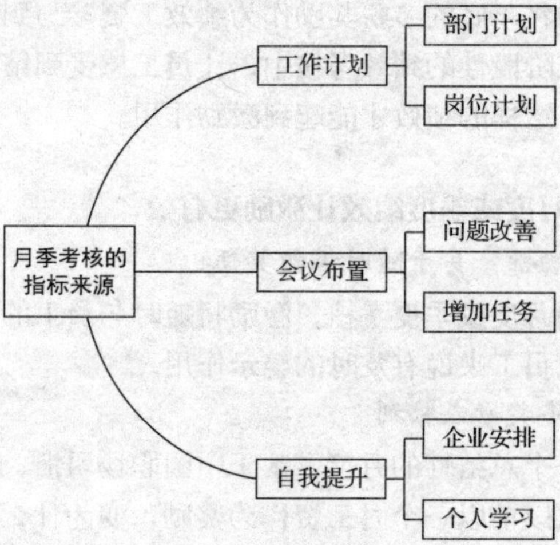

月季考核的指标来源

工作计划。我们常说如何制订年度的工作计划，实际每个部门的工作计划都依据公司的年度工作目标。将年度计划分解到每个季度的工作支持计划，同样适用。因此，每个季度的工作计划推进完成情况就是我们的考核指标内容之一。

会议布置。对企业来说，随着生产经营的开展，总会有很多在计划之外的工作出现，以补充年初或月度计划的不足，往往是企业在生产经营分析会中发现问题、提出解决方案的补充内容。

在会议上，企业领导会对各部门工作进行评价、指导，同时针对当前生产经营情况提出新的工作目标与问题的组织解决。这些新的工作就是对工作计划的指导与补充。作为人力资源或行政部门，将收集各部门对月度计划的调整内容，同时形成新的月度工作推进计划。这样对每个部门，甚至每个人的工作推进与检查考核都会有确定的目标。当然在落实计划期间，公司综合计划员必须按时限要求随时跟踪、收集任务进度信息，才能得到各项工作任务的完成信息。

另外，可协调有关事项，并依据事情的轻重缓急向公司领导汇报。一般在考核结果的测算或评估时，能定量的指标，可以按实际的发生进行确定，某些定性指标，则可以按要求完成的时间进行考核计算。

自我提升。这是一个针对学习能力的指标命题。对于看重综合能力与个人能力共同发展的企业来说，个人的技能与素质提升，也是一个必须考核的加分项目，即在圆满完成应有工作职责、工作任务的同时，能有自我素质的提升，以促使工作效率或工作质量的超标完成。对于这样主动学习的员工，企业一定要表示出赞赏，并进行一定的加分鼓励。

4. 考核标准制订与分值设置

要想让月度或季度的绩效考核结果使员工认可，必须对每项考核的工作任务确定较为标准的答案和计分标准，如下表所示。

办公室月度考核评分标准

序号	项目	标准分	评分标准
1	安全管理、安全检查、安全教育准确、及时；每日安全巡视不少于两次，巡视无死角；值班管理做到每日及时检查与处理	25	未按安全活动计划执行的按 2 分/次扣减，发现隐患未协调的按 2 分/次扣减；上级安全工作指示精神不及时贯彻执行的按 2 分/次扣减；发生安全事故不做调查、不做及时教育的按 2 分/次扣减；安全巡视、值班管理不符合要求的按 1 分/次扣减
2	后勤保障及时、合理，费低质优	15	不符合要求、相关部门反映如实的按 1 分/次扣减
3	文字档案工作及时、规范，信息渠道畅通、及时准确	15	文件收发超过 1 天、2 天的分别扣减 1 分/次、2 分/次，不及时的按 1 分/次扣减

续表

序号	项目	标准分	评分标准
4	接待公关等省钱、情满、效果好，费用支出规范无私隐	25	不符合要求、客户反映如实的按2分/次扣减；费用支出不规范操作的，发现按2分/次扣减
5	车管工作安全、低费，车辆卫生、服务态度好，用车部门满意	20	不符合要求、使用部门反映如实的按1分/次扣减计；不按规定出车发现按5分/次扣减

首先，考核标准与分值。

- 一是要设定合格的标准分与分值。一般情况达到C级（95以上）以上时我们认定绩效100%，可以拿到全绩效薪酬及福利。
- 二是加分项。这是最重要的一项。只有获得加分项，才会有超出绩效工资的收获。

其次，绩效奖励加分设计。

任何人都希望自己能获得超出自己标准的绩效工资，这就需要获得加分，以提升绩效的最后等级。我们一般按加分规则制订加分项。

- 一是企业内的好人好事。
- 二是发现或发明本岗职责外有关公司生产经营且较为重要的对公司影响较大的问题或设施管理方法等。
- 三是将本职工作完成被评为（优秀）完全符合要求的。
- 四是其他被总经理确定可以加分的事项。

5. 确定绩效等级标准

一般情况下我们将考核结果分为五个等级，分别用A、B、C、D、E表示。

A：115～125分，超越岗位的常规要求，并完全超过预期达成目标。

B：105～114分，完全符合岗位的常规要求，全面达成工作目标，并有所超越。

C：95～104分，符合岗位的常规要求，保质、保量、按时达成工作目标。

D：85～94 分，基本符合岗位的常规要求，但有所不足，基本达成工作目标，但有所欠缺。

E：低于 85 分，不符合岗位要求，对于管理人员，需立即调岗或降级；对于一般员工，需转为再学习期或调岗。

16.3.3　绩效结果使用系数设置

一般情况下，我们会将分值转化考核结果进行等级划分（如 A、B、C、D、E），每个等级有相对应的考核系数，作为员工该工作期间的绩效工资领取系数，即如绩效工资为 1000 元时，员工的绩效等级为 A，领取系数为 1.2，即该员工当期的绩效工资=1000×1.2=1200（元）。具体如下页表所示。

设定 C 等级为完全得分标准“1”，其他等级以此为基准进行设置。一般对应系数可设置如下（当然也可以加大系数阶差）。

A．1.2——代表在完成该期基本工作外，还有重大的贡献。

B．1.1——代表超额完成该期任务。

C．1.0——代表完成任务很标准。

D．0.8——代表基本完成任务。

E．0——进行培训学习或调整岗位。

员工工作考核评价表

员工姓名：　　　　　　　　部/室：　　　　　　　　直接领导：

序号	评价内容	权重（K）（%）	绩效评价（分）		
			目标达成情况 70%（$1 \leqslant X_i \leqslant 125$）	工作质量 30%（$1 \leqslant Z_i \leqslant 125$）	评分（$1 \leqslant Y_i \leqslant 125$）
1	部门 KPI 综合评价结果	30	—	—	94.01
2	主要负责人力资源工作	35	115	110	113.5

续表

<table>
<tr><th rowspan="2">序号</th><th rowspan="2">评价内容</th><th rowspan="2">权重（K）（%）</th><th colspan="3">绩效评价（分）</th></tr>
<tr><th>目标达成情况 70%（$1\leqslant X_i\leqslant125$）</th><th>工作质量 30%（$1\leqslant Z_i\leqslant125$）</th><th>评分（$1\leqslant Y_i\leqslant125$）</th></tr>
<tr><td>3</td><td>人事、招聘、劳资、培训、绩效、福利等</td><td>35</td><td>110</td><td>100</td><td>107</td></tr>
<tr><td>绩效评价</td><td>员工绩效评分标准及评价等级
A：实现挑战目标
分数区间：$115\leqslant Y_i\leqslant125$
B：超过必达目标
分数区间：$105\leqslant Y_i<115$
C：实现挑战目标
分数区间：$95\leqslant Y_i<105$
D：未实现必达目标
分数区间：$85\leqslant Y_i<95$
E：与必达目标差距
分数区间：$Y_i<85$
总评分：Y=∑单项评分 Y_i ×权重比例 K</td><td>绩效总评分（Y）</td><td>105.378</td><td>绩效评价等级</td><td>B</td></tr>
<tr><td rowspan="3">其他</td><td>员工本人需要什么样的培训和能力开发：</td><td>员工签字</td><td></td><td>日期</td><td></td></tr>
<tr><td rowspan="2"></td><td>直接领导</td><td></td><td>日期</td><td></td></tr>
<tr><td>隔级领导</td><td></td><td>日期</td><td></td></tr>
</table>

小结：工作考核无论设计成月度还是季度，都应当成为所有人都了解的日常考核项。将考核与工作直接挂钩，与奖励费用直接挂钩，这样的绩效考核才能起到直接有效的激励作用。

推 荐 语

对于每一位想要成长的 HR，本书内容可谓章章精辟、字字珠玑。事实上，从事人资工作并最终成功的 HRD，无不贯彻了书中提及的学习、应用、升华的原则。期待本书的面世，能够帮助更多的 HR 成为人生赢家。

曹锋，畅销书作者

本书结合作者亲身经历和成长脉络，系统化地将人力资源理论及实操有机结合，以丰富的图表引导、讲解，特别适合新入行或转行 HR 的朋友。本书对在职人资管理者、企业非人资管理者以及在校人资专业求学者，都是很好的学习和参考。在众多人资管理书籍中，本书的适用性、实操性、指导性都是特别突出的。

李志勇，畅销书作者

本书凝聚了作者在制造业基层多个岗位历练中对种种疑难症的攻克经验。内容展现了作者强大的毅力、坚强的韧性和孜孜不倦的专业实战经历。书中讲的是人力资源专业的知识，但更能读出作者本人解决问题的智慧。读书识人，由人深化理解。一本好书，是你开启智慧人生的起点。感谢阿东老师如此经典和震撼的分享。

仲丹，三茅人力资源网专栏作家、南京上市集体公司
人力资源部高级经理

阿东这本书不是标题党，是一本包罗 HR 管理领域万象的“工具书”。无论你是“入门者”，还是准备在 HR 领域内晋升中高层，都能在这本书里找到可以拿来就用的工具。阿东独有的军旅经历，也让这本书有了更严谨和更务实的落地性，使之成为难得的“接地气”的读物！

孙莹，首席招聘官特约撰稿人、自媒体《HR 花果山》创始人

这是一本尽显专业性的人力资源管理书。书中提炼了作者在人力资源方面十六年的经验、理论积累及成长秘诀，手把手教你做人力资源基础构建、招聘、培训、绩效薪酬、劳动管理，有思维导图、流程图、维恩图、鱼骨图等精华提纯，还有案例剖析、方案分享。这是一本不可多得，实用、好用，值得细细研读的人力资源管理专著。本书如大师日夜亲授绝学，适合每一位在人力资源道路上奔跑的人。

李远婷，三茅人力资源网专栏作家、亚太人力资源
“百人计划”专家、畅销书作者

大家都说做 HR 不易，转行做 HR 更不易。但当阿东老师用思维导图和他的独家秘笈轻松帮你将人力资源像庖丁解牛一样进行分解，不易变得 so easy，助力你的转行进阶之路。

涂熙，畅销书作者